陈永明数学教学丛书

数学教学中的逻辑问题

陈永明名师工作室 著

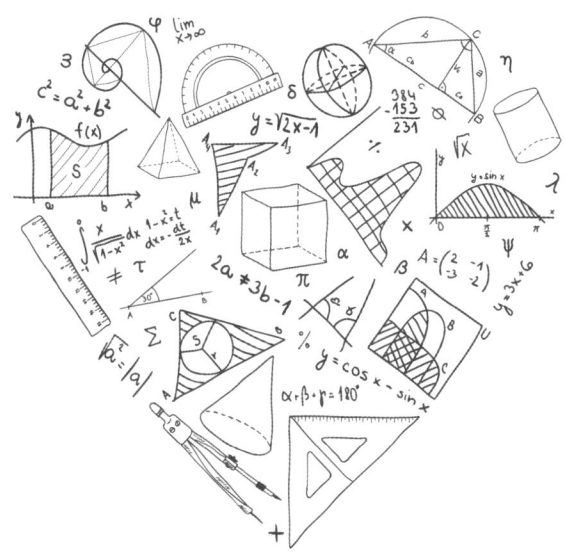

上海科技教育出版社

图书在版编目(CIP)数据

数学教学中的逻辑问题/陈永明名师工作室著.—上海：上海科技教育出版社,2022.1(2022.10重印)
(陈永明数学教学丛书)
ISBN 978-7-5428-7640-9

Ⅰ.①数… Ⅱ.①陈… Ⅲ.①中学数学课—教学研究
Ⅳ.①G633.602

中国版本图书馆CIP数据核字(2021)第264778号

责任编辑　冯晨阳
封面设计　符　劼

陈永明数学教学丛书
数学教学中的逻辑问题
陈永明名师工作室　著

出版发行		上海科技教育出版社有限公司
		（上海市闵行区号景路159弄A座8楼　邮政编码201101）
网	址	www.sste.com　www.ewen.co
经	销	各地新华书店
印	刷	启东市人民印刷有限公司
开	本	787×1092　1/16
印	张	17.75
版	次	2022年1月第1版
印	次	2022年10月第2次印刷
书	号	ISBN 978-7-5428-7640-9/G·4519
定	价	60.00元

作者队伍介绍

陈永明名师工作室于2008年3月经上海市徐汇区教育局授牌成立,主要从事基础教育数学教学研究工作。工作室的指导方针是:搭建舞台,自主发展;兼顾教学和研究,侧重研究。

工作室成立以来,一直坚持以教学实践为基础,研究课堂的有效教学,取得了一定成绩:在教学方面,有10人开了展示课,其中4人到兄弟省市开课,得到了好评,显示"课内高密度,课外轻负担"的一堂展示课更是得到了上海教育学会和上海市教育督导室领导的高度赞扬;在研究方面,出版专著2种,有近10篇论文在省市级以上杂志上发表,其中有2篇论文获全国高等师范院校数学教育研究会2008年会论文评比一等奖。

本书执笔人:

陈永明

陶烨昕　现任上海市民办位育中学副校长,中学高级教师,硕士。

傅　琳　现任上海市紫阳中学教导主任,中学高级教师,硕士。

徐卫文　现任上海市第四中学副校长,中学高级教师,硕士。

张　珺　现任上海市南洋模范中学数学教研组组长,中学高级教师,硕士。

沈为民　原上海市零陵中学高级教师。

内 容 提 要

本书介绍了逻辑基本知识以及数学教学中有关的逻辑问题.本书有两个特色:一是打破了数学教育界里的"数理逻辑无用论"的误区,把数理逻辑的最基础的知识引进来.二是研究了数学特有的逻辑现象,有涉及逻辑的习题的解法研究和涉及逻辑的数学课教学研究.

本书分三篇.第一篇是逻辑基础知识篇,分别讲述概念、判断、推理、论证等,其中包括数学里的特殊逻辑现象,如"抽屉原理、平均值原理和零积原理","一致型命题和特殊值法"等.第二篇是习题篇,主要研究涉及逻辑知识比较多的数学习题(本书暂把它叫做"涉逻"习题)的解法研究,如"存在问题的解法","'恒成立'问题的解法".第三篇是数学中逻辑知识的教学研究和教学案例.

本书可供中学数学教师学习参考.

序

学逻辑,用逻辑,研究数学中的逻辑

数学离不开逻辑,这是大家的共识,因此,数学教师毫无异议的应该具有比较良好的逻辑素养.有一段时间里,好多大学校长是数学家,就是中学里,也是有好多名校的校长是数学教师.这说明,学数学的人,有一种特殊的优势,而思考问题时逻辑性比较强,可能是这种优势的一个主要方面.笔者还注意到,好多中学里,数学教研组往往是最团结,最和谐的.其原因可能是因为在数学里,答案是用逻辑推理得到的,对就是对,错就是错,因此,哪位老师行,哪位老师不太行,标准比较客观,这样,"文人相轻"的现象就比较少了,于是就比较容易达到认识的统一,进而形成集体的团结.

但是,由于我国从基础教育到高等教育,学生都没有完整地学过逻辑学,甚至师范大学数学系的大部分学生也没有学过逻辑学,所以,中学数学教师的逻辑知识是不完整的.即使学习过一点逻辑知识,有的是从语文课里学到的"形式逻辑"(现在常称为传统逻辑),没有数学特色;有的是从大学选修课数理逻辑里学到的,过于艰深,不经过自己的消化和摸索,很难用到自己的教学中去.所以中学数学教师的逻辑知识掌握得并不完美.正因为中学数学教师的逻辑知识掌握得不完整,不完美,笔者在1990年曾经发表过《从数学教师几种流行说法看学点逻辑的必要性》[1]和《从一道高考题的错证看学点数理逻辑的必要性》[2]两篇文章,呼吁中学数学教师要学点逻辑.

在中学生中,问题更为严重.根据我们的调查,中学生对数学化语言的掌握,问题最严重的就是涉及"每一个"、"有一个"、"充分"等有关逻辑的词[3].

那么,我们应该掌握哪些逻辑知识?怎样学习逻辑知识呢?完完整整地学习逻辑学理论固然好,但是,这样做要花费很多时间和精力.比较有效的做法是,学习一些和数学教学紧密相关的逻辑知识.

数学在使用逻辑方面有它独特的地方,从中学数学而言,至少有以下几点:

第一,在进行数学推理时,只能用演绎法和完全归纳法,而不能用实验、不完全归纳与类比,更不能以某某伟人的话作为推理的依据.这样说,并不是贬低实验、不完全归纳与类比的作用.毛泽东曾经说过,要学点逻辑,但同时又说,逻辑是得不

---

[1] 陈永明.从数学教师几种流行说法看学点逻辑的必要性.数学通报,1990,3
[2] 陈永明.从一道高考题的错证看学点数理逻辑的必要性.数学教学,1990,1
[3] 陈永明,阮夏丽等.数学教学中的语言问题(修订版).上海:上海科技教育出版社,2009

出新东西的,因为逻辑推得的结论其实都蕴涵在前提里了.实验、不完全归纳与类比,这些方法在人类发展中起到了极大的作用,在数学教学中也有很大作用.课程改革所大力提倡的探究性学习,就离不开这些方法.

第二,既然数学强调演绎推理,那么论证就有个依据问题.一个 A 论题的依据是 B,B 的依据又是 C,…,打破砂锅问到底,最后的依据是什么呢？ 数学里是采用公理化体系的办法来处理.这和其他学科完全不同.

第三,从微观上说,数学里的命题结构特别复杂；数学里强调定义的作用,它是讨论问题的出发点；数学中引进变元,但又使用自然语言(特别在中学数学教学中),所以在表达上处于"半形式化"状态；数学里还有一些特别有"逻辑味"的论题和习题,譬如,"一致型命题"、"平均值原理"、"存在性问题"、"恒成立问题"……

鉴于数学中的逻辑有这么多的特点,因此希望大家都来学点逻辑,特别要学习与数学相关的逻辑知识,用逻辑研究和数学相关的逻辑问题.研究数学特有的逻辑现象,这个工作对中学数学教师来说很重要.笔者早年曾经对此做了一点工作：发表过一些论文,提出了"一致型命题"和"平均值原理"等原创性的观点[①][②]；对含逻辑知识的数学课的教学进行了研究[③][④][⑤],还做了一个试验[⑥]；主编过比较强调系统性的《数学教学逻辑》(上海市中学数学教师继续教育教材)[⑦].本书想以数学教师关心的问题为出发点,专题式地展开,这样可大大增加可读性.

本书的编写宗旨,一是介绍一般的逻辑知识,包括数理逻辑的最基础的知识.传统逻辑通常讲概念、判断、推理、论证；数理逻辑包括命题演算和谓词演算两部分.两者难以融合.我们采取了"拿来主义"的态度,根据数学教师的需要,在传统逻辑和数理逻辑中选择有用的部分.历来在数学教育界有个误区,那就是"数理逻辑无用论"：数理逻辑对中学数学来说是没有用的.其实数理逻辑中的最基础的知识,譬如,量词"每一个"和"有一个",中学数学里经常在使用.把数理逻辑的最基础的知识引进来,是本书的一个特色.

二是作为数学,在使用逻辑方面有自己的特点.本书在研究数学特有的逻辑现象方面,在涉及逻辑的习题的解法研究方面,在涉及逻辑的数学课教学研究方面,作进一步的努力.这是本书的又一个特色,并且是最重要的特色.

本书分三篇.第一篇是逻辑基础知识篇,分别讲述了概念、判断、推理、论证等,其中包括数学里的特殊逻辑现象,如"抽屉原理"、"平均值原理和零积原理"与"一致型命题和特殊值法"等.第二篇是习题篇,主要研究涉及逻辑知识比较多的数学

---

① 陈永明.一致性命题和赋值法.数学通报,1990,12
② 陈永明,毛之阶.平均值原理.数学通报,1992,7
③ 陈永明."命题的否定"的作用和求法.数学教学,1991,5
④ 陈永明.逻辑量词"每一个"和"有一个".数学教学,1996,2
⑤ 陈永明.要重视在数学教学中运用必要的同义反复.上海中学数学,1990,2
⑥ 陈永明等.在高三学生中进行逻辑量词教学的实验.数学教育学报,1998,7
⑦ 陈永明主编.数学教学逻辑.上海：上海教育出版社,1994

习题(本书暂把它叫做"涉逻"习题)的解法研究,如"存在性问题的解法"、"'恒成立'问题解法"等.第三篇是"涉逻"的数学内容的教学研究和教学案例.

　　本书的对象是中学数学老师,为了让初中高中数学老师各有所得,其中涉及高中数学的知识和例题都用仿宋体印刷.有些内容比较艰深,特用小字号排印,供有兴趣的读者阅读.愿这本书能够给读者,特别是初登讲台的青年教师有所帮助.

　　需要说明的是,本书的作者都不是逻辑学家,在逻辑方面一定有不到位的地方,敬请逻辑专家、数学教育专家和广大数学教师指正.

陈永明
于上海徐汇区教师进修学院
2008 年 10 月

目 录 MULU

逻辑基础知识篇

1-1 概念 …………………………………………………………… 3
1-2 给概念下定义 ………………………………………………… 7
1-3 重视定义的必要性(数学特殊逻辑现象研究 1) …………… 13
1-4 原始概念的处理(数学特殊逻辑现象研究 2) …………… 16
1-5 概念的划分 …………………………………………………… 18
练习一 ……………………………………………………………… 24
1-6 命题 …………………………………………………………… 29
1-7 复合命题 ……………………………………………………… 32
1-8 复合命题的否定 ……………………………………………… 42
1-9 命题四种形式(数学特殊逻辑现象研究 3) ……………… 46
1-10 充分条件、必要条件和充要条件 ………………………… 51
1-11 命题函数 …………………………………………………… 55
1-12 全称命题 …………………………………………………… 58
1-13 特称命题 …………………………………………………… 62
1-14 抽屉原则、平均值原理和零积原理(数学特殊逻辑现象
       研究 4) …………………………………………………… 65
1-15 全称命题和特称命题的否定 ……………………………… 69
1-16 至多、至少命题和存在唯一命题及其否定 ……………… 72

1-17	多元命题	76
1-18	一致型命题和特殊值法(数学特殊逻辑现象研究 5)	80

练习二 84

1-19	推理	89
1-20	不涉及命题结构的推理规则	93
1-21	一元命题的推理规则	100
1-22	多元命题的推理规则	105
1-23	三段论	108
1-24	证明和解答	113
1-25	反证法(数学特殊逻辑现象研究 6)	119
1-26	同一法(数学特殊逻辑现象研究 7)	131
1-27	数学归纳法(数学特殊逻辑现象研究 8)	135
1-28	分析与综合(数学特殊逻辑现象研究 9)	147

练习三 155

"涉逻"习题篇

2-1	新定义问题	165
2-2	存在性问题的证明	174
2-3	"恒成立"问题的解法	181
2-4	反推和反面扣除	198
2-5	选择题解法研究	206
2-6	分类讨论	213

"涉逻"教学研究与课例篇

3-1	定义语言的分析与正反举例	223
3-2	分辨容易混淆的概念	226
3-3	重视概念间的联系	233
3-4	突出量词,并早期渗透	236
3-5	突出"否定"	239
3-6	重视必要的同义反复	242
3-7	数学证明和解答中的常见错误	247
3-8	零指数幂(教学实录)	252
3-9	有理数的复习(一)(教学实录)	255
3-10	四种命题的关系(一)(教学实录)	257
3-11	"由特殊到一般的数学思想方法"(教学实录)	260
3-12	分类讨论思想的运用(教学实录)	263
3-13	"数学归纳法"(教学实录)	270

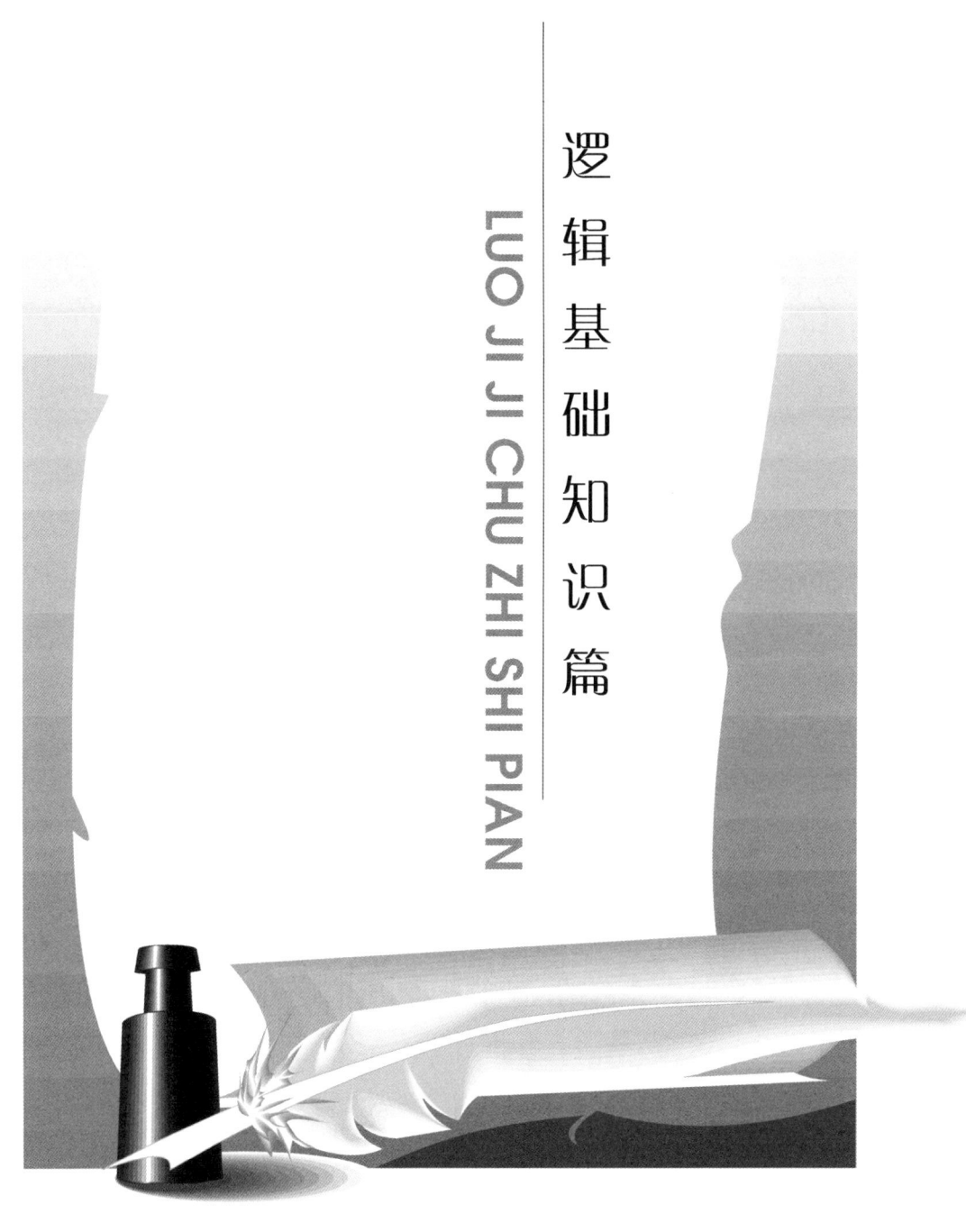

逻辑基础知识篇
LUO JI JI CHU ZHI SHI PIAN

1-1 概念

传统逻辑认为,**概念是反映客观事物的本质属性的思维形式**.譬如,数学里的"角"、"三角形"、"方程"、"正弦函数"等都是一些概念.

有时概念用一个专用名词表达出来,这叫做**概念的命名**.上面说的"角"、"三角形"、"方程"、"正弦函数"就是一些专用名词.这些专用名词是根据实际需要产生出来的,他们能简洁地表达一个概念.这种专用名词,还包括专用符号在内,如 $\tan x$、$\in$ 等.

有时一个概念不需要,或者还没有人把它抽象成一个专用名词,就是说还没有命名,这时往往可用一个词组来表示,如

"有一个内角是直角的四边形"、

"有且只有一对内角相等的四边形".

我们可从两个方面来研究概念——概念的内涵和外延.

一个概念所反映的事物的本质属性的总和就是这个概念的内涵.所以,内涵反映的是概念的质.譬如,"三角形"这个概念反映的是怎样的事物呢?就是说"三角形"这个概念的内涵是什么呢?它反映了一个平面图形,是由直线段组成的,是由三条直线段组成的,而且是这三条直线段两两首尾相接组成的,正是由于这些特征,才使"三角形"这个概念不同于"四边形"、"五边形"这些概念.

一个概念所反映的事物的范围,就是这个概念的外延.所以,外延反映的是概念的量."三角形"这个概念所反映的是哪些事物呢?或者说"三角形"这一概念的外延是什么呢?它可以包括直角三角形、等腰三角形,还可以包括边长为 3 cm、4 cm、6 cm 的三角形……外延是空集的概念,叫**虚概念**.

一般地说,内涵越多,外延就越小;反之,内涵越少,外延就越大.传统逻辑把这一特性称为内涵和外延的反变关系.

以前的传统逻辑在讨论概念时,较重视内涵,之后,布尔开始强调外延,这是逻辑史上的一个重要事件.从外延角度来分析概念,此时就可以把一个概念看作一个集合,并把概念"三角形"的外延记为 $\{x|x \text{ 是三角形}\}$,或 $\{三角形\}$ 等.这样集合间的关系和运算就可以运用到概念上面去.

我们关注一般的逻辑知识,还应特别关注数学和数学教学中使用逻辑知识的特殊性.

就我们目前的认识,数学概念至少有以下几个特点:

◆ **重视存在性**

外延是空集的概念叫虚概念(或称为空概念). 例如,"内角和等于 $360°$ 的五边形"是不存在的,所以称为一个虚概念.

数学特别重视概念的存在性. 数学发展史上曾为"虚数"的存在性问题争论过,类似的争论有好几次. 可见,一个概念一时弄不清它的存在性,就会引起数学界的震动.

在数学研究中,常采用"存在性抽象",也就是先假设某种概念存在(如无理数、虚数),然后发展成一套新的数学理论. 之后,再去寻找这些概念的合理解释.

在中学数学中,我们也常常讨论存在性,如果所涉及概念根本不存在,这个问题就没有讨论下去的必要了.

忽视概念的存在性,则会导致种种错误. 如

有人在求式子 $\dfrac{9-9}{3-3}$ 的值时,采用了两种不同的解法.

解法一:$\dfrac{9-9}{3-3} = \dfrac{3(3-3)}{3-3}$
$= 3.$

解法二:$\dfrac{9-9}{3-3} = \dfrac{(3+3)(3-3)}{3-3}$
$= 6.$

你认为哪一种解法是正确的?

其实,都不正确. 因为 $\dfrac{9-9}{3-3}$ 的分母为 0,整个式子根本没有意义,也就是说 $\dfrac{9-9}{3-3}$ 是不存在的概念.

在历史上曾有过对于下述数列和的一些争辩:

$$1-1+1-1+1+\cdots+(-1)^n+\cdots.$$

解法一:
$$1-1+1-1+1-1+\cdots+(-1)^n+\cdots$$
$$= (1-1)+(1-1)+(1-1)+\cdots$$
$$= 0+0+0+\cdots$$
$$= 0.$$

解法二:
$$1-1+1-1+1-1+\cdots+(-1)^n+\cdots$$
$$= 1-(1-1)-(1-1)-(1-1)-\cdots$$
$$= 1-0-0-\cdots$$

$$= 1.$$

解法三： 令 $S = 1-1+1-1+1-\cdots+(-1)^n+\cdots,$
则 $S = 1-1+1-1+\cdots+(-1)^{n-1}+\cdots,$

$$2S = 1,$$
$$\therefore S = \frac{1}{2}.$$

解法四： 把 1 除以 $1+x$，得

$$\frac{1}{1+x} = 1-x+x^2-x^3+\cdots+(-1)^n x^n+\cdots.$$

令 $x=1$，得

$$1-1+1-1+1-1+\cdots+(-1)^n+\cdots = \frac{1}{2}.$$

其实，这四种解法都不正确，其基本原因是式子 $1-1+1-1+1-\cdots$ 是发散级数，不存在和. 第四个展开式当且仅当 $|x|<1$ 时成立.

可见，数学概念不能只看形式，还要看它的实质，式子 $\frac{9-9}{3-3}$ 及 $1-1+1-1+1-1+\cdots$ 虽有形式，但实质上是不存在的. 忽视了概念的存在性，有时就会引出种种错误. 然而，目前中学数学教学中常常会出现一些怪题，只讲究技巧，而不考虑概念的存在性，譬如

例 求 $\sqrt{1-\sqrt{1-\sqrt{1-\cdots}}}$

解 设 $\sqrt{1-\sqrt{1-\sqrt{1-\cdots}}} = A,$
两边平方，得

$$1-\sqrt{1-\sqrt{1-\sqrt{1-\cdots}}} = A^2,$$

即

$$1-A = A^2.$$

解得

$$A = \frac{-1\pm\sqrt{5}}{2}(\text{负舍去}).$$

其实，第一步设 $\sqrt{1-\sqrt{1-\sqrt{1-\cdots}}} = A$，就等于默认了这个值存在，这是没有根据的. 第二步对无穷的根式两边平方，还能不能沿用有限情况下的性质，也是没有根据的. 这类题目的解法，看起来很巧妙，但是对学生的思维会起到极大的负

面影响,不利于学生的逻辑思维的形成.

◆ **具有高度抽象性**

数学中的概念常是通过"理想抽象"的方法形成的. 如"点"、"线"、"面"等概念,在现实世界中找不到"没有大小的点"、"没有粗细的线"……它们是从现实生活中的"沙粒"、"铅丝"等具体形象经过"理想化"的抽象后得到的概念. 它们不是经过直接观察或实验而归纳出来的,但又不是虚构臆想出来的. 正如一位哲学家指出的那样,"一切科学的抽象,都更深刻、更正确、更完全地反映着自然".

◆ **具有意义的确切性**

在其他领域里,不少概念是通过描述、举例、词语解释的方式来让人们领会这个概念的含义的. 譬如,"人"这个概念,可以描述为"会说话的动物",也可以描述为"会制造并使用工具的动物". 在日常生活中,大人教小孩掌握"人"这个概念时,则是通过举例.

数学概念充分地运用定义这一逻辑手段,来明确它的含义,所以数学概念的意义具有确切性.

从某种意义上来说,数学是从定义出发研究问题的,这是数学在逻辑方面的特点之一.(注意:这是"在某种意义上"说的)

值得注意的是,数学概念往往会加以扩展,如幂的概念就经过多次扩展. 同样称之为"幂",但前后含义不一样,在"幂"的概念扩展时,每一次都要重新加以定义. 不少读者不了解这一点,如以为 $a^0 = 1(a \neq 0)$ 是推出来的,就犯了理解的错误.

◆ **具有严密的系统性**

数学概念间的关系十分系统化. 数学里每一个新的概念必须有一些已经明了的概念去加以定义. 新概念由旧概念定义,旧概念由更旧的概念定义,这样层层上溯,最终总有一些概念无法再用别的概念定义,这组概念叫原始概念. 在中学数学里,这些原始概念,如点、线、面、集合等,是用描述的方法加以处理的,而作为数学科学则是用公理化的方法加以刻画的.

由一些原始概念,一步步规定出一个个数学概念,讨论它们间的相互关系,论证它们的性质,这样就构成了数学各分支的系统.

1-2 给概念下定义

传统逻辑认为,**给概念下定义就是揭示该概念所反映的对象的本质特征的逻辑方法**.在数学里,定义起着十分重要的作用,非原始概念的确切性就是依靠定义来保证的.下面的句子分别给出了"平行四边形"、"一元二次方程"、"有理数"、"a^0"和"椭圆"的定义:

"平行四边形是两组对边分别平行的四边形."

"形如 $ax^2+bx+c=0$(其中 a、b、c 为常数,$a\neq 0$)的方程叫一元二次方程."

"整数和分数统称为有理数."

"任何不等于零的实数的零次幂是 1."

"平面内到两定点的距离的和等于定长的点的轨迹叫做椭圆."

定义的具体内容可以各种各样,它的语言表达形式也可以有所不同,但是一切**定义总由被定义项、定义项和联结项三部分组成**.

被定义项是需要明确的概念,是将要被揭示其意义的概念,如上述各句中的"平行四边形"、"一元二次方程"等.

定义项就是用以揭示被定义项的意义的概念,它本身的意义是已经清楚的.上面句子中的"两组对边分别平行的四边形"、"整数和分数"等就是定义项.

联结项则是把被定义项与定义项连成句子的判断词,如"是"、"叫做"、"统称"、"等于"等.

定义一般有以下的作用:

首先,揭示被定义概念所反映的对象的本质属性.

第二,将被定义概念所反映的对象与其他事物区别开来.

第三,可以简化语句.例如,如果没有"等腰三角形"的定义,那么定理"等腰三角形的顶角的平分线、底边上的高和底边上的中线这三线合一",叙述起来是十分费劲的.

第四,在证明、解答中,定义可以引作论据.例如,欲证"平行四边形对边相等",就可以利用"平行四边形"的定义,即"平行四边形是两组对边分别平行的四边形".

下面我们来讨论下定义的常用方法.

从逻辑角度说,下定义有两种基本方式,即种属定义和归纳定义.其中,种属定义用得更普遍些,具体使用时,还有一些不同的表现形式.下面我们分别予以说明.

◆ 种属定义

种属定义的特点是给一个概念(属概念,或称上位概念)限定某些属性,从而指明被定义概念(种概念,或称下位概念)的意义."三角形"这一概念是被定义概念"等腰三角形"的属概念."两边相等"是"等腰三角形"区别于其他三角形的属性,叫做种差.

种属定义可形象化地写成下列公式:

$$\text{被定义概念(种概念)} = \text{属概念} + \text{种差}.$$

种属定义在数学中的应用十分普遍.例如,

"在同一平面内,两条不相交直线叫平行线."

"在平面上,线段绕着它的一个固定的端点旋转一周,它的另一个端点形成的闭曲线叫圆周."

"两边相等的三角形叫等腰三角形."

"任给 $\varepsilon > 0$,总存在一个 N,使 $n > N$ 时都有 $|a_n - A| < \varepsilon$ 成立,则 A 叫做数列 $\{a_n\}$ 的极限."

等腰三角形的属概念(上位概念)是三角形,圆周的属概念(上位概念)是闭曲线.但有时属概念(上位概念)没有明显地表示出来,例如,实数的绝对值的概念.

$$|x| = \begin{cases} x, & x > 0, \\ 0, & x = 0, \\ -x, & x < 0. \end{cases}$$

学生可以背出这个式子,但不知道实数的绝对值的上位概念是正实数,是满足上面的式子的正实数.

再如上面的极限定义中,极限(种概念)的属概念是什么呢?应该是"实数",怎么样的实数呢?是"任给 $\varepsilon > 0$ ……"(种差)的实数.笔者之一曾经多次提问过进修的数学老师:

"数列的极限究竟是什么?"

得到的回答常常是这样的:

"无限接近",

"A",

甚至还有回答"ε"的,可见,对数列极限的上位概念都没有弄清楚.

在具体表现形式上,有一些特殊形式,如

发生定义

发生定义是以事物的形成发生过程作为种差的.如上面提到的"圆周"的定义可以认为是发生定义.

发生定义在数学中用得很多,下面再举一些例子:

"由三条线段首尾顺次联结所组成的图形叫三角形."

"一圆沿一直线作无滑动的滚动,圆周上一定点的轨迹叫做摆线."

构造定义

构造定义不但使人们可以看到事物的发生过程,而且还给出了计算方法,如数"e"定义为

$$\lim_{n\to\infty}\left(1+\frac{1}{n}\right)^n;$$

导数的定义是

$$f'(x_0)=\lim_{\Delta x\to 0}\frac{f(x_0+\Delta x)-f(x_0)}{\Delta x}.$$

形式定义

形式定义指出了概念的本质结构,而这个本质结构又是通过典型形式来反映的.如

"形如 $ax^2+bx+c=0$(其中 a、b、c 为常数,$a\neq 0$)的方程叫做一元二次方程"就是通过典型形式

$$ax^2+bx+c=0(a、b、c\text{ 为常数},a\neq 0)$$

来反映出一元二次方程的本质结构的.

形式定义在中学数学中较为多见.

约定式定义

约定式定义是采用约定的方式直接对被定义概念作出规定的一种定义方式.如规定

$$a^0(a\neq 0)\text{ 等于 }1.$$

◆ **归纳定义**

中学数学中还有一些定义不是通过限定上位概念的办法来完成的,而是反过来,通过概括下位概念的办法来指明被定义概念的意义,这就是归纳定义.

例如:"有理数、无理数统称实数."

再例如,"初等函数"可以定义为:

$y=c$,$y=x^a$,$y=a^x$,$y=\log_a x$,$y=\sin x$,$y=\cos x$,$y=\tan x$,$y=\cot x$,$y=\sec x$,$y=\csc x$,$y=\arcsin x$,$y=\arccos x$,$y=\arctan x$,$y=\text{arccot } x$ 是基本初等函数;

由基本初等函数经过有限次加、减、乘、除、乘方及复合等过程而得到的函数称作初等函数.

归纳定义中有一种特例叫**递归定义**.它不是将所有外延不分主次地罗列出来,而是先给出基本的一项或数项,而后继的每一项均由已知项通过一定的规律给出.

例如,斐波那契数列由

$$\begin{cases} a_1 = a_2 = 1, \\ a_{n+2} = a_n + a_{n+1} (n \geq 1), \end{cases}$$

加以定义.

递归定义在中学数学中用得较少.

在给概念下定义时,应遵守以下规则:

◆ **定义不应循环**(定义的不循环性)

笔者中有一位曾经有幸受教于华罗庚少年时代的老师李月波先生门下,李老先生讲课十分风趣. 他的一个故事,至今记忆犹新.

在很早的年代,钟和表都是奢侈物,很多人都没有看到过. 有位学生问老师:"什么是表?"

老师想了想回答说:"表,小钟也."

那学生又问:"那什么是钟呢?"

老师说:"钟,大表也."

弄了半天,究竟什么是表,什么是钟,仍然弄不清楚. 这就是典型的循环定义.

我们在下定义时,依靠定义项来揭示被定义项的内涵,例如,"S 是 P"用 P 来解释 S. 如果人们对定义概念 P 的含义仍不明白,当然希望你继续解释什么是 P,如果你给人的回答是:"P 是 S",那么当然人们什么也没弄懂. 这就是循环定义.

在学习数学时常常无意地犯下循环定义的错误. 例如,在回答什么是圆周的时候,常有学生这样说:"圆周是与圆心的距离相等的点的轨迹",这就犯了循环定义的错误. 因为如果学习者对几何知识一无所知的话,那么他必然会问:"那么什么叫圆心呢?"事实上,要说清"圆心"这个概念,就又会涉及"圆周"这一概念. 正确的定义应该是:"平面上与一个定点的距离相等的点的轨迹叫圆周,这个定点就叫圆心."

◆ **定义不能含糊不清**(定义的确定性)

有些学生往往不能正确复述概念的定义,而用举例、比喻来代替(尽管举例、比喻在数学教学中是讲解概念时的重要手段),例如,"无理数是像 $\sqrt{2}$ 这样的数"、"平行线如同火车铁轨那样"、"无穷小量就是要多少小就有多少小的量"等,这些都是含糊不清的.

◆ **数学概念的定义不应包含矛盾**(定义的和谐性)

尽管目前大多数逻辑学家都承认虚概念,但是对数学这门具体学科来说,引进不存在的概念就会引出麻烦,所以在数学定义中不应该包含矛盾. 例如,如果规定"联结三角形一个顶点与它的对边的中点,并且垂直于对边的线段叫中线",因为中线不一定是高,所以,其中就包含矛盾,这是不可以的.

我们在遵循定义的规则给概念下定义时还要注意下面几个问题：

第一个问题是定义可否取否定形式和可否越等的问题.

一般传统逻辑书籍中，定义规则中还包括：定义不能用否定形式，定义不能越等.其实，只要能使一个概念的意义得到明确，是不是否定形式，是不是越等都并不重要.事实上，数学中常出现否定式的定义，如

"无理数就是无限不循环的小数"；

"同一平面内，两条不相交的直线叫平行线".

数学中也常用"越等"的定义.例如"正方形"所邻近的属概念是矩形（或菱形），"正方形"如果用矩形来定义，便是：

"有一组邻边相等的矩形叫正方形"，

但也可以越过"邻近的属概念"定义成

"四边相等、四内角都是直角的四边形叫正方形".

第二个问题是关于种差多余和等价定义的问题.

通常定义中的种差，不应写得多余，因为定义是反映"本质属性"的，非本质的属性（即可以用本质属性推演出来的属性）不应在定义中反映出来.例如

"既不平行又不相交的不在同一平面内的两条直线叫异面直线"，

其中，"不在同一平面内"是多余的，应该删去.因为"两条直线既不平行又不相交"就必然"不在同一平面内".但是，应该指出，这两个定义所反映的事物是相同的.有时为了与一般的情况相吻合，或者为了语句的简洁，为了容易理解，在特殊情况下也采用"种差多余"的定义.例如"相似三角形"是

"三个对应角相等，三条对应边成比例的两个三角形"，

显然其中有多余的种差（事实上，只需有两角对应相等，这两个三角形就相似了）.但是为了与相似多边形的定义相一致，我们总是采用这个定义，而不把多余的种差删去.

有的书认为

"四边相等，四角为直角的四边形叫正方形"，

这个定义比

"一个内角是直角的菱形叫正方形"

和

"一组邻边相等的矩形叫正方形"

这两个定义容易理解，但是这个定义是有多余种差的.

与此有关的，要谈一下等价定义的问题.如果给一个概念下不同的定义，而外延不变，则这两个定义叫等价定义.例如，上面提及的三种正方形的定义就是等价定义.

在理解公认的数学概念的定义时常会出现两种错误：种属不呼应和种差不适当.

◆ **种属不呼应**

在种属定义中，被定义概念是用一个包含它的属概念来定义的，即种属要呼

应,否则就会牛头不对马嘴. 在

"三角形角平分线是三角形的任意一个内角的平分线"

这个定义中,被定义概念"三角形的角平分线"是指一条线段,而用来定义它的概念"角平分线"是射线,种属不呼应. 正确的说法是

"三角形的角平分线是三角形内角的平分线上夹在这内角顶点与它对边之间的线段".

在这里,被定义概念"三角形的角平分线"是属概念"线段"的种概念.

"两点间的距离就是联结这两点的线段",

这又是一个犯了种属不呼应错误的定义,"两点间的距离"是长度,不是几何图形"线段". 原句应改为:

"两点间的距离是联结这两点的线段的长度."

◆ **种差不适当**

第一种,叫做**过宽的定义**.

譬如说,

"直径是联结圆周上两点而成的线段",

事实上"直径"还应该由一个"经过圆心"的限制条件,就是说"联结圆周上两点而成的线段"的外延真包含了被定义概念"直径"的外延.

过宽的定义是由于种差太少形成的.

第二种,叫做**过窄的定义**.

譬如说,

"弦是联结圆周上两点而成的且经过圆心的线段".

事实上,这对于"弦"来说,多了一个限制条件:"经过圆心". 就是说"联结圆周上两点而成的且经过圆心的线段"的外延真包含于被定义概念"弦"的外延.

过窄的定义是由于种差太多形成的.

种差不适当的错误,也常反映在临时规定中. 有的同学写辅助线作法,要求不是过高,就是过低.

例如,在△ABC中,有的学生在添加辅助线时会这样写作法:过顶点 A 作BC边上的中垂线AD,——同时满足这两个条件的辅助线是不存在的,这就犯了种差不恰当的错误.

1-3 重视定义的必要性(数学特殊逻辑现象研究1)

前面已经指出,非原始的数学概念必须加以定义.这一点,是数学概念与其他学科的概念的重要差别,对这一点领会深刻的程度,是一个人数学修养高低的重要标志.

在江仁俊、黄邦本的《为什么错?》中有一段精彩的叙述:

某校高二刚学完复数基本概念.第二天上课时,教师走进教室就在黑板上写了

$$(2+3i)+(1-2i)=?$$

然后问学生.有一位学生毫不犹豫地回答:等于 $3+i$. 老师又问了另一位同学,这位同学说:不知道.老师表扬后者说,他回答得很好,使同学们十分好奇.

这位老师表扬得对不对呢? 我们说,这位老师表扬得有道理.复数的加法,该定义一下,现在还没有给出定义,怎么可做加法呢? (当然,前一位学生如果是通过自学,已事先掌握了复数加法的定义,则也是无可厚非的.)

事实证明,认识数学概念定义的必要性是很难的.

例如,学了极限以后,我们把"圆周长"定义为"圆内接和外切正多边形当边数无限倍增时周长的共同极限",这是一个科学的定义.但是不少人对此存在怀疑甚至抵触,认为根本没有必要.因为"圆周长"这一概念,生活中对它已有认识,认为"圆周长"就是"圆周的长".

这里我们对这个问题进行一些探讨.

在20世纪50年代的教科书里,关于直线段的长度问题是这样处理的:先规定一个单位线段,然后用单位线段去度量所给的线段,所量得的次数,就是该线段的长度.当然,这里面也会遇到很复杂的问题:量了3次、10次,这样的整数次,恰巧量完,那没有问题,所给线段的长度就是3个单位、10个单位.如果量了3次还有多余,而量4次又不够,怎么办呢? 那该线段的长度就是分数了.更严重的还会出现无理数的情形,这就是所谓的"无公度"情形.这是一个很复杂很难懂的课题,这里只是点到为止,不予展开了.

对于直线段的长度是这样操作的,实际上,操作的过程也规定了直线段长度的

意义. 这个过程是严密的.

那么,对曲线段的长度可不可以如法炮制呢? 也规定一个曲线段的长度单位,再用它去量所给的曲线段,行吗? 不行. 为什么? 各个曲线段的弯曲程度是不一样的.

那么"圆周的长"是什么意思? 有人说用细线绕一周,这样的做法有实用价值,但是在数学上、逻辑上是站不住的,因为细线的弹性会引起数值的不确定,而不确定的东西是不能作为定义的.

而用

"当边数无限倍增时圆内接和外切正多边形的周长的共同极限叫圆周长"

这个定义,是严密的,其中"内接、外切正多边形周长"属于直线段范围,意义明确,再利用极限,"圆周长"的意义也明确了.

再例如,不少同学,包括一些教师,认为 $a^0 = 1(a \neq 0)$ 是推出来的. 他们认为

$$\because a^m \div a^n = a^{m-n},$$ ①

当 $m = n$ 时,

$$a^m \div a^n = a^{m-n} = a^0.$$

又

$$\because a^m \div a^n = 1,$$

$$\therefore a^0 = 1.$$

其实,在原先的正整数指数幂的范围里,①式仅当 $m > n$ 时才成立,这个"推理"过程大前提错了,当然得不出正确的结论来.

a^0 是什么? 由于原先从来没有出现过,回答只应是"不知道". 正由于不知道,才要通过定义明确它的意义. 所以 a^0 的意义是要加以规定的.

当然要让学生明白,像 a^0 这样的概念是规定的,不是推出的,同时,也要让学生明白这种规定不是可随心所欲的,而要合理. 所谓合理,是指: 要使原有概念的主要性质能够在概念扩充后的新范围里保存下来.

譬如说,为什么不规定 $a^0 = 2(a \neq 0)$ 呢? 因为这样规定不合理. 这样规定以后,在正整数指数幂范围里的某些性质,如

$$a^m \cdot a^n = a^{m+n}$$

会引起麻烦. 当 $n = 0$ 时,

$$左边 = a^m \cdot a^0 = 2a^m(根据这个不合理的规定),$$

$$右边 = a^{m+0} = a^m,$$

$$\because a \neq 0, \therefore 左边 \neq 右边.$$

为了使规定合理,使原先的性质在新的范围里适用,我们规定 $a^0 = 1(a \neq 0)$.

总之,"一个新的东西的出现,一定要明确它的意义"这个思想要牢固地树立,而不能想当然,或者用实验(细线绕圆周就是)替代,或者按照原先的类似的东西理解.在解几何问题中作辅助线时,也会遇到类似情形.一条线添出来了,必须用作法规定它的意义.

和定义必要性有密切关系的问题是:本质上是同一件事情,但是你是这样定义它的,他又是那样定义它的,那么,各自必须从自己的定义方式去展开讨论.从某种意义上说,数学是从定义出发研究问题的(这里说的是"某种意义上说",总体来说,当然是"实践是研究的出发点"),几何的辅助线就是这样的.同样一条线,你是这么画的,他是那么画的,证明的出发点就不同了.这叫**"同线异名"**现象.

例 如图 1-3-1,已知 $\triangle ABC$ 是等边三角形,点 D 在 BA 的延长线上,B、C、E 三点在一直线上,且 $DC = DE$.求证:$AD = BE$.

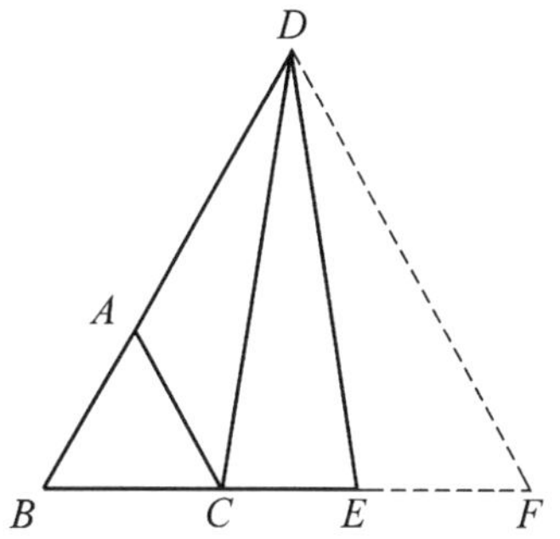

分析 此题中添加的辅助线如图 1-3-1 所示,作法有两种不同出发点的描述.

第一种描述:延长 BE 至点 F,使 $CF = AD$,联结 DF.这种作法是利用 $BD = BF$,$\angle B = 60°$ 可证明 $\triangle BDF$ 是等边三角形.

第二种描述:过点 D 作 AC 的平行线与 BE 的延长线交与点 F.这种作法是用 $\triangle ABC \backsim \triangle DBF$ 可得到 $\triangle BDF$ 是等边三角形.

图 1-3-1

这就是"同线异名"现象,作法不同,但实际上画出的图形是一样的(同线).在第一种描述中,DF 只能认为是 D、F 的连线,而在第二种描述中,DF 只能认为是 AC 的平行线(异名),证明的出发点就不同了.

目前,中学教育被紧箍在"应试模式"中,"题海战术"盛行.但会解数学题,并不能说明就有数学头脑,并不一定对数学的思想有较深的理解.花一点时间,让学生了解数学概念定义的必要性,了解"同线异名"现象,会**"按新定义解题"**,对提高学生的素质是十分有益的.

1-4 原始概念的处理(数学特殊逻辑现象研究 2)

在利用定义的方法明确概念的意义时,新概念要通过旧概念来下定义,如此追溯下去,打破砂锅问到底,这个过程不可能无止境地继续. 有些概念就没有办法再下定义. 如"点"、"直线"、"平面"、"集合"、"元素"、"量"等,这些概念叫做**原始概念**,或**不定义概念**.

在初等数学里,这些概念通常用描述的办法来揭示它的内涵.

例如,在几何学中,一些不定义概念通常是这样来描述的:

  点是不可分的.

  线有长无宽.

  线的界是点.

  直线是这样的线,它对于它的任何点来说都是同样地放置着的.

  面只有长和宽.

  面的界是线.

  平面是这样的面,它对于它的任何直线来说,都是同样地放置着的.

这里似乎对"点"、"线"、"直线"、"面"、"平面"都下了定义,但是词句中用了"分"、"长"、"宽"、"界"等概念,而这些概念却都是没有定义过的,因而,上述的一些语句不能算定义,只能算是一种描述.

有些概念是完全可以下定义的,但是考虑到可接受性,在中小学数学里用描述的方法加以说明. 例如,"圆周长"的概念,应取下列定义:

"当边数无限倍增时圆内接和外切正多边形的周长的共同极限叫圆周长".

在初中和小学高年级教圆周长公式时,这是绝对无法接受的. 因此,在小学及初中教材中,"圆周长"被描述为"圆周的长".

在现代数学里,原始概念采用公理化的方法进行处理.

在古代,公理被认为是不证自明的基本事实的概括. 对象**先于**公理,公理是关于对象基本性质的描述.

譬如,欧几里得几何有这样一些公理:

（1）可从一点到任一点引一条直线，

（2）每条直线可以无限延长，

（3）以任意点为中心可作半径为任意长的圆，

（4）凡是直角都相等，

（5）如果一条直线与两条直线相交，在同侧的两个内角之和小于两直角，那么无限延长这两条直线，它们必在这一侧相交.

其中第(5)条公理也可以说成：

(5′) 过已知直线外的一个已知点，只能作一条直线与已知直线平行.

这就是所谓的"平行公理". 需要注意，我们常常说：

"过已知直线外的一个已知点，能够且只能作一条直线与已知直线平行."

这话不错，但是作为数学教师自己应该知道，"只能作一条……"是公理，而"能够作一条……"是定理. 从这个意义上说，两者是不能混为一谈的.

欧几里得几何就是在这 5 条公理基础上推演出来的. 但是，人们总觉得平行公理实在不像公理，而像定理，但是证来证去又证不出来. 这个问题困扰了 1500 年.

到 19 世纪，俄国数学家罗巴切夫斯基发现，假定过已知直线外的一个已知点，可以作"好多直线"与已知直线平行，可以推演出一批定理，自成一套. 这些定理和当时人们所知道的现实是不符合的，但是在逻辑上没有问题. 这就是"罗巴切夫斯基几何"，是"非欧几何"的一种.

非欧几何创立后，人们开始认识到几何公理是可以违背人们的感性认识的. 从与直观相违背的命题(譬如，"直线外一点可以作两条(或以上)的直线和该直线平行")出发，也可以引出一套几何理论(也可以从"直线外一点不可以作直线和该直线平行"出发，这样可以引出另一种非欧几何)，并且这套理论中并没有什么矛盾. 而后，有人进一步提出，公理是原始概念的**隐性**定义，也就是说，原始概念被看成是满足某一套公理的事物. 这就是公理化定义. 这样，公理便**先于**对象了. 公理当然是从某些事物中抽象得到的，但就公理本身来说，并不要求先给定某一类具体对象，可以没有对象，也可以有许多对象. 有关公理化定义的内容，读者可参阅其他专著.

1-5 概念的划分

把一个外延较大的上位概念(属概念)分成互不交叉的若干个外延较小的下位概念(种概念),这就是概念的划分. 它是揭示概念外延的逻辑方法. 我们解题时常常会进行所谓的"讨论",这时候,就会用到概念的划分.

例如,"实数"可以划分成"有理数"和"无理数","代数运算"可以划分成"加"、"减"、"乘"、"除"、"乘方"、"开方".

被划分的上位概念叫做母项,所划分成的若干个下位概念叫做子项. 例如,上面例子中"实数"就是母项,"有理数"、"无理数"就是子项.

不难看出,划分,从数学观点看,就是将一个集合表示成若干个互不相交的子集的并.

我们常用下面具体的划分方法:

◆ **二分法**

二分法就是把一个母项划分成两个矛盾的子项. 其中一个子项具有某些属性,另一个子项不具有这种属性. 这样,不会产生遗漏,也不会重复,选用词语上也容易解决,只要利用否定词"非"、"不"就行了.

如把实数划分成:

$$\text{实数}\begin{cases}\text{正实数}\\\text{非正实数}\end{cases}$$

用的就是二分法. 但把实数划分成

$$\text{实数}\begin{cases}\text{正实数}\\\text{负实数}\end{cases}$$

就不正确了. 可见,利用否定词,将一个外延大一些的概念一分为二,是不会错的.

◆ **连续划分**

所谓连续划分,是多次进行划分,即把母项先划分为若干个子项,再把子项作为母项划分成更小的子项.

例如,实数可以划分成

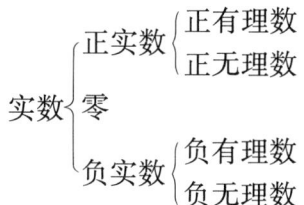

或

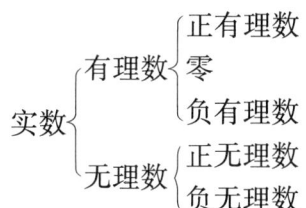

都是二次连续划分.

◆ **双向划分**

按照不同的划分法,最终可能得到若干个子项,为了反映这些子项在不同划分法中的地位,可采用双向划分. 例如,实数可以划分为有理数和无理数,有理数又可以分为整数和分数(指狭义的分数,即分母不等于1),分数又可划分为有限小数和无限循环小数,但是实数又可以划分为整数和小数. 为了把两种划分关系整理得更清楚,可列成下列式样

◆ **表格划分**

对于可以用两种标准划分的母项,也可以将这两种划分整理成表格,从而从表格中反映出各个子项来. 如实数可以按符号划分为正数、负数、零,也可按另一种标准划分成有理数、无理数,把两者组合起来整理成下面的表:

实 数	有 理 数	无 理 数
正数	正有理数	正无理数
0	0	
负数	负有理数	负无理数

概念划分应遵循下列规则:

◆ **划分不可遗漏**

所谓划分不可遗漏,即被划分的上位概念的外延不应当"大于"划分以后的下

位概念的外延的和(从集合的角度看,下位概念的外延的和不能是上位概念的外延的真子集).

说

"整数可划分为正整数与负整数"

是不正确的,因为漏掉了"零",应该说:

"整数可以划分为正整数、零和负整数".

◆ **划分不应重复**

划分以后的下位概念之间应该是不相容关系,不可以是交叉关系或包含关系.

例如

"三角形可以划分为锐角三角形、直角三角形、钝角三角形、等腰三角形"

就不是正确的划分,因为等腰三角形与锐角三角形是交叉的关系,同样等腰三角形与直角三角形、钝角三角形也是交叉关系.而

"三角形可划分为等腰三角形、等边三角形、不等边三角形"

也是不正确的划分,因为等边三角形是包含于等腰三角形的.

有些教材及参考书上把函数划分为奇函数、偶函数、非奇非偶函数.其实,这个划分是不正确的,因为存在既奇又偶的函数 $y=0$,也就是说,这个划分重复了.

还有些参考书,把数列划分为递增数列、递减数列、常数列、摆动数列.这个提法也有问题,一般理解递增数列、递减数列是指严格单调的.按这种理解,这样的划分遗漏了如

$1,1,2,2,3,3,\cdots$

这种数列.如果把递增、递减数列理解为非严格单调的,那么,

$1,1,2,2,3,3,\cdots$

应理解为递增数列了.但是常数列既可以看作递增的,又可以看作递减的,划分又重复了.

◆ **划分不可越出**

划分以后的每一个概念应该都是被划分的概念的下位概念.如果有一个划分以后的概念不是被划分概念的下位概念,那么这就犯了一种叫做"划分越出"的错误.

例如

"正数包括整数和分数"

是不正确的划分,因为"整数"(它包括了负整数、正整数及 0)不是"正数"的下位概念.同样地"分数"也不是"正数"的下位概念.

传统逻辑的著作中,对划分的标准还有一些提法,如"划分必须按一个标准进行"、"划分不准越等",对此,我们想提出一些看法.

首先是关于划分的标准问题.

通常,划分是根据某一个标准进行的. 同一个上位概念,在不同标准下可以有不同的划分法. 如三角形,可按角划分,也可以按边划分. 头脑里有个标准,划分时不会混乱. 但是,有时头脑里有一个标准,又难于言传,如"实数"分成"正实数"、"零"、"负实数"可以看作依符号作标准进行划分,但把"实数"分成"有理数"和"无理数"很难用一个词语把这个划分标准说清楚. 另外,还有一种情况,我们有时需要在一群事物中随机地抽取一部分,这样就把母项分成了"被取出的"与"留下的"两个子项. 这算依什么标准进行划分呢? 所以虽然人们在划分时,通常有个标准,但从逻辑上说,标准问题并不是划分的本质问题.

其次,关于越等问题.

通常,划分以一步步划分下来为宜,这样层次清楚. 但是,"越等"本身是没有明显界限的,人们很难判断怎样划分是"越等"的,怎样划分是不"越等"的. 例如,两圆位置关系,可以划分为相离、外切、相交、内切和内含五种关系,但是如果以两圆公共点的数目为标准进行划分,则可划分为

$$
\text{两圆位置关系}\begin{cases}\text{有公共点}\begin{cases}\text{有一个公共点}\begin{cases}\text{内切}\\\text{外切}\end{cases}\\\text{有两个公共点——相交}\end{cases}\\\text{没有公共点}\begin{cases}\text{相离}\\\text{内含}\end{cases}\end{cases}
$$

似乎这才是不越等的划分. 但后者显得烦琐,不如前者能反映两圆位置由远及近的变化. 可见,"不越等"似乎也不宜作为划分的规则.

另外,数学题常要通过讨论来解决,懂得概念的划分,对解决这类问题是很有好处的.

例如,方程 $ax=b$ 的解的个数可以作如下讨论:

(1) 当 $a\neq 0$ 时,方程有唯一解 $x=\dfrac{b}{a}$;

(2) 当 $a=0$ 时,方程的解有两种可能:

(Ⅰ) $b=0$,方程有无穷多解;

(Ⅱ) $b\neq 0$,方程无解.

这实际上是对"方程 $ax=b$"的外延进行划分,先依 a 是不是为 0 作为标准,把"方程 $ax=b$"外延划分为"$a\neq 0$ 时的方程 $ax=b$"与"$a=0$ 时的方程 $ax=b$(即 $0x=b$)"这两种情况. 然后将后者,按 b 是不是为 0 作为标准划分为"$a=0$ 且 $b=0$ 的方程 $ax=b$"和"$a=0$ 且 $b\neq 0$ 的方程 $ax=b$"这两种情况. 将需要讨论的对象(方程 $ax=b$)划分成若干个部分,然后对每一种情况分别指出它的特性(解的个数).

在对含字母的数学问题进行讨论时,要对概念作划分,这里不但要遵循概念划

分的一切规则,而且要善于依照适当的标准将概念作划分.这个标准怎样才算适当呢?**如果依照这个标准划分所得的各下位概念在问题所关心的方面都具有相同的特性**(像上例中的唯一解、无穷多解、无解),那么这个标准是恰当的.而且划分往往在运算的"关键"的一步进行.所谓"关键"的一步是指如果继续进行运算,在不同的情况下将有不同的结果.

例 1 解不等式 $\dfrac{a+x}{b} < \dfrac{x-b}{a} + 2$($a$、$b$ 同号).

解 同乘 ab,化简得

$$(b-a)x > (b-a)^2. \qquad ①$$

至此,不能随便约去 $(b-a)$.需要讨论以后,才能进一步化简:

(1) 当 $b-a>0$(即 $b>a$) 时,$x>b-a$;

(2) 当 $b-a<0$(即 $b<a$) 时,$x<b-a$;

(3) 当 $b-a=0$(即 $b=a$) 时,不等式变为 $0x>0$,无解.

这里,我们是以 b 与 a 的大小关系为标准进行讨论的,因为此时所划分的每一种情况都有相同的特性.如果我们不以此为标准,不是在化简成①式这一关键一步之后讨论,而从题目的条件:"同号"联想到,可划分为同为正,同为负,这丝毫没有用处.下面是根据这一想法作的讨论:

(1) a、b 同正,此时因没有同一特征仍需进一步划分.

(Ⅰ) $a>b$,则 $x<b-a$;

(Ⅱ) $a=b$,无解;

(Ⅲ) $a<b$,则 $x>b-a$.

(2) a、b 同负.

(Ⅰ) $a>b$,则 $x<b-a$;

(Ⅱ) $a=b$,无解;

(Ⅲ) $a<b$,则 $x>b-a$.

不难看出,第一次划分(划分为 a、b 同正及同负)是多余的.因为最后仍是依照 a 与 b 的大小来划分的.在对数学问题进行讨论时,由于标准选择不当,造成讨论不得要领的缺陷,在学生的作业及口头回答中是经常会遇到的.

有时,我们分成几种情况对问题进行讨论,但并不对各种情况进行独立的研究,而是将其中的一些情况转化为另外一些情况来解决.

例 2 平面上给定 7 条直线,已知其中任何两条皆不平行,试证:从中必可找到两条直线,其交角小于 $26°$.

证明 (1) 若这 7 条直线交于一点,则把平面分成 14 个部分,依照后面将要讲述的平均值原理,以这交点为顶点的 14 个角中至少有一个角 α,使

$$\alpha \leqslant \dfrac{360°}{14} = 25\dfrac{5}{7}° < 26°.$$

（2）若这 7 条直线不交于一点，只需在平面上任取一点 A，过点 A 分别作这 7 条直线的平行线，由(1)，以 A 为顶点的 14 个角中，至少有一个角小于 $26°$. 与这个角两边平行的两直线交角也就小于 $26°$.

当然，若划分不当就会导致错误. 如：

例 3 A、B、C、D 四个歌手依一定次序表演独唱，A 不排第一，B 不排最后，问：有多少种排法？

解 A 排第一的排列有 P_3 种，B 排最后的排列有 P_3 种，所以 A 不排第一且 B 不排最后的排列有

$$P_4 - 2P_3 = 12(种).$$

这种解法，尽管没有作出明显的划分，但实质上是将 A、B、C、D 四人的全排列划分为下列三种情形：A 排第一，B 排最后，A 不排第一且 B 不排最后. 然而，这种划分法是不对的. 我们知道，这里涉及两个划分标准："A 是不是排第一？"以及"B 是不是排最后？"因此，应作逐次划分：

$$A、B、C、D \text{ 四人的全排列}(P_4) \begin{cases} A \text{ 在第一} (P_3) \\ A \text{ 不在第一}(3 \cdot P_3) \begin{cases} B \text{ 在最后}(2P_2) \\ B \text{ 不在最后(符合题意的排列)} \end{cases} \end{cases}$$

或者用表格法划分为

A、B、C、D 四人全排列	A 在第一 P_3	A 不在第一 $3 \cdot P_3$
B 在第四	P_2	$2P_2$
B 不在第四	$P_3 - P_2$	符合题意的排列

可见，符合题意的排列种数为

$$P_4 - P_3 - 2P_2 = 14(种),$$

或

$$3P_3 - 2P_2 = 14(种).$$

在原先的划分中，"A 排第一"与"B 排最后"这两种情形是有重复的，其重复部分就是"A 排第一且 B 排第四"的按排列（$ACDB$ 及 $ADCB$），可见，原先的划分是不当的.

关于划分的问题，在后面还会作进一步的讨论.

练 习 一

1. 下列各对概念成什么关系？
   (1) 四内角都是直角的四边形,一个内角是直角的平行四边形；
   (2) 菱形,矩形；
   (3) 矩形,正方形；
   (4) 锐角三角形,直角三角形；
   (5) 有理数,无理数；
   (6) 实数,虚数；
   (7) 实数,纯虚数.

2. 写出下列各概念的定义,并指出其属概念与种差.
   (1) 角平分线；
   (2) 圆周角；
   (3) 一次函数.

3. 给下列概念所下的定义是否符合规则：
   (1) 圆周长就是 πD,而 π 就是圆周长与 D 之比；
   (2) 90°的角是直角,直角的九十分之一叫 1 度；
   (3) 曲线的渐近线就是越来越靠近该曲线的直线.

4. "把所有满足某一给定性质 P 的事物看成一个整体,这个整体就是集合,这些事物叫这个集合的元素"这句话是不是"集合"的定义？

5. 分别依边为标准和角为标准对"三角形"这一概念进行划分.

6. 分别依下列标准,对"数列"$\{a_n\}$这一概念进行划分：
   (1) 按 n 可取值的范围；
   (2) 按 a_n 可取值的范围；
   (3) 按相邻两项的大小.

7. 下列划分是否正确？如果有错误,请指出错误.
   (1) 函数可以划分为奇函数与偶函数；
   (2) 平行四边形可划分为菱形与矩形；
   (3) 数列可划分为等比数列与等差数列.

8. 用表格将"自然数"作划分：

	奇 数	偶 数
质 数		
合 数		
1		

9. 可不可以将一元二次方程划分成二次项、一次项、常数项?
10. 按下面指定的标准进行讨论是否恰当?

    将分数 $\dfrac{1}{m}$(m 为正整数)化为小数,何时得到有限小数,何时得到无限循环小数:

    标准(1):m 是奇数、偶数.

    标准(2):m 只含有 2 与 5 两个质因数,m 含除 2 与 5 以外的其他质因素.

11. 已知集 S 的运算 $*$ 满足:

    (1) $x * x = x$;

    (2) $(x * y) * z = (y * z) * x$.

    求证:$x * y = y * x (x, y, z \in S)$.

12. 记自然数 k 的个位数字为 $R(k)$,求 $R(1^{1991}) + R(9^{1991}) + R(8^{1991})$.

13. 指出下列概念的区别:

    (1) 整数 a 被整数 b "整除",多项式 $f(x)$ 被多项式 $g(x)$ "整除";

    (2) 两点间的"距离",一点到一直线的"距离",两条平行线之间的"距离",异面直线之间的"距离";

    (3) 两数的"和",多项式的"和",函数的"和",集合的"和",无穷级数的"和",向量的"和",矩阵的"和";

    (4) 平面几何中的"角",三角中的"角",立体几何中的面角,两面角的平面角.

14. 指出下列概念的异同:

    (1) 相等,恒等,全等;

    (2) 相似形,位似形,等积形,全等形;

    (3) 绝对不等式,含有绝对值的不等式.

15. 回答下列问题:

    (1) 分别在两个不同平面的两直线,是不是异面直线?

    (2) 有人以为一定要"当一个量变化的时候,另一个量也跟着变,才是函数",你认为正确吗?

    (3) 周期函数是不是必有最小正周期?

    (4) 无穷递增的数列是不是必定无界?

16. 已知椭圆 $\dfrac{x^2}{a^2} + \dfrac{y^2}{b^2} = 1$ 的切线斜率为 k,求切线方程.

    解:设椭圆的切线为 $y = kx + b$,代入椭圆方程,得
    $$b^2 x^2 + a^2(kx+b)^2 - a^2 b^2 = 0,$$
    即
    $$(b^2 + a^2 k^2) x^2 + 2a^2 bk x = 0.$$
    因为 $y = kx + b$ 与椭圆相切,所以上述方程的判别式
    $$\Delta = (2a^2 bk)^2 = 0,$$

$$\because a \neq 0, b \neq 0, \quad \therefore k = 0.$$

因此,原椭圆切线方程为 $y = b$.

这个解法对不对?

17. $z = 2\left(\sin\dfrac{\pi}{6} + i\cos\dfrac{\pi}{6}\right)$,求 z^4.

    解:
    $$z^4 = 2^4\left[\sin\left(4 \cdot \dfrac{\pi}{6}\right) + i\cos\left(4 \cdot \dfrac{\pi}{6}\right)\right]$$
    $$= 16\left(\sin\dfrac{2\pi}{3} + i\cos\dfrac{2\pi}{3}\right).$$

    这个解法对不对?

18. 若 α 是第二象限的角,化简
    $$\sqrt{1-\cos\alpha} + \sqrt{1+\cos\alpha}.$$

    解:因为 α 是第二象限的角,所以 $\dfrac{\alpha}{2}$ 是第一象限角,于是
    $$\text{原式} = \sqrt{2\sin^2\dfrac{\alpha}{2}} + \sqrt{2\cos^2\dfrac{\alpha}{2}}$$
    $$= \sqrt{2}\left[\sin\dfrac{\alpha}{2} + \sin\left(\dfrac{\pi}{2} - \dfrac{\alpha}{2}\right)\right]$$
    $$= 2\cos\left(\dfrac{\alpha}{2} - \dfrac{\pi}{4}\right).$$

    这个解法对不对?

19. 过点 $P(-1, 1)$ 作二次曲线
    $$x^2 + 2y^2 - 2x + 4y + 6 = 0$$
    的割线,求这割线截这曲线所得的弦 AB 的中点 $M(x, y)$ 的轨迹.

    解:设 A、B 的坐标分别为 (x_1, y_1)、(x_2, y_2),则
    $$\begin{cases} x_2^2 + 2y_2^2 - 2x_2 + 4y_2 + 6 = 0, & \text{①} \\ x_1^2 + 2y_1^2 - 2x_1 + 4y_1 + 6 = 0. & \text{②} \end{cases}$$

    ①-②,得
    $$(x_2+x_1)(x_2-x_1) + 2(y_2+y_1)(y_2-y_1) - 2(x_2-x_1) + 4(y_2-y_1) = 0.$$
    ③

    因为点 $M(x, y)$ 是弦 AB 的中点,故
    $$x = \dfrac{x_1+x_2}{2}, \ y = \dfrac{y_1+y_2}{2},$$

即
$$x_1+x_2=2x, \quad y_1+y_2=2y,$$
代入③,得
$$2x(x_2-x_1)+4y(y_2-y_1)-2(x_2-x_1)+4(y_2-y_1)=0. \qquad ④$$
因 P、A、M、B 在同一直线上,故当 $x_2 \neq x_1$ 时,有
$$\frac{y-1}{x+1}=\frac{y_2-y_1}{x_2-x_1}. \qquad ⑤$$

由④、⑤消去 $\dfrac{y_2-y_1}{x_2-x_1}$,并整理得
$$\frac{x^2}{3}+\frac{2y^2}{3}=1,$$

所以所求轨迹是椭圆.

以上解法对不对?

20. 有个学生画 $\triangle ABC$ 的高如图,试从高的定义的角度分析他的错误.

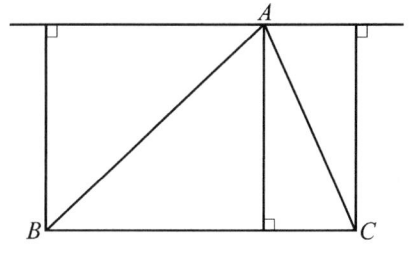

第 21 题图

21. 试从余数的定义的角度分析下列错误:

题:求 98^{100} 被 9 除的余数.

解:$98^{100}=(90+8)^{100}=(90^{100}+C_{100}^1 90^{99} \cdot 8+\cdots+C_{100}^{99} \cdot 90 \cdot 8^{99})+8^{100}$,

$\because 9 \mid (90^{100}+C_{100}^1 90^{99} \cdot 8+\cdots+C_{100}^{99} \cdot 90 \cdot 8^{99})$,

$\therefore 98^{100}$ 除以 9 所得余数为 8^{100}.

22. 试从算术根的定义的角度分析下列错误:

(1) $\sqrt{(-2)^2}=-2$;   (2) $\sqrt{a^2}=a$.

23. 有人说 $0.999\cdots\cdots=1$,你说对吗?

24. 求 $(x+2)^6$ 展开中前三项系数的和.

解法一:依题意
$$C_6^0+C_6^1+C_6^2=22.$$

解法二:依题意

$$C_6^0 + C_6^1 \cdot 2 + C_6^2 \cdot 2^2 = 73.$$

试对题目及解答作些评论.

25. 有人在考虑下列问题时,思想陷入了矛盾状态,请你帮助他解决一下.

    已知方程 $x^3 - x^2 + 3x + 2 = 0$ 有两个虚根,那么第三个根是怎样的呢？根据有理根判别法,它没有有理根,所以第三个根是无理根. 但是他想有理系数方程的无理根 $a + b\sqrt{c}$ 是成对的,那么应该还有第四个无理根存在,这与方程是三次的发生了矛盾.

26. 诡辩：

    $\because \int \sin x \cos x \mathrm{d}x = \int \sin x \mathrm{d}(\sin x) = \dfrac{\sin^2 x}{2} + c,$

    又 $\because \int \sin x \cos x \mathrm{d}x = -\int \cos x \mathrm{d}(\cos x) = -\dfrac{\cos^2 x}{2} + c,$

    $\therefore \dfrac{\sin^2 x}{2} + c = -\dfrac{\cos^2 x}{2} + c.$

    $\therefore \sin^2 x + \cos^2 x = 0.$

    你说错在哪里？

27. 某教材上,在讲到循环小数化分数法则时,是这样推导的：

    $0.\dot{3}\dot{4} = 0.343434\cdots\cdots,$

    $100 \times 0.\dot{3}\dot{4} = 34.343434\cdots\cdots,$

    两式相减,得

    $99 \times 0.\dot{3}\dot{4} = 34,$

    $0.\dot{3}\dot{4} = \dfrac{34}{99}.$

    请对它的科学性和可接受性进行评论.

28. 论文选题："学数学的人,逻辑性较强". 你认为就"概念"这一方面来说,这句话体现在哪些地方？

29. 论文选题：认为"$a^0 = 1$ 是推出来的",这是一种严重错误,但在师生中这种错误普遍存在,这是为什么？定义的必要性是数学概念的重要特点,你认为在初、高中阶段,在各类不同的学校中,应该有什么不同的要求？

30. 论文选题：你认为异分母的两个分数的加法法则,是推出来的,还是规定的？在教学中怎么处理这类情况的？

31. 论文选题：论"同线异名".

1-6 命题

对某种对象有所肯定或否定的思维形式叫判断,而可用来表示判断的语句叫**命题**. 一个命题,要么真,要么假. 符合客观事实的,是**真命题**,反之是**假命题**. 谈不上真假的语句,就不是命题. 需要注意的是:命题的真假,是各学科自己的事情,逻辑是管不着的.

例 判断下列语句是否是命题:

(1) 李平是高个子学生;

(2) $\sqrt{5}$ 是有理数;

(3) $x+3>2$;

(4) 菱形是平行四边形吗?

(5) 1.2 不是整数;

(6) $3 \geqslant 3$.

解析 (1) 不是命题. 由于"高"是一个模糊的概念,李平个子的高矮没有标准作为真假的判断依据;

(2) 是命题,且是假命题;

(3) 不是命题. 由于变元 x 取值不明确,"$x+3$"与"2"的大小关系无法作真或假的判断;

(4) 不是命题,是问题,没有作明确的陈述;

(5) 是命题,且是真命题;

(6) 是命题,且是真命题.

上例中,对所指的事物进行某种判断的语句叫命题,命题有如下特征:

1. 任何命题都有所陈述. 如果对事物情况无所陈述,就不是命题. (如(4));

2. 任何命题都有真假. 如果一个命题所陈述的与客观事实(或者某个模型)一致,称为真命题(如(5)(6));如果一个命题所陈述的与客观事实不一致,称为假命题(如(2)).

在进行判断时,类似(5)这样的,用到了否定词"不"、"没有"等的命题,也可称为"**否定形式的命题**",反之,可称为"**肯定形式的命题**"(如(2)).

其中(6),不少人误以为是假命题,这个问题涉及命题的复合,将在下面的章节里进行研究.

其中(3),有些人会觉得难以接受,我们也将在下面的章节里给予分析.

数学命题有以下特点:
◆ **具有严密的系统性**

数学是一门演绎的科学,数学命题的真实性都要有逻辑依据.一个真实的命题甲必须由别的真实命题乙作为前提推得,而这一个真实命题乙又必须由别的真实命题丙作为前提推得.这样层层上溯,必然会有一些命题,其真实性无法由别的命题作为依据推得.这些原始的真实命题叫**公理**.

在古代,公理被认为是不证自明的基本事实的概括,公理是人们规定的,不需要对其真实性进行证明的命题.它们可作为判断其他命题真假的原始依据.

另外,有些命题可以从公理或其他真命题出发,用逻辑推理的方法判断它们是正确的,并且可以进一步作为判断其他命题真假的依据,这样的真命题叫**定理**.数学中的真命题(公理和定理)构成了一个命题系统.

20世纪以来,整个数学几乎都已按希尔伯特的模式得到公理化处理.希尔伯特的公理系统与欧几里得及其后任何公理系统的不同之处,在于他没有原始的定义,定义通过公理反映出来.这种思想他在1891年就有所透露.他说:"我们可以用桌子、椅子、啤酒杯来代替点、线、面."当然,他的意思不是说几何学研究桌、椅、啤酒杯,而是在几何学中,点、线、面的直观意义要抛掉,应该研究的只是它们之间的关系,关系由公理来体现.几何学是对空间进行逻辑分析,而不诉诸直观.

希尔伯特的公理系统包括20条公理,他把它们分为五组:第一组8个公理,为关联公理(从属公理);第二组4个公理,为次序公理;第三组5个公理;第四组1个,就是平行公理;第五组2个,为连续公理.

希尔伯特在《几何基础》一书中为完善欧几里得几何公理系统、各公理组间的逻辑关系而提出了几何公理体系的3个基本问题:

(1) 相容性.在公理系统中如果不能推导出两个互相矛盾的命题(即互为反命题的命题),这个公理系统就称为相容的或无矛盾的,也称和谐的.一个公理体系如果有矛盾,它在逻辑上就不正确,更谈不上在现实中的应用,这种公理体系就不能成为一种理论,因此,要求任何公理体系必须是相容的.

(2) 独立性.公理体系的独立性是指该公理体系中的每条公理都有其存在的必要,即每条公理都没有多余的,都不是其余公理的推论.否则,将此条公理去掉,不会影响该公理体系的结论.所以独立性的问题就是在保留同样多的推论的前提下,公理体系中公理个数最少问题.

(3) 完备性.公理体系的完备性就是该体系中有足够个数的公理,以之为依据可推导出整个科学体系.

◆ **具有形式的复杂性和内容的严密性**

数学命题一般都相当复杂,如果用自然语言表达出来,得字斟句酌.

命题和命题可以通过连接词复合成复杂的命题,通常被称为复合命题.由于连接词有多种多样,复合命题的形式和意义也就各不相同.

而任何一个命题,都有其内部结构.数学命题的结构特别复杂.

例如
$$\text{"过直线外一点可以且只可以作一条直线与它平行"}$$
中的"可以且只可以"这一词组，形式上很复杂，就是用来保证
$$\text{"过直线外一点可以作一条直线与它平行"}$$
及
$$\text{"过直线外一点只可以作一条直线与它平行"}$$
这两层意思.

　　这方面的例子太多了，如极限的定义、线性相关、线性无关的定义，都是很复杂、很严密的.

1-7 复合命题

从本节开始,到第 1-10 节的内容在数理逻辑里属于命题演算部分.我们这里把命题作为一个整体加以研究,而暂时不去研究它的内部结构.

若干个命题通过一定的逻辑连接词组合而成的新命题叫**复合命题**,我们称构成复合命题的命题为**基本命题**.因此,复合命题有两个基本构成要素:基本命题和连接词.例如,"20 可被 4 或 5 整除"、"平行四边形的对边相等且平行"、"2 非素数",它们都是复合命题,因为它们分别含有逻辑连接词"或"、"且"、"非".

"20 可被 4 或 5 整除"

可以写成

"20 可被 4 整除"或"20 可被 5 整除",

即是由两个基本命题:

"20 可被 4 整除"、
"20 可被 5 整除"

通过连接词"或"联结起来的.

"平行四边形的对边相等且平行"

可以写成

"平行四边形的对边相等"且"平行四边形的对边平行",

即是由两个基本命题通过连接词"且"联结起来的.

"2 非素数"

可以看成

并非"2 是素数",

是一个基本命题

$$\text{"2 是素数"}$$

通过连接词"并非"联结起来的.注意,这个连接词比较特殊,它不是联结两个或三个、四个基本命题,而只是联结一个基本命题.

这三个例子中,"且"、"或"、"并非"都是逻辑连接词.

因为自然语言常有歧义,数理逻辑上是从形式角度研究复合命题的,而不管它的内容.从逻辑结构上分析,连接词是逻辑常项,它有确定的逻辑含义,有什么样的连接词就决定了一个复合命题有什么样的逻辑形式.基本命题被称作逻辑变项,也就是说,它可以取这样那样的命题,我们可用 P、Q、R … 表示.显然 P、Q、R 代表任意命题.

常见的逻辑连接词有"非"、"且"、"或"、"如果……那么……"、"当且仅当"等五个,通过这些连接词,将若干个基本命题联结起来,成为形形色色的复合命题.在数理逻辑里,把这些连接词,看作运算,把基本命题看作参与运算的元素,通过运算得到了新命题(复合命题),就是运算的结果.这些运算都给出了符号:$\neg$、$\wedge$、$\vee$、$\rightarrow$、$\leftrightarrow$,这些符号基本对应了逻辑连接词:并非、且、或、如果……那么……、当且仅当.

复合命题既然是命题,当然也应该有真假.复合命题的真假是由基本命题的真假和逻辑连接词的意义决定的.

◆ **命题的否定**

如果命题 P 表示"2 是实数",那么"非 P"表示

$$\text{"并非'2 是实数'"},$$

即

$$\text{"2 不是实数"}.$$

原来命题 P 是真的,"非 P"命题却是假的.

如果命题 Q 表示"2 大于 3",那么"非 Q"表示

$$\text{"并非'2 大于 3'"},$$

即

$$\text{"2 不大于 3"}.$$

原来命题 Q 是假的,"非 Q"命题却是真的.

可见,一个命题的前面加了一个"非"字以后,得到的新命题的意义完全不同了.它们的真假情况恰巧相反.我们把与命题"P"的真假值相反的命题叫做命题"P 的否定"."**命题的否定**"由基本命题和连接词"并非"构成.连接词"并非"可以用否定词符号"$\neg$"来表示.在自然语言中,"命题的否定"的连接词还可以表达为"没有"、"不"、"这是假的"、"这是错误的"等.

"命题 P 的否定"可表示为:$\neg P$. 即有

P	$\neg P$
真	假
假	真

上面所列的表,反映了复合命题"$\neg P$"的真假和命题"P"真假的约束关系,上表也叫复合命题 $\neg P$ 的"**真值表**".这个真值表反映了否定运算的特性.

要注意,这里所说的"命题的否定"和"否定形式的命题"不是一回事."否定形式的命题"是带否定词"不"、"没有"等的命题,而"命题的否定"是相对于另一个命题而言,并与它真假相反的命题."命题的否定"不一定是"否定形式"."肯定形式的命题"的否定是"否定形式".例如

P:"2 是实数",

$\neg P$:"2 不是实数",

反过来,"否定形式的命题"的否定是"肯定形式".例如

Q:"2 不是有理数",

$\neg Q$:"2 是有理数",

有时,一个命题的否定不是很容易作出的.这一点,我们在后一节会具体阐述.命题的否定,和命题四种形式中提到的"否命题"也不是一回事.

◆ **合取式复合命题**($P \wedge Q$)

命题 P 表示"2 是正数",Q 表示"2 是整数",将这两个命题 P、Q 用连接词"且"联结起来,得到命题"P 且 Q",就是"2 是正数,且 2 是整数",即"2 是正整数".

命题 P 表示"2 是负数",Q 表示"2 是整数",那么命题"P 且 Q"表示"2 是负整数".

命题 P 表示"2 是正数",Q 表示"2 是分数",那么命题"P 且 Q"表示"2 是正分数".

命题 P 表示"2 是负数",Q 表示"2 是分数",那么命题"P 且 Q"表示"2 是负分数".

传统逻辑中,把类似"P 且 Q"的形式,即陈述若干种事物情况同时存在的命题,称为联言命题.联言命题由连接词"且"等和基本命题构成.联言命题的基本命题称为联言支,一个联言命题的联言支至少有两个.联言命题的逻辑连接词"……并且……",在数理逻辑中用运算符号"$\wedge$"表示,并把这种运算称为"合取",联言命题又称为**合取式命题**.

在自然语言中表达联言命题的逻辑连接词通常有:"……和……"、"既……又……"、"不但……而且……"、"一方面……另一方面……"、"虽然……但

是……"等.

一个二支的联言命题的形式为:"P 且 Q",也可以表示为合取式:"$P \wedge Q$".

判断命题"$P \wedge Q$"的真假有两种方法:一种方法是直接以事实为根据来判定,另一种方法是逻辑方法,即由基本命题 P、Q 的真假,通过连接词性质来决定.从上面例子可知,如果命题 P 是真的,Q 也是真的,那么"P 且 Q"也是真的;如果命题 P、Q 中恰有一个是假的,那么"P 且 Q"也是假的;如果命题 P、Q 都是假的,那么"P 且 Q"显然是假的. 可见,只有当命题 P、Q 都是真的时"$P \wedge Q$"才是真的,其余情形都是假的,即命题"$P \wedge Q$"的真值表如下:

P	Q	$P \wedge Q$
真	真	真
真	假	假
假	真	假
假	假	假

这个真值表,反映了合取运算的特性.

◆ 析取式复合命题($P \vee Q$)

命题 P 表示"2 是正数",Q 表示"2 是整数",将这两个命题 P、Q 用连接词"或"联结起来,得到命题"P 或 Q",即"2 是正数或是整数".

命题 P 表示"2 是负数",Q 表示"2 是整数",那么命题"P 或 Q"表示"2 是负数或整数".

命题 P 表示"2 是负数",Q 表示"2 是分数",那么命题"P 或 Q"表示"2 是负数或分数".

传统逻辑中,把类似"P 或 Q"的形式,即陈述若干种事物情况中至少有一种情况存在的命题,称为**选言命题**. 选言命题由连接词"或者"等和基本命题构成. 选言命题的基本命题称为选言支. 选言支可以有两个,也可以有两个以上. 选言命题的逻辑连接词"……或者……"可用析取运算符号"$\vee$"表示,选言命题又称为**析取命题**.

在自然语言中表达选言命题的逻辑连接词通常有:"……或者……"、"……可能……也可能"、"也许……也许……"等.

一个二支的选言命题的形式是:"P 或者 Q",也可以表示为析取式:$P \vee Q$.

从上面的例子,不难发现,如果命题 P 是真的,Q 也是真的,那么"P 或 Q"也是真的;如果命题 P、Q 一真一假,那么"P 或 Q"也是真的;如果命题 P、Q 都是假的,那么"P 或 Q"就是假的. 可见,只要命题 P、Q 中有一个为真,"$P \vee Q$"就是真的;只有命题 P、Q 全为假时,"$P \vee Q$"才是假,即命题"$P \vee Q$"的真值表如下:

P	Q	P∨Q
真	真	真
真	假	真
假	真	真
假	假	假

这个真值表反映了析取运算的特性.

自然语言中的"或",有"可兼的或"和"不可兼的或"的区别.

"2008 年北京奥运开幕式在晚上 6 点开,或晚上 8 点开"

这个"或"是**不可兼**的.就是说,不可能既是"6 点开",又是"8 点开".而

"2 是整数或 2 是正数"

中的或是**可兼**的,就是说,可以既"是整数",又"是正数".

前面提到"$3 \geqslant 3$"是真命题,有些人想不通.其实,"$3 \geqslant 3$"就是

"$3 > 3$"或"$3 = 3$",

其中"$3 = 3$"是真的,根据只要命题 P、Q 中有一个为真,$P \vee Q$ 是真的,所以"$3 \geqslant 3$"是真命题."$3 \geqslant 3$"里的"$\geqslant$"是可兼的"或",可兼的"或"比较"宽容",只要命题 P、Q 中有一个为真,$P \vee Q$ 就是真的,仍然适用.

"$\vee$"相当于"可兼"的或,而"不可兼"的或,在数理逻辑里用符号"$\bar{\vee}$"表示(在自然语言里,最好用"要么……要么……"表述),这里暂不予讨论,到后面遇到时再作解释.

区分合取和析取,也就是区分"且"和"或"在中学数学中有重要意义.

例 1 填空(填"且"或"或"):

(1) $a^2 + b^2 = 0$,则 $a = 0$ _____ $b = 0$;

(2) $ab = 0$,则 $a = 0$ _____ $b = 0$;

(3) $\begin{cases} a+b=1, \\ a-b=5, \end{cases}$ 则 $a+b = 1$ _____ $a - b = 5$;

(4) 复数 $a + bi = 0$,则 $a = 0$ _____ $b = 0$.

解 (1)"且"

(2)"或"

(3)"且"

(4)"且"

◆ **蕴涵式复合命题($P \to Q$)**

两个命题 P、Q,用连接词"如果……那么……"等联结起来,成了"如果 P,那

么 Q"这一新的复合命题. 传统逻辑中,把陈述某一事物情况存在是另一事物情况存在的条件的命题,称为**假言命题**. 在数学中,有的命题本身就是假言命题形式. 例如

"若 $3>2$,则 $3^2>2^2$",

"如果 $3>2$,那么 $3+1>2+1$",

都是假言命题. 有的命题可以改写为假言命题形式. 如"同圆的半径相同"可改写为

"如果 OA、OB 是同圆的半径,那么 $OA=OB$."

假言命题由连接词"如果……那么……"和基本命题构成. 假言命题的逻辑连接词可以用蕴涵运算符号"→"表示,假言命题又称为**蕴涵式命题**.

在自然语言中,表达假言命题逻辑连接词通常有:"如果……则……"、"假如……那么……"、"只要……就……"、"若……则……"等.

假言命题的形式为:"如果 P,那么 Q",也可以表示为蕴涵式:$P\rightarrow Q$. 其中,P 叫前件,Q 叫后件.

传统逻辑中,假言命题"如果 P,那么 Q"为真,意味着 Q 对 P 有依赖关系. 例如

"如果 $7=8$,那么 $7+1=8+1$"

被认为是真实的,因为尽管前件不真,而后件的真实性是依赖于前件的,所以整个假言命题是真. 在普通的传统逻辑著作中,常常引一个著名的例子:

"如果语言能够生产物质资料,那么夸夸其谈的人就会成为世界上最富有的人了."

这也是一个真实的假言命题,之所以说它为真,是因为后件对前件有依赖性.

可见,传统逻辑关于假言命题的真假取决于"后件的真实性是否依赖于前件"的看法,无法摆脱命题所反映的内容的束缚. 而前面介绍的三种复合命题(否定、合取、析取)的真假,仅仅取决于基本命题的真假,而与基本命题的具体内容无关. 为了更好地用数学方法来处理假言命题的真假,我们对命题"$P\rightarrow Q$"的真值表规定如下:

P	Q	$P\rightarrow Q$
真	真	真
真	假	假
假	真	真
假	假	真

这里特别要注意的地方是:前件 P 为假时,不管后件 Q 是真还是假,$P\rightarrow Q$ 都是真的. 这正是好多人想不通之所在.

蕴涵式复合命题的真假仅仅取决于前后件的真假. 要注意蕴涵式复合命题的真假,与传统

逻辑或自然语言中所说到的"如果……那么……"的真假不完全一致,但在大多数情况下还不会发生重大矛盾.特别要指出,假的蕴涵式复合命题"$P \to Q$",按自然语言理解"如果P,那么Q"也为假;反之,自然语言理解下为真的假言命题"如果P,那么Q",则相应的蕴涵式复合命题"$P \to Q$"也为真.

蕴涵式复合命题真假的这种处理方式的详细讨论,已越出了本书的研究范围,有兴趣的读者可阅读有关的数理逻辑的专著.在中学数学里,涉及假言命题真假的,还常是运用传统逻辑的为多,即还是考虑到内容,考虑到后件对前件的依赖性.

还有一点需要注意,**蕴涵号"$\to$",不是逻辑里"推出"的意思**.我们这里说的是逻辑上的推出.我们平时说的"两线平行,推出同位角相等",严格说应该是:

"两线平行 $\to$ 同位角相等",

这个命题为真.**逻辑里的推出,是一种推理的格式,是不管内容如何,只要符合推理格式,前提是真的,结论就一定为真.**这个问题,后面还要进一步论述.

◆ 互蕴式复合命题($P \leftrightarrow Q$)

两个命题P、Q,用"当且仅当"联结起来,得到复合命题"P当且仅当Q".例如

"$3 > 2$当且仅当$3 + 1 > 2 + 1$",

"一元二次方程$ax^2 + bx + c = 0$有两个相等实根,当且仅当$\Delta = 0$"

都是这样的复合命题.

数理逻辑中,把由连接词"当且仅当"和基本命题构成的命题,称为**互蕴式命题**.互蕴式命题逻辑连接词可以用双向蕴涵词"$\leftrightarrow$"表示.

互蕴式命题的形式为:"P当且仅当Q",也可以表示为互蕴式:$P \leftrightarrow Q$.

互蕴式命题"$P \leftrightarrow Q$"的真值表规定如下:

P	Q	$P \leftrightarrow Q$
真	真	真
真	假	假
假	真	假
假	假	真

"否定、合取、析取、蕴涵、互蕴"就是五种基本运算形式.有了这五种运算,可以构成新的更复杂的复合命题.例如,两个基本命题P、Q,可以得到$\neg P \vee \neg Q$、$\neg(P \wedge Q)$、$\neg P \wedge \neg Q$、$P \to Q$、$\neg P \vee Q$、$\neg(P \wedge \neg Q)$等复合命题.在进行多种运算时,我们规定先做否定,再做$\wedge$和$\vee$运算,最后做$\to$、$\leftrightarrow$运算.如果想先做$\to$、$\leftrightarrow$,后做$\wedge$、$\vee$;或想先做$\wedge$、$\vee$,后做否定,则必须利用括号.

两个基本命题P、Q,可以组成无限多个复合命题,由先前所说,这些复合命题的真假完全由基本命题P、Q的真假,通过连接词来决定.

例2 (1) 复合命题 $P\vee\neg Q$,在什么时候是真的,什么时候是假的呢?

(2) 复合命题 $\neg(\neg P\wedge Q)$,在什么时候是真的,什么时候是假的呢?

解析 (1) 首先考虑到这个复合命题是由两个基本命题 P、Q 组成,而这两个命题真假配合的可能性有且只有四种:P 真 Q 真、P 真 Q 假、P 假 Q 真、P 假 Q 假;其次,再根据否定的意义和析取的意义,可列出复合命题 $P\vee\neg Q$ 的真值表如下:

P	Q	$\neg Q$	$P\vee\neg Q$
真	真	假	真
真	假	真	真
假	真	假	假
假	假	真	真

于是可以得出结论:当 P 真 Q 真、P 真 Q 假、P 假 Q 假时,复合命题 $P\vee\neg Q$ 为真;当 P 假 Q 真时,复合命题 $P\vee\neg Q$ 为假.

(2) 同理,可列出复合命题 $\neg(\neg P\wedge Q)$ 的真值表如下:

P	Q	$\neg P$	$\neg P\wedge Q$	$\neg(\neg P\wedge Q)$
真	真	假	假	真
真	假	假	假	真
假	真	真	真	假
假	假	真	假	真

可见,复合命题 $\neg(\neg P\wedge Q)$ 的真假情况与复合命题 $P\vee\neg Q$ 的真假情况完全一致.

通常,有些复合命题的取真取假情况会完全相同,如 $P\vee\neg Q$ 和 $\neg(\neg P\wedge Q)$,像这样的两个复合命题称之为**等值**,并记作

$$P \vee \neg Q = \neg(\neg P \wedge Q).$$

等值的两个复合命题可以看成是同义的,仅是表示方法不同而已. 如果设

P:8 是被 2 整除的数,

Q:8 是被 3 整除的数,

则复合命题 $P\vee\neg Q$ 表示:

8 是被 2 整除或 8 是不能被 3 整除的数.

¬(¬P∧Q) 表示：

8 不是"不能被 2 整除,且能被 3 整除"的数.

这两个命题的意义是一样的.

必须细细体会等值与互蕴的区别.

首先,互蕴"↔"是一种命题的运算,两个命题用"↔"联结后仍是一个命题. 而等值是反映了两个复合命题之间的某种关系. 两个命题用等值号"＝"联结之后,整个式子不再是一个命题. 如同算术中,"＋"是运算,2＋3 得到的还是数,而等号"＝"不是运算,2＋3＝5,只是对左式(2＋3)与右式(5)之间关系的某种说明."↔"、"＝"的这种区别与此类似. 在数理逻辑中,"↔"属于"对象语言","＝"属于"元语言". 关于对象语言和元语言,我们不多展开,可以打个比方来作描述. 英汉词典中,英语是我们的对象,而对某英语单词作解释时,用的是汉语,汉语就是元语言.

其次,等值号"＝"的两端必是由相同基本命题组成的命题,而"↔"号的左右双方可以是独立的基本命题或复合命题. 如

P：两直线平行,

Q：同位角相等,

两者可以用"↔"联结成"$P \leftrightarrow Q$",其意思相当于"两直线平行,当且仅当同位角相等",但两者不能用等值号"＝"联结.

利用复合命题的真值表,可以得到命题运算的许多性质. 如

析取、合取的交换律：

$$P \wedge Q = Q \wedge P,$$
$$P \vee Q = Q \vee P$$

析取、合取的结合律：

$$(P \wedge Q) \wedge R = P \wedge (Q \wedge R),$$
$$(P \vee Q) \vee R = P \vee (Q \vee R)$$

析取、合取的分配律：

$$P \vee (Q \wedge R) = (P \vee Q) \wedge (P \vee R),$$
$$P \wedge (Q \vee R) = (P \wedge Q) \vee (P \wedge R)$$

同一律：

$$P = P$$

排中律：

$$P \vee \neg P = 1 (\text{记恒真命题为 "1"})$$

矛盾律：

$$P \wedge \neg P = 0 (\text{记恒假命题为 "0"})$$

0-1 律：

$$1 \wedge P = P, \ 1 \vee P = 1$$

$$0 \wedge P = 0, \ 0 \vee P = P$$

蕴涵律：

$$P \rightarrow Q = \neg P \vee Q = \neg(P \wedge \neg Q)$$

双向律：

$$P \leftrightarrow Q = (P \rightarrow Q) \wedge (Q \rightarrow P)$$

蕴涵分配律：

$$P \rightarrow (Q_1 \wedge Q_2) = (P \rightarrow Q_1) \wedge (P \rightarrow Q_2)$$

$$(P_1 \vee P_2) \rightarrow Q = (P_1 \rightarrow Q) \wedge (P_2 \rightarrow Q)$$

1-8 复合命题的否定

由于否定在数学中有特殊的作用,并且否定也不很容易作出,所以,我们这里专门来讨论复合命题的否定.

◆ **命题的否定(¬P)的否定**

像"2是整数"这样的命题,被判断的个体是唯一的"2",叫做**单称命题**.单称命题的否定是很简单的,只要把判断词"是"改为"不是","不是"改为"是";"有"改为"没有","没有"改为"有"就行了.

例如命题

"$\sqrt{2}$ 不是有理数"

的否定是

"$\sqrt{2}$ 是有理数".

"¬P"是对命题"P"的否定,命题"¬P"与命题"P"的真假正好相反.对"¬P"的否定,就是对命题"P"的否定之否定,因此,命题"P"与命题"¬(¬P)"具有同真同假性,即等值,于是有

$$\neg(\neg P) = P,$$

这一点可用真值表加以证明.

P	¬P	¬(¬P)
真	假	真
假	真	假

故"P"可作为"¬P"的否定,"¬P"可作为"P"的否定,即"P"与"¬P"互为否定.

◆ **合取式命题(P∧Q)的否定**

用连接词"且(∧)"联结两个命题 P、Q 构成的复合命题"P∧Q"称为合取式命

题. 当且仅当命题 P、Q 都是真的时,"$P \wedge Q$"才是真的. 由**德·摩根律**

$$\neg(P \wedge Q) = \neg P \vee \neg Q,$$

P	Q	$P \wedge Q$	$\neg(P \wedge Q)$	$\neg P$	$\neg Q$	$\neg P \vee \neg Q$
真	真	真	假	假	假	假
真	假	假	真	假	真	真
假	真	假	真	真	假	真
假	假	假	真	真	真	真

可知,合取式命题"$P \wedge Q$"的否定$\neg(P \wedge Q)$为"$\neg P \vee \neg Q$".

例 1 写出命题"2 是质数又是偶数"的否定.

解析 此命题可看作两个命题"P:2 是质数"、"Q:2 是偶数"的合取,其否定是"$\neg P$:2 不是质数","$\neg Q$:2 不是偶数"的析取,即"2 不是质数或不是偶数".

◆ **析取式命题$(P \vee Q)$的否定**

用连接词"或($\vee$)"联结两个命题 P、Q 构成的复合命题"$P \vee Q$"称为析取式命题. 当且仅当命题 P、Q 全为假时,"$P \vee Q$"才是假的. 与合取式命题类似,由德·摩根律

$$\neg(P \vee Q) = \neg P \wedge \neg Q,$$

P	Q	$P \vee Q$	$\neg(P \vee Q)$	$\neg P$	$\neg Q$	$\neg P \wedge \neg Q$
真	真	真	假	假	假	假
真	假	真	假	假	真	假
假	真	真	假	真	假	假
假	假	假	真	真	真	真

可知,析取式命题"$P \vee Q$"的否定$\neg(P \vee Q)$为"$\neg P \wedge \neg Q$".

例 2 写出命题"123 是 2 的倍数或是 3 的倍数"的否定.

解析 此命题可看作两个命题"P:123 是 2 的倍数"、"Q:123 是 3 的倍数"的析取,其否定为命题"$\neg P$:123 不是 2 的倍数"、"$\neg Q$:123 不是 3 的倍数"的合取,有公式 $\neg(P \vee Q) = \neg P \wedge \neg Q$,得

"123 不是 2 的倍数且不是 3 的倍数".

例 3 (1) 说明 $ab \neq 0$ 的意义;

(2) 说明 $a^2+b^2\neq 0$ 的意义.

解 (1) $ab\neq 0$ 表示"$a\neq 0$ 且 $b\neq 0$";

(2) $a^2+b^2\neq 0$ 表示"$a\neq 0$ 或 $b\neq 0$".

◆ **蕴涵式命题($P\to Q$)的否定**

用连接词"如果……那么……"联结两个命题 P、Q,构成的复合命题"如果 P,那么 Q($P\to Q$)"称为 P、Q 的蕴涵式命题.

由命题演算定律:

$$\neg(P\to Q)=P\wedge\neg Q,$$

P	Q	$P\to Q$	$\neg(P\to Q)$	$\neg Q$	$P\wedge\neg Q$
真	真	真	假	假	假
真	假	假	真	真	真
假	真	真	假	假	假
假	假	真	假	真	假

可知,蕴涵式命题"$P\to Q$"的否定是"$P\wedge\neg Q$". 这是什么意思? 以

"如果 $3=4$,那么 $3+1=4+1$"($P\to Q$)

为例(注意,这是一个真命题,它的否定应该是假的). 根据公式,它的否定是 $P\wedge\neg Q$,即

"$3=4$,且 $3+1\neq 4+1$", ①

由合取(且)的意义,要两个基本命题都真的时候才为真,但现在 $3=4$ 是假的,因此①式是假的.

不要以为当 $P\to Q$ 的否定是 $Q\to P$,$Q\to P$ 就是原来命题的否命题(这在命题四种形式一节中会进一步论述). **蕴涵式命题的否命题与命题的否定是两个不同的概念**. 首先,对象不同,否命题仅针对蕴涵式命题而言,而任一命题都可以写出它的否定. 其次,命题的否定是和原命题的真假相反的命题,两者一真一假,而蕴涵式命题的否命题则不然,是前件和后件分别取否定,与原命题的真假可能相反也可能相同.

例如,命题:"若 $xy=0$,则 $x=0$ 或 $y=0$"是真命题,其否命题:"若 $xy\neq 0$,则 $x\neq 0$ 且 $y\neq 0$"也是真命题.

也不要以为,$P\to Q$ 的否定是 P 推不出 Q. 前面说过,蕴涵号"$\to$"不表示"推出".

◆ **互蕴式命题($P\leftrightarrow Q$)的否定**

用连接词"当且仅当"联结两个命题 P、Q,构成的复合命题"P 当且仅当 Q"称为互蕴式命题($P\leftrightarrow Q$). 当且仅当 P、Q 具有相同的真假性时 $P\leftrightarrow Q$ 为真. 在通俗意义上说,蕴涵式命题($P\leftrightarrow Q$)的否定比较简单,只要将"当且仅当"改为"不当且仅当"即可. 例如,命题

"$b^2-4ac\geqslant 0$ 是实系数一元二次方程 $ax^2+bx+c=0(a\neq 0)$ 有实根的充分必要条件"

否定可写成

"$b^2-4ac \geqslant 0$ 不是实系数一元二次方程 $ax^2+bx+c=0(a \neq 0)$ 有实根的充分必要条件";

命题

"$a>b$ 等价于 $a^2<b^2$"

的否定为

"$a>b$ 不等价于 $a^2>b^2$".

如果利用命题公式,$P \leftrightarrow Q$ 的否定,可以得到更精确的结果. 有兴趣的读者可以自行推演.

对于更加复杂的复合命题的否定,可依据上述五种基本形式的命题否定之法则写出.

小结一下,对中学数学来说,下面两个否定公式用得比较多：

双重否定律：

$$\neg(\neg P) = P;$$

反演律(德·摩根律)：

$$\neg(P \land Q) = \neg P \lor \neg Q,$$

$$\neg(P \lor Q) = \neg P \land \neg Q.$$

1-9 命题四种形式(数学特殊逻辑现象研究3)

在数学里常遇到蕴涵式复合命题($P\to Q$),它的形式为:"如果 P,那么 Q",其中,P 叫前件(条件),Q 叫后件(结论).我们也喜欢把一个命题改写成"如果……那么……"的形式.可是很多书籍上说,所有的命题都可以改写成"如果……那么……"的形式,笔者认为,这个说法不正确.对后面要讲到的特称命题,如

"有一个实数是正的"

就不能改写为"如果……那么……"的形式.

例如,记命题 P:"两角是对顶角";命题 Q:"两角相等",则下列四个命题:

(1) 两角是对顶角→两角相等($P\to Q$);

(2) 两角相等→两角是对顶角($Q\to P$);

(3) 两角不是对顶角→两角不相等($\neg P\to \neg Q$);

(4) 两角不相等→两角不是对顶角($\neg Q\to \neg P$),

都是由基本命题 P 和 Q 组成的,我们把这四个命题叫做"同素材"的蕴涵式复合命题,也就是通常说的"命题四种形式".

如果把蕴涵式复合命题"$P\to Q$"叫做原命题的话,那么"$Q\to P$"叫做它的逆命题、"$\neg P\to \neg Q$"叫做它的否命题、"$\neg Q\to \neg P$"叫做它的逆否命题.

当然,这四种命题之间的关系可参见右表.

观察命题(1)与(2)、(3)与(4),前件和后件位置交换了,但所有的判断词的质没变(即原来是肯定词,后来还是肯定词;原来是否定词,后来还是否定词),所以这两个命题构成互逆的关系,"$P\to Q$"与"$Q\to P$";"$\neg P\to \neg Q$"与"$\neg Q\to \neg P$"互逆.所以说互逆的两个命题,是前后件"换位".

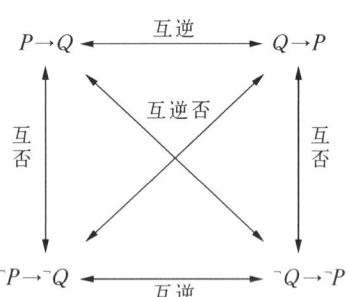

观察命题(1)与(3)、(2)与(4),所有的判

断词的质都变了(肯定全变成否定;否定全变成肯定),而条件、结论位置没变,所以这两个命题构成互否的关系,即"$P \to Q$"与"$\neg P \to \neg Q$"、"$Q \to P$"与"$\neg Q \to \neg P$"互否. 互否的本质是判断词"换质".

观察命题(1)与(4)、(2)与(3),条件、结论位置交换了,所有的判断词的质都变了,所以这两个命题构成互逆否的关系,即"$P \to Q$"与"$\neg Q \to \neg P$"、"$Q \to P$"与"$\neg P \to \neg Q$"互逆否. 互为逆否的本质是"既换位,又换质".

例1 写出下列命题的逆命题、否命题和逆否命题,并判断其真假:

(1) 正方形的四条边相等;

(2) 直角三角形的两个锐角互余;

(3) 若 $ab = 0$,则 $a = 0$ 或 $b = 0$.

解析 要正确写出它的另外三种命题形式并不容易,解决这个难点的关键是分清命题的条件与结论. 必要时可将命题改写成"如果……那么……"的形式.

(1) 原命题可写成:若一个四边形是正方形,则它的四条边相等. (√)

逆命题:若一个四边形的四条边相等,则它是正方形. (×)

否命题:若一个四边形不是正方形,则它的四条边不相等. (×)

逆否命题:若一个四边形的四条边不相等,则它不是正方形. (√)

(2) 原命题可写成:如果一个三角形是直角三角形,那么它的两个锐角互余. (√)

逆命题:如果一个三角形中有两个角互余,那么这个三角形是直角三角形. (√)

否命题:如果一个三角形不是直角三角形,那么这个三角形不存在两个角互余. (√)

逆否命题:如果一个三角形中不存在两个角互余,那么这个三角形不是直角三角形. (√)

另解:原命题可写成:如果有两个角是一个直角三角形的两个锐角,那么这两个锐角互余. (√)

逆命题:如果两个角互余,那么这两个角是一个直角三角形的两个锐角. (√)

否命题:如果有两个角不是一个直角三角形的两个锐角,那么这两个锐角不互余. (√)

逆否命题:如果两个角不互余,那么这两个角不是一个直角三角形的两个锐角. (√)

(3) 原命题:若 $ab = 0$,则 $a = 0$ 或 $b = 0$. (√)

逆命题:若 $a = 0$ 或 $b = 0$,则 $ab = 0$. (√)

否命题:若 $ab \neq 0$,则 $a \neq 0$ 且 $b \neq 0$. (√)

逆否命题:若 $a \neq 0$ 且 $b \neq 0$,则 $ab \neq 0$. (√)

当然,在写命题的四种形式时,要特别注意以下几点:

◆ **正确组织语言,不能只在形式上生搬硬套.**

如,原命题为:

"如果两个角是对顶角,那么这两个角相等."写出它的逆命题时,不能机械地将条件、结论位置交换,写成:

"如果这两个角相等,那么两个角是对顶角",

而应写成:

"如果两个角相等,那么这两个角是对顶角."

又如,原命题为:

"如果一个三角形是等腰三角形,那么两底角相等."

它的逆命题不能写成:

"如果两个底角相等,那么一个三角形是等腰三角形",

而应写成:

"如果一个三角形的两内角相等,那么这个三角形是等腰三角形."

◆ 不要混淆"否命题"、"命题的否定"、"否定形式的命题"这些术语.

"否定形式的命题"是带否定词的命题(前面已叙述);"命题的否定"是指与一个命题(它可以是简单命题也可以是复合命题)真假相反的命题."否命题"是只对蕴涵式复合命题而言的.

◆ 注意逆命题和偏逆命题的制作方法.

当命题的条件和结论都是一个简单命题时,只要将它们进行交换就得到了原命题的一个逆命题. 例如,命题"对顶角相等",它的逆命题是"相等的角是对顶角",这个逆命题显然是不正确的.

当命题的条件和结论不只是一个简单命题时,将命题条件和结论中的简单命题任意进行交换位置,就可以得到多个逆命题.

如,如果原命题的条件本身是一个合取式复合命题 $P \wedge Q$,结论是命题 R,即原命题:$P \wedge Q \to R$.

按照逆命题的定义可知,若将一个命题的条件和结论进行交换,则所得原命题的一个逆命题:$R \to P \wedge Q$.

如果我们将原命题 $P \wedge Q \to R$ 的条件和结论中的一个命题对换,得到的命题叫原命题 $P \wedge Q \to R$ 的**偏逆命题**:$P \wedge R \to Q$;$R \wedge Q \to P$.

又如,如果原命题的条件是 $P \wedge Q$,结论是 $R \wedge S$,

即原命题:$P \wedge Q \to R \wedge S$,

逆命题:$R \wedge S \to P \wedge Q$,

偏逆命题:$R \wedge Q \to P \wedge S$;$P \wedge R \to Q \wedge S$;$S \wedge Q \to R \wedge P$;$P \wedge S \to R \wedge Q$.

在数学实践中,所说的关于多个条件命题的逆命题,常是指某种形式的偏逆命题.

例2 写出下列命题的逆命题和偏逆命题：

(1) 在四边形 $ABCD$ 中，若 $AB=AD$, $CB=CD$，则 $\angle B=\angle D$；

(2) 圆内垂直平分弦的直线必过圆心且平分该弦所对的弧.

解析 (1) 逆命题：在四边形 $ABCD$ 中，若 $\angle B=\angle D$，则 $AB=AD$, $CB=CD$.

两个偏逆命题：

在四边形 $ABCD$ 中，若 $\angle B=\angle D$, $CB=CD$，则 $AB=AD$；

在四边形 $ABCD$ 中，若 $AB=AD$, $\angle B=\angle D$，则 $CB=CD$.

(2) 逆命题：圆内过圆心且平分弦所对弧的直线必垂直平分该弦.

四个偏逆命题：

圆内过圆心且平分弦的直线必垂直该弦且平分该弦所对的弧；

圆内平分弦和这弦所对弧的直线必过圆心且垂直该弦；

圆内过圆心且垂直弦的直线必平分该弦和该弦所对的弧；

圆内垂直弦且平分该弦所对弧的直线必过圆心且平分该弦.

从等值角度看，互为逆否的两个命题"$P\to Q$"与"$\neg Q\to\neg P$"；"$Q\to P$"与"$\neg P\to\neg Q$"等值（等价），即**逆否律**：

$$P\to Q = \neg Q\to\neg P.$$

P	Q	$P\to Q$	$\neg Q$	$\neg P$	$\neg Q\to\neg P$
真	真	真	假	假	真
真	假	假	真	假	假
假	真	真	假	真	真
假	假	真	真	真	真

利用这一点，在证原命题有困难时，可改证其逆否命题.

然而，观察例1四种命题形式的真假关系，不难发现，互逆或互否的两个命题未必等值（等价），这一点也可以用数理逻辑理论加以证明（你不妨试试）. 但是不少同学总有意无意地认为原命题与逆命题等值，以为一个定理的逆命题总是真，这里混淆了"逆命题"与"逆定理". 有时，一个定理的逆命题经过证明也为真，就可以称为**逆定理**. 值得注意的是，逆命题决不是自然地成为逆定理的.

我们已经知道，原命题为真，其逆命题不一定为真. 但是，有两种特殊情况除外.

◆ **第一种情形是同一原理**

当一个命题的条件和结论都唯一存在，它们所指的概念的外延完全相同，是同一概念时,这个命题和它的逆命题等价,这叫做**同一原理**. 例如,"等腰三角形顶角的平分线是底边上的中线"是真命题,它的条件"顶角的平分线"和结论"底边上的中线"都是唯一的,条件和结论所指的概念的外延完全相同,是同一条线段,它的逆命题"等腰三角形底边上的中线是顶角的平分线"也必定为真命题.

同一原理是同一法论证的逻辑根据. 对于符合同一原理的两个互逆命题,在判断它们真假时,只要判定其中的一个即可. 在制作逆命题时,如果原定理的条件和结论都唯一存在,就可直接写出它的逆命题而断言其成立. 如例 2(2),由同一原理,便可直接得到它的五个逆命题都是真的.

◆ **第二种情形是分断式命题**

对于由 n 个命题 $P_i \to Q_i (i=1,2,\cdots,n)$ 联合起来叙述而成的一个命题 K, 而这 n 个命题的条件 P_i 和结论 $Q_i (i=1,2,\cdots,n)$ 所含事项,双方都面面俱到(各种可能情况全都说到,没有遗漏)且互不相容(彼此之间互相排斥,没有重复)时,则称命题 K 为分断式命题.

例如,"在 $\triangle ABC$ 中,若 $AB<AC$,则 $\angle C<\angle B$;若 $AB=AC$,则 $\angle C=\angle B$;若 $AB>AC$,则 $\angle C>\angle B$."就是一个分断式命题.

一个分断式命题如果是正确的,它的逆命题(也是分断式命题)也一定正确,而且可以直接当逆定理来用. 在中学数学中,还有不少分断式命题. 例如,一元二次方程根的判别定理,直线的垂线与斜线的定理,点(或直线)与圆的位置关系定理,两圆的位置关系的定理等.

1-10　充分条件、必要条件和充要条件

我们在讨论"若 P,则 Q"形式的蕴涵式命题时,其中有的命题为真,有的命题为假."若 P,则 Q"为真,即"$P \rightarrow Q$"为真,是指由 P 经过推理可以得出 Q,也就是说,如果 P 成立,那么 Q 一定成立,我们数学教师习惯上记作 $P \Rightarrow Q$(或 $Q \Leftarrow P$);如果由 P 推不出 Q,命题为假,记作 $P \not\Rightarrow Q(Q \not\Leftarrow P)$.也可以这样说:

"$P \rightarrow Q$"为真,记作 $P \Rightarrow Q$,则称 P 是 Q 的充分条件,Q 是 P 的必要条件.

充分条件、必要条件的区别在于:充分条件可能会有多余、浪费,必要条件可能还不足.

充分条件、必要条件历来是教学的难点.之所以难,可能是因为用自然语言表述时太拗口,什么"有之必然,无之未必不然","无之必不然,有之未必然"……千万不要反反复复地讲解,往往越讲越糊涂.这个时候,表述要简要.讲解充分条件、必要条件的方式方法有好多种,笔者建议挑一种你认为简单的明确的方式讲解.遇到具体题目,排除一切干扰,就按这个既定的方式去判断.

判断谁(P)是谁(Q)的充分条件或必要条件,笔者推荐一个**判别方法**:

第一步:把 P、Q 用箭头连接起来组成蕴涵式复合命题 $P \rightarrow Q$,

第二步:判断 $P \rightarrow Q$ 真假,

第三步:如果 $P \rightarrow Q$ 是真的,(即可以记作 $P \Rightarrow Q$),那么就可以断言:

(前件)P 是(后件)Q 的充分条件,

同时可以说:

(后件)Q 是(前件)P 的必要条件.

前辈数学家赵慈庚教授认为,如果把必要条件改为"**必然结果**"就容易懂了.这是有一定道理的.因为"必要条件"中这个"条件"一词,往往把它放置于前件的位置上去了,而一旦在前件的位置上,就容易混淆."必然结果"中的"结果"一词,保证把它置于后件的位置上,按上面的三步判别,就不容易混淆了.

当然,若命题 $P \rightarrow Q$ 与 $Q \rightarrow P$ 同真,则称 P 是 Q 成立的**充分必要条件**,简称 P 是 Q 充要条件,Q 是 P 充要条件.

充要条件的特征的一种表述是:"从 P 可以得到 Q,从 Q 也可以得到 P".另一种表述是**"有之必然,无之必不然"**.例如,在命题

"$\triangle ABC$ 中,若 $\angle A = \angle B = \angle C$,则 $BC = CA = AB$"

中,有了条件"$\angle A = \angle B = \angle C$",就一定有结论"$BC = CA = AB$"成立;反之没有条件"$\angle A = \angle B = \angle C$",就一定没有结论"$BC = CA = AB$"成立(或者说,有了"$BC = CA = AB$",也一定有"$\angle A = \angle B = \angle C$").因此条件"$\angle A = \angle B = \angle C$"是结论"$BC = CA = AB$"的充要条件.

例 1 请在空格中选填"充分"、"必要"或"充要":

(1) "$x > 1$" 是 "$x^2 > 1$" 的_____条件.

(2) "四边形为菱形"的_____条件是"这个四边形为平行四边形".

(3) "三角形的三条边相等"是"三角形的三个角相等"的_____条件.

解析 运用充分、必要条件解题时,首先要能分清命题中谁是条件 P,谁是结论 Q,然后判断 $P \to Q$ 与 $Q \to P$ 的真假,最后根据定义作出判断.

(1) 充分.因为条件"$x > 1$"能推出结论"$x^2 > 1$".

(2) 必要.因为结论"四边形为菱形"能推出条件"这个四边形为平行四边形".

(3) 充要.两者可以互推.

值得注意的是:无论"充分条件"或"必要条件"都是相对的.同一个命题,既可以成为某个命题的充分条件,也可以成为另一个命题的必要条件.如下列推导过程中,

$\because$ 方程 $x^2 + 2x + k = 0$ 有两个相等实根,(P)

$\therefore \Delta = 4 - 4k = 0, (Q)$

$\therefore k = 1. (R)$

命题 Q,由 P 推得,即 $P \to Q$ 真,Q 是 P 的必要条件;而由 Q 又可推得 R,即 $Q \to R$ 真,Q 又是 R 的充分条件.所以,不能笼统地说某个命题是充分(必要)条件,一定要说某个命题是另一个命题的充分(必要)条件.

例 2 请填表格:

	A	B	A 是 B 的什么条件	B 是 A 的什么条件
(1)	y 是有理数	y 是实数		
(2)	$x > 5$	$x > 3$		
(3)	m、n 是奇数	$m + n$ 是偶数		
(4)	$a \geqslant b$	$a > b$		
(5)	$x \in A$ 且 $x \in B$	$x \in A \cap B$		
(6)	$ab \neq 0$	$a \neq 0$		

(续 表)

	A	B	A 是 B 的什么条件	B 是 A 的什么条件
(7)	$(x+1)(y-2)=0$	$x=-1$ 且 $y=2$		
(8)	m 是 4 的倍数	m 是 6 的倍数		

解析 (1) 因为有理数一定是实数,但实数不一定是有理数,所以 A 是 B 的充分非必要条件,B 是 A 的必要非充分条件;

(2) $x>5$ 一定能推出 $x>3$,而 $x>3$ 不一定推出 $x>5$,所以 A 是 B 的充分非必要条件,B 是 A 的必要非充分条件;

(3) m、n 是奇数,那么 $m+n$ 一定是偶数;$m+n$ 是偶数,m、n 不一定都是奇数(可能都为偶数),所以 A 是 B 的充分非必要条件,B 是 A 的必要非充分条件;

(4) $a \geq b$ 表示 $a>b$ 或 $a=b$,所以 $a \geq b$ 是 $a>b$ 成立的必要非充分条件;

(5) 由交集的定义可知 $x \in A$ 且 $x \in B$ 是 $x \in A \cap B$ 成立的充要条件;

(6) 由 $ab \neq 0$ 知 $a \neq 0$ 且 $b \neq 0$,所以 $ab \neq 0$ 是 $a \neq 0$ 成立的充分非必要条件;

(7) 由 $(x+1)(y-2)=0$ 知 $x=-1$ 或 $y=2$,所以 $(x+1)(y-2)=0$ 是 $x=-1$ 且 $y=2$ 成立的必要非充分条件;

(8) 易知"m 是 4 的倍数"是"m 是 6 的倍数"成立的既非充分又非必要条件.

例 3 已知 α 是 β 的充要条件,S 是 γ 的必要条件同时又是 β 的充分条件,试说明 α 与 γ 的关系.

解 由已知 $\alpha \Leftrightarrow \beta$,$\gamma \Rightarrow S$,$S \Rightarrow \beta$,得

$$\gamma \Rightarrow \alpha,$$

所以 γ 是 α 的充分条件,或 α 是 γ 的必要条件. 这里,由于 α 是否可以推出 γ 不能确定,所以,不能说 γ 是 α 的充分非必要条件.

用充分条件,可以判断某结论成立. 数学里的**判定定理**、判别法就是找到使某一结论成立的充分条件. 例如,"如果数列单调有界,那么该数列有极限",这是判别数列有极限的判别法. 满足"单调有界"的数列必有极限,但并不是说,不单调有界的数列一定没有极限.

用必要条件,可以检查某结论不成立. 数学里的不少**检验法**,就是找到一个使某一命题成立的必要条件,当这个必要条件不满足时,命题便不成立. 例如,分式方程根的检验方法有两个,第一个,将求得的值代入原方程两端,如果相等,根据根的定义,可知这个值便是分式方程的根,这个检验法是可靠的. 另一个,将求得的值代入分式方程的分母里,如果使分母为 0,它必不是根. 但是,如果解得的值使分母不为 0,即分式有意义,未必说明它便是根. 因为"如果 a 是分式方程的根,则 a 使分式有意义",即"a 使分式有意义"是"a 是分式方程的根"的必要条件.

数学中用到充要条件的句子很多. 例如

"一元二次方程有实数根的充要条件是 $\Delta \geqslant 0$",

再如

"两三角形全等的充要条件是三边对应相等".

特别在轨迹问题中,总该考虑充要条件.

"到定点 O 距离等于定长 r 的点的轨迹是以 O 为圆心、r 为半径的圆",这句话包括两个方面:

"到定点 O 距离等于定长 r 的点在以 O 为圆心、r 为半径的圆上"(完备性),

"以 O 为圆心、r 为半径的圆上的点到定点 O 的距离等于定长 r"(纯粹性).

要证明命题的条件是充要条件,就既要证明原命题成立,又要证明它的逆命题成立.证明原命题即证明条件的充分性,证明逆命题即证明条件的必要性.由于原命题⇔逆否命题,逆命题⇔否命题,当我们证明某一命题有困难时,可以证明该命题的逆否命题成立,从而得出原命题成立.

1-11 命题函数

在本篇第 1-6 节里我们研究了命题,并指出,例 1(3)

$$"x+3>2",$$

又如,

$$"2x+1=3"$$

等,这些不等式和方程都不是命题,因为它们也对也不对,即无真假可言. 但是,当变元 x 指派为某一个数值之后,它们不是真就是假. 例如对于"$x+3>2$"而言,当 $x=0$ 时,为真;当 $x=-2$ 时,为假. 类似"$x+3>2$"这种语句叫**开句**,开句又叫做**命题函数**,意思是当变元(这里的 x)取不同的个体的时候,就得到不同的命题. 但是,在不至于混淆的场合,我们常常把"命题函数"简称为命题. 而且,关于命题的很多结论都可以用于命题函数.

开句可以记为 $P(x)$、$Q(y)$ 等,其中变元 x、y 是在一定范围里变化. 当 x 取某个个体 a 时,开句 $P(x)$ 成了命题 $P(a)$. 与开句相对,有的书上把命题叫做**闭句**.

对于开句,我们关心的是,哪些个体使句子为真,哪些个体使句子为假. 例如,对于

$$"x+3>2"$$

而言,"$x>-1$"时为真,"$x\leqslant -1$"时为假. 使开句 $P(x)$ 取真的 x 的范围叫 $P(x)$ 的**取真集**,记作 $\{x\mid P(x)\}$. 对开句"$x+3>2$"来说,取真集为

$$\{x\mid x+3>2\}=\{x\mid x>-1\}.$$

我们解方程,解不等式,本质上是找开句的取真集.

要把命题函数 $P(x)$ 变成命题,有两个办法.

◆ **方法一:将 x 用特殊个体 a 代入**

得到**单称命题** $P(a)$. 单称命题是对某个个体进行判断的命题. 譬如

$$"张三是共产党员",$$

其中"张三"是被判断的个体,"是共产党员"是谓词,"是"是判断词.

例如,命题函数 $P(x)$: $x+3>2$,

对 x 赋值 1、-3,可得到命题 $P(1)$ 和 $P(-3)$,即

$$P(1): 1+3>2,$$

和

$$P(-3): (-3)+3>2.$$

当然 $P(1)$ 是真命题,$P(-3)$ 是假命题.

◆ **方法二：利用量词来限制个体的范围**

例如：命题函数 $P(x)$: $x+3>2$,

前面添加量词"所有的"或"有",可得到命题

"所有的实数 x 都有 $x+3>2$"

或

"有实数 x 使 $x+3>2$".

前者是假命题,后者是真命题.

为了更透彻地理解"命题"与"命题函数"间的联系和区别,我们有必要对命题的内部结构先作一简要介绍.

以"命题 P：所有的整数都是正数"为例(注意：这个判断尽管不真,但仍是个命题——假命题).

通常,一个命题总有判断的对象,数理逻辑中把它叫做**个体**,个体常用字母 x、y 表示. 个体的范围叫**论域**. 命题 P 中,"一个个整数"就是我们研究的具体对象,即个体;"整数"是我们研究的范围,即论域.

个体常有量的限制,反映个体量的词叫**量词**. 命题 P 中的"所有的"就是量词. 除此之外,命题中出现的"任一个"、"凡"、"有"、"至少有一个"、"至多有两个"等都是量词.

量词与个体组成命题的**被判断部分**.

有了被判断对象,还要有**判断内容**,这就是所谓"**谓词**"部分. 谓词可以反映某一类对象的性质,也可以反映两类或两类对象间的关系. 命题 P 中的"是正数"就是一个谓词. 谓词通常用 P、Q 等字母表示,连同个体 x,记作 $P(x)$、$Q(x)$ 等,表示"x 具有性质 P"、"x 具有性质 Q".

可见,命题 P 的内部结构可作如下分解：

$$\underline{\text{所有的}} \quad \underline{\text{自然数}} \text{ 都 } \underline{\text{是正数}}.$$
$$\downarrow \qquad \downarrow \qquad \quad \downarrow$$
$$(\text{量词})(\text{个体 } x)(\text{谓词 } P)$$

这里 $x \in \mathbf{N}$,$\mathbf{N}$ 为论域；$P(x)$ 表示自然数 x 具有正数的性质,即自然数 x 是

正数.

又如奇函数的定义的内部结构可作如下分解：

$$\underline{每一个}\ \underline{x \in D},\ 都有\ \underline{f(-x) = -f(x)}.$$

（量词）（个体）　　　　（谓词 Q）

这里 $x \in D$，D 为论域；$Q(x)$ 表示定义域内的 x 具有性质 $f(-x) = -f(x)$. 通常,一个命题可以写成类似于

$$\forall x P(x),\ x \in D$$

或

$$\forall x \in D P(x)$$

的形式（式子里的"$\forall$"是一个量词,表示"每一个"）. 这个过程叫**形式化**. 它不但用符号来表示变元、性质、数量,而且把顺序整理清楚了. 一般说,这个顺序是：

量词 —— 个体 —— 谓词(性质或关系).

形式化后命题的结构就很清晰了. 当然,作为中学数学教学,没有必要过分追求形式化,但是初步了解一下是完全必要的. 我们遇到的命题常常是用自然语言表达的,而自然语言是极其丰富多彩的,它的用词可以是这个,也可以是那个（譬如,"任意的"、"任一个"意义一样的）；它的语序是可以这样说,也可以那样说,譬如

"有一个整数是 28 的约数",

"28 可以被某个整数整除",

是同一个命题. 形式化时,先把语序统一成"量词—个体—谓词",把用词统一成符号(有一个,某个都用"$\exists$"表示；是约数,整除也统一)于是成

$$\exists x (x \mid 28).$$

这样做的好处是保证了思维有序,特别在遇到复杂命题的时候,好处特别明显.

涉及命题结构的研究,在数理逻辑里,属于谓词演算部分. 以下几节都涉及命题结构.

1-12 全称命题

$P(x)$ 不是狭义意义上的命题，而是开句，或叫命题函数，也可以叫谓词公式. 将 x 用特殊的个体代入谓词公式 $P(x)$，得到的命题叫单称命题. 如 $\sqrt{2}$ 是无理数；$\sin 60°$ 是正数. 开句变为命题，另一个办法就是利用量词来限制个体的范围.

在初等数学中有不少定理、定义、公理与"每一个"、"所有的"、"任一个"、"凡"、"都"、"皆"等有关，如

"所有的内角都是锐角的三角形是锐角三角形".

"任何一个三角形都可作一个外接圆".

这里的"所有的"、"任何一个"都可以理解为"每一个"的意思，称为**全称量词**. 用全称量词来限制个体，就得到**全称命题**，记为

$$\forall x P(x),$$

意为"任意 x 都有性质 P".

有时，我们会遇到

"一次方程有一个根"

这样的命题，实际上，它就是

"所有的一次方程有一个根"，

只是把全称量词"所有的"省略了而已.

通常，全称命题中的"任意 x"都是在某一个范围内的，数理逻辑中把这个范围称为"论域". 论域可以看作是包括"一切东西"的一个范围，包括有生命的，也包括无生命的；具体的，抽象的等. 有时为了方便，我们不把论域看成"一切东西"，而临时声明它的范围. 对中学数学教师来说，或许这样处理更容易接受些.

◆ **证全称命题为真**

设论域为 X，如果我们想论证一个全称命题 $\forall x P(x)$ 为真，必须证明对一切个体 $x \in X, P(x)$ 都成立，决不能只举一两个例子了事.

因此证明全称命题"对所有的个体都有性质 P"成立，一个方法就是**完全归纳**

法. 但并不是说,证明全称命题成立,非完全归纳法不行. 我们说举一、两个例子不行,但可以任取一个"有代表性"的个体,并证明这个个体有性质 P(**通例**),这样,全体个体都有性质 P 了. 这是第二个方法,我们称为"**通例法**". 所谓"有代表性的",就是"任意的",如果"任一个"个体有性质 P,那么"所有的"个体也就都有性质 P 了.

例如,为证明下面全称命题:

"所有的三角形的内角和都是 180°"

为真,"所有的三角形"太多了,有等腰三角形,有直角三角形,有边长分别是 4、5、8 的三角形……对此我们不能一一归纳,举一、两个具体例子也不行,我们取一个"有代表性"的三角形,即对一个"任意的"三角形证明它的内角和为 180°(事实上,"任意的"三角形都有它的具体特征的,只要在证明时不利用这个三角形的具体特征,就是把它当作"任意的"三角形了). 于是"所有的三角形内角和是 180°"也就得证了.

例如,所谓有界数列是指"所有的项的绝对值都小于某一个常数的数列". 这个常数就叫做该数列的界. 为了证明 1 是数列

$$\frac{1}{2}, \frac{2}{3}, \frac{3}{4}, \frac{4}{5}, \frac{5}{6}, \cdots, \frac{n}{n+1}, \cdots$$

的界,我们不能仅仅对前面几项进行验证:

$$\left|\frac{1}{2}\right|<1, \left|\frac{2}{3}\right|<1, \left|\frac{3}{4}\right|<1,$$

因为仅验证了三项,不能说"所有项"都满足这个性质,为了证明"所有项"的绝对值都小于 1,可以任意"挑一项". 现挑第 n 项(即通项),它是充分具有代表性的,第 n 项是 $a_n = \frac{n}{n+1}$,对此项证明:

$$|a_n| = \frac{n}{n+1} = \frac{(n+1)-1}{n+1} = 1 - \frac{1}{n+1} < 1,$$

可知 $|a_n|<1$ 是成立的. 于是"任意"项是满足绝对值小于 1 的性质,可知"所有"项都满足绝对值小于 1 的性质.

挑出充分具有代表性的"任意"一个个体,然后对于这一个个体证明它满足某种性质,于是"所有"的个体都满足这种性质了. 用"任意的"代替"所有的",这是用演绎法证明全称命题的思想方法,这个方法,也叫通例法. 代数里用到的字母代表数,就是起了用"任意的"代替"所有的"的作用. 在这里,我们可以体会出,"任一个"和"每一个",实际上是有差别的,"任一个"本质上还是一个,只是任意一个而已;而"每一个",是指某论域里的所有的个体,往往是很多个,甚至是无限多个. 通例法,就是用"任一个"代替"每一个".

◆ 证全称命题为假

对于全称命题来说,要指出它为假,只要举出一个**反例**就可以了.

反例法是一种重要的逻辑方法,在数学教学中有极其重要的作用. 这个作用不但体现在解题上(譬如,解选择题),而且可以揭示学生的模糊的,以至错误的想法上.

有一次,考官对引进的一位应聘的教师进行面试,考官就出了一道题:

假如一个学生以为

$$\frac{1}{2} + \frac{1}{3} = \frac{2}{5},$$

你该怎么办?

这位老师想了一下,回答说:我会耐心地对这个学生解释,单位分数的意义,然后说明分数加法的法则……

考官和她一起讨论. 考官说,其实,这个学生是误以为异分母分数加法法则是:分子、分母分别相加. 如果举个明显的例子,可以说明这个"法则"是错误的,他一定会恍然大悟.

其实这样的例子是很容易找的,譬如,按照这个"法则",有

$$\frac{1}{2} + \frac{1}{2} = \frac{2}{4} = \frac{1}{2}.$$

两个"一半"加起来还是"一半",这不成了怪事了吗?这样一来,首先知道错了,再和他一起找原因,可能效果比较好.

这位老师也恍然大悟了. 显然反例的作用还不是老师经常想到用到的方法,还是值得大家学习、研究、使用的.

再例如,学生常以为

"a 的倒数 $\frac{1}{a}$ 必小于 a",

事实上,未必全部如此. 这是一个全称命题,为了反驳它,只要找一个反例. 例如 1 的倒数便等于它自己. 这就足以推翻这个命题了.

再如,有人认为:

$$\sin(x+y) = \sin x + \sin y,$$
$$a^2 + b^2 = (a+b)^2,$$
$$\sin^4\alpha + \cos^4\alpha = 1.$$

我们只要以一些特殊的数值代入,如果能使两边不等,那么这个命题便不成立了. 例如,第一式,

取 $x = 45°, y = 45°,$

$$左 = \sin 90° = 1,$$
$$右 = \frac{\sqrt{2}}{2} + \frac{\sqrt{2}}{2} = \sqrt{2}.$$
$$左 \neq 右,$$

所以,等式不成立.

当学生因为演算失误而得出一个假的命题时,为了揭露它,可以从推理过程里去找原因,这固然是一种办法,但总不如指出这个结论(命题)不对,使学生有所触动,然后引导学生在推理过程中寻找导致错误的原因来得好.

1-13 特称命题

前面学习了全称量词"每一个",下面学习另一个重要的量词——**特称量词**,或叫**存在量词**——"有一个"."每一个"和"有一个"意义是不一样的.譬如,在日常生活中,素的菜肴是指

"每一种"原料都是素的;

而荤的菜肴,不需要"每一种"原料都是荤的,只要

"有一种"原料是荤的

就可以了.再譬如

"每一个"内角都是锐角的三角形是锐角三角形;

而钝角三角形不需要,也不可能让"每一个"内角都是钝角,只要"有一个"内角是钝角就行了.即

"有一个"内角是钝角的三角形是钝角三角形.

用存在量词来限制谓词公式,就得到**特称命题**,或**存在命题**,并记为

$$\exists x P(x).$$

在自然语言中,特称命题常涉及下列词语:"有一个"、"至少有一个"、"有个"、"存在一个"、"存在着".在初等数学中,有不少命题是特称命题,如

"有一个内角为直角的三角形叫做直角三角形".

"在复数范围内,一元 n 次方程 $x^n + x^{n-1} + \cdots + x + 1 = 0$ 至少有一个根".

自然语言表述一个命题时,语序可以颠三倒四的,按逻辑规范,上面的命题可表述为:

"存在一个复数,满足一元 n 次方程 $x^n + x^{n-1} + \cdots + x + 1 = 0$",

或者说

"存在一个复数是一元 n 次方程 $x^n + x^{n-1} + \cdots + x + 1 = 0$ 的根".

值得注意的是,在自然语言中,特称量词有很多种表示法."有一个"是最明确

的,有时省掉"一个",变成"有",它的意思还是"有一个".有时说成"至少有一个",多了"至少"一词,从语文角度说,是得到了强调,但逻辑角度讲,意思还是"有一个".所以,"有"、"有一个"、"至少有一个"都是特称量词.

同样的,"存在"、"存在一个"、"至少存在一个"也是特称量词.

◆ **构造性证法**

证明特称命题,一种手段,就是证明某一个单称命题为真,把满足性质的那一个个体找出来,这种方法叫**构造性**证法.

例 1 试证：a 和 b 之间存在着实数($a<b$).

证明 令 $k=\dfrac{a+b}{2}$,则

$$\dfrac{a+b}{2}<\dfrac{b+b}{2}=b,$$

$$\dfrac{a+b}{2}>\dfrac{a+a}{2}=a,$$

所以,

$$a<k<b.$$

例 2 求证 $y=2\sin x+1$ 有界.

证明 我们可以把那个界 M 找出来.

因 $|2\sin x+1|\leqslant|2\sin x|+1=2|\sin x|+1\leqslant 2+1=3$,

3 就是要找的一个.于是得证.

当然有人可以不找 3,而找 4、5 等数,这也是可以的.总之只要"存在"一个,特称命题就得证了.

◆ **非构造性证法**

这种构造性的证法,很容易理解,看得见,摸得着,很有说服力.但要从所有的个体中找出一个来,这未必总是很容易的.所以有时我们还得想另外的办法.这个方法就是**非构造性**证法.

譬如,证明一元二次方程 $x^2+2x-3=0$ 有实数根.因为

$$\Delta=4+12=16>0,$$

所以一元二次方程 $x^2+2x-3=0$ 有实数根.但是并没有说出根的具体数值,只是说它是存在的.这就是特称命题的非构造性证法.

再譬如,连续函数 $f(x)$ 满足：$f(0)<0$, $f(1)>0$,那么,在$(0,1)$内必定存在一个实数 ξ,使 $f(\xi)=0$.这就是"零值定理".但是,这个 ξ 究竟在哪里？不知道.这也是非构造性证法.

特称命题的非构造性证明,一般要依据存在定理.一元二次方程根的判别式,

连续函数的零值定理等就是存在定理.

值得注意的是,这种不具体的,但终究是存在的东西,有时可以作为定义.

例如,数列 $\left\{\left(1+\dfrac{1}{n}\right)^n\right\}$ 存在极限,我们把它记为 e.

圆周长定义也是这样的,它定义为:当圆的内接正多边形的边数无限倍增时,内接和外切正多边形的周长的共同极限叫做圆周长.

构造性证法,很容易理解,看得见,摸得着,很有说服力.非构造性证法不那么明显.历史上,常常先证明某种东西存在,然后再想办法把它具体的找出来.要从所有的个体中找出一个来,往往不是很容易.

这里我们来看历史上的一个故事.

数学家高斯曾经指出:如果 n 是形如 $2^{2^k}+1$ 的质数,那么可以用尺规作图的方法将一个圆周 n 等分.其中具有 $2^{2^k}+1$ 这样形式的数叫菲尔玛数.

显然,当 $k=0$ 时,
$$2^{2^k}+1=3,$$
是质数,一个圆周是可以 3 等分的;

当 $k=1$ 时,
$$2^{2^k}+1=5,$$
它是质数,一个圆周是可以 5 等分的.

当 $k=2$ 时,
$$2^{2^k}+1=17,$$
也是质数,可以断言,一个圆周是可以用尺规 17 等分的,高斯本人也找到了 17 等分的方法.

当 $k=3$ 时,
$$2^{2^k}+1=257,$$
也是质数,可以断言,一个圆周是可以用尺规 257 等分的,也就是说,用尺规将圆周 257 等分的方法是存在的.但是,尽管方法应该存在的,一直找不到这个方法.到了 1832 年才有人找到这个作法,这个人是德国的黎克洛,他的作法竟然写了 80 页纸.

当 $k=4$ 时,
$$2^{2^k}+1=65\,537,$$
也是质数,将圆周 65 537 等分的方法是德国人瓦尔特·海曼花了十年工夫研究出来的,手稿可以装满一箱子.

1-14 抽屉原则、平均值原理和零积原理(数学特殊逻辑现象研究 4)

用非构造性证法证明存在命题,需要有存在定理保证. 在中学数学中,除了数学特定章节里讲到的一元二次方程根的判别式、连续函数的零值定理等存在定理外,还有抽屉原则、平均值原理和零积原理这样的适用性较广的存在原理.

◆ **抽屉原则**

抽屉原则指的是:

原则 1:如果把 $n+k(k\geqslant 1)$ 个物体放进 n 只抽屉里,则至少有一只抽屉要放进两个或更多物体.

原则 2:如果把 $mn+k(k\geqslant 1)$ 个物体放进 n 个抽屉,则至少有一个抽屉至多放进 $m+1$ 个物体. 原则 1 是原则 2 的特例:$m=1$.

整数除法里有个问题,为什么除不尽必定循环? 我们来解释一下,以 $1\div 7$ 为例. 现看直式除法的过程.

```
       0.142857
    ┌─────────
  7 )1 0
      7
     ──
     30
     28
     ──
      20
      14
      ──
       60
       56
       ──
        40
        35
        ──
         50
         49
         ──
          1
```

做除法时,无非是周而复始地做三件事情:试商,乘,减. 减得的结果若是 0,这说明已经除尽(对本例来说是不可能发生的). 除 0 之外,减得的结果还有几种可能呢? 我们知道肯定不能超过除数 7,因此只有 1,2,3,4,5,6 这六种可能(相当于六个抽屉). 而试商是可以无限制地进行下去的. 于是,至多到第七次试商(相当于七个物体),减的结果必定会出现重复.一旦重复,就出现循环了.从逻辑上说,就是：1,2,3,4,5,6 这六个数字中,"至少有一个"数重复出现了.这就是抽屉原则的一个应用.

例1 把1到10这十个自然数摆成一个圆圈,证明一定存在三个相邻的数,它们的和不小于17.

证明 如图1-14-1,设 $a_1, a_2, a_3, \cdots, a_9, a_{10}$ 分别代表不超过10的十个自然数,它们围成一个圈,三个相邻的数的组成是 $(a_1, a_2, a_3), (a_2, a_3, a_4), \cdots, (a_9, a_{10}, a_1), (a_{10}, a_1, a_2)$,共十组.现把它们看作十个抽屉,每个抽屉的物体数是 $a_1 + a_2 + a_3, a_2 + a_3 + a_4, \cdots, a_9 + a_{10} + a_1, a_{10} + a_1 + a_2$. 由于

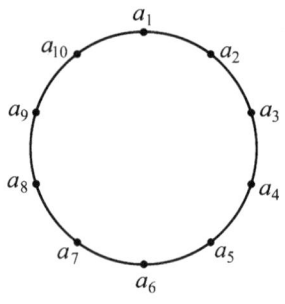

图 1-14-1

$$(a_1 + a_2 + a_3) + (a_2 + a_3 + a_4) + \cdots + (a_9 + a_{10} + a_1) + (a_{10} + a_1 + a_2)$$
$$= 3(a_1 + a_2 + \cdots + a_{10})$$
$$= 3 \times (1 + 2 + \cdots + 9 + 10)$$
$$= 3 \times \frac{(1+10) \times 10}{2}$$
$$= 16 \times 10 + 5.$$

根据原则2,至少有一个括号内的三数和不小于17,即至少有三个相邻的数的和不小于17.

例2 任选6人,试证其中必有3人,他们互相认识或都不认识.

分析 用 $A、B、C、D、E、F$ 表示这6个人,首先以 A 为中心考虑,他与另外5个人 $B、C、D、E、F$ 只有两种可能的关系：认识或不认识,那么由抽屉原则,他必定与其中某3个人认识或不认识,现不妨设 A 认识 $B、C、D$ 3个人,当 $B、C、D$ 3个人都互不认识时,问题得证;当 $B、C、D$ 3个人中有两人认识,如 $B、C$ 认识时,则 $A、B、C$ 互相认识,问题也得证.

原则1、原则2可归结到更一般形式：

原则3：把 $m_1 + m_2 + \cdots + m_n + k(k \geqslant 1)$ 个物体放入 n 个抽屉里,那么或在第一个抽屉里至少放入 $m_1 + 1$ 个物体,或在第二个抽屉里至少放入 $m_2 + 1$ 个物体,$\cdots$,或在第 n 个抽屉里至少放入 $m_n + 1$ 个物体.

例3 边长为8的正三角形(包括边界)内有9个点,以这9个点为顶点分别画三角形,求证：这些三角形中,至少有一个三角形面积小于7(1984年武汉市初中数学竞赛题).

证明 如图1-14-2,设正 $\triangle ABC$ 的三边 BC、CA、AB 的中点分别是 $D、E、F$. 联结 $DE、EF$、FD. 在四个小三角形 $\triangle AEF$、$\triangle BFD$、$\triangle CDE$、$\triangle DEF$ 中至少有一个含有这9个点中的3点(否则正三角形 ABC 内最多只有8点,与题意不符). 则这3点所构成的三角形面积

$$S \leqslant S_{\triangle DEF} = 4\sqrt{3} < 7.$$

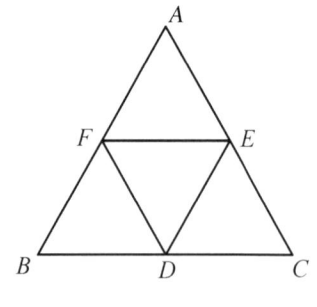

图 1-14-2

◆ **平均值原理**

平均值原理指的是：

"若实数 $a_i(i=1, 2, \cdots, n)$ 满足

$$a_1 + a_2 + \cdots + a_n = S,$$

则 a_i 中至少有一个不小于 $\dfrac{S}{n}$，且至少有一个不大于 $\dfrac{S}{n}$".

"若实数 $a_i(i=1, 2, \cdots, n)$ 满足

$$a_1 a_2 \cdot \cdots \cdot a_n = P,$$

则 a_i 中至少有一个满足 $|a_i| \geqslant \sqrt[n]{|P|}$，且至少有一个满足 $|a_i| \leqslant \sqrt[n]{|P|}$".

平均值原理，有不少变化形式①.

例 4 若 a、b、c 为实数，

$$A = a^2 - 2b + \dfrac{\pi}{2},$$
$$B = b^2 - 2c + \dfrac{\pi}{3},$$
$$C = c^2 - 2a + \dfrac{\pi}{6},$$

求证：A、B、C 中至少有一个大于 0(1986 年北京市初中数学竞赛题).

证明 因 $A + B + C = \left(a^2 - 2b + \dfrac{\pi}{2}\right) + \left(b^2 - 2c + \dfrac{\pi}{3}\right) + \left(c^2 - 2a + \dfrac{\pi}{6}\right)$

$$= (a-1)^2 + (b-1)^2 + (c-1)^2 + (\pi - 3) > 0,$$

所以，A、B、C 中至少有一个大于 0.

◆ **零积原理**

若实数 $a_i(i=1, 2, \cdots, n)$ 满足

$$a_1 a_2 a_3 \cdot \cdots \cdot a_n = 0,$$

则至少有一个 a_i 等于 0.

这就是零积原理. 零积原理和抽屉原则、平均值原理一样并不神秘，其实我们经常在用. 譬如

用分解因式法解一元二次方程的理论依据就是零积原理. 用分解因式法解一元二次方程的化简过程为：将方程整理为

$$ax^2 + bx + c = 0(a \neq 0),$$

---

① 陈永明，毛之阶. 平均值原理. 数学通报，1992，7

然后将左边因式分解为
$$a(x-\alpha)(x-\beta)=0.$$

根据零积原理:两个因式的积为 0,那么这两个因式中至少有一个等于 0. 所以当两个因式分别为 0 时,求出 x 的值,即方程的解是:
$$x=\alpha \text{ 或 } x=\beta.$$

例 5 设 a、b、c 都不为零,且 $a+b+c=2$,$\dfrac{1}{a}+\dfrac{1}{b}+\dfrac{1}{c}=\dfrac{1}{2}$,证明:$a$、$b$、$c$ 中至少有一个为 2.

解 由已知去分母得
$$2(ab+bc+ca)=abc,$$
所以
$$\begin{aligned}
&(a-2)(b-2)(c-2)\\
&=(ab-2a-2b+4)(c-2)\\
&=c(ab-2a-2b+4)-2(ab-2a-2b+4)\\
&=abc-2ca-2bc+4c-2ab+4a+4b-8\\
&=abc-2(ca+bc+ab)+4(a+b+c)-8\\
&=abc-abc+8-8\\
&=0
\end{aligned}$$

由于 $(a-2)$、$(b-2)$、$(c-2)$ 的乘积为 0,所以三者之中至少有一个为 0,也就是说,三者之中至少有一个等于 2.

1-15 全称命题和特称命题的否定

由于否定在数学中有特殊作用,并且解决否定类问题也不很容易,所以,我们这里专门来讨论全称命题和特称命题的否定.

◆ **全称命题的否定**

我们容易想通下列事实：

"所有的 x 有性质 P"的否定是"有一个 x 不具有性质 P". 即

$$\neg(\forall x P(x)) = \exists x \neg P(x),$$

其中的"$\neg$"是否定号. $\neg(\forall x P(x))$ 表示"并非'每一个 x 都有性质 P'"; $\exists x \neg P(x)$ 中的 $\neg P(x)$ 表示"没有性质 P",或者"不是 P".

例1 M 是函数 $f(x)$ 的界,就是"对所有的 x,有性质 $|f(x)| \leqslant M$".

试问：2 是不是函数 $f(x) = 2\sin x + 1$ 的界?

事实上,2 不是函数的界,怎么说明呢? 是不是要求对"所有的 x"证明 $|2\sin x + 1| \leqslant 2$ 都不成立呢? 不,我们只需找到那些使 $|2\sin x + 1| \leqslant 2$ 不成立的,即使 $|2\sin x + 1| > 2$ 成立的 x.

解不等式 $|2\sin x + 1| > 2$,

$$2\sin x + 1 > 2 \text{ 或 } 2\sin x + 1 < -2,$$

$$\sin x > \frac{1}{2} \text{ 或 } \sin x < -\frac{3}{2}(\text{这是不可能的}),$$

解得 $2k\pi + \frac{\pi}{6} < x < 2k\pi + \frac{5\pi}{6}(k \in \mathbf{Z}).$

其实只要找出一个 x 值就行了. 如 $x = \frac{\pi}{2}$,$|2\sin x + 1| \leqslant 2$ 便不成立. 事实上,此时

$$|2\sin x + 1| = 3 > 2.$$

对全称命题作否定时,有些词语常常容易混淆,那就是"**不都**"与"**都不**"两词.

"都"字是全称命题的语言特征,如"所有的 x,都有性质 P"($\forall x P(x)$).它的否定可以有多种说法,如

"并非所有的 x 都有性质 P".或者说,对 x 来说,**"不都"有性质 P**:

$$\neg(\forall x P(x));$$

或者说,有的 x 没有性质 P:$\exists x \neg P(x)$.

但是,对 x 来说,"都没有"性质 P:$\forall x \neg P(x)$ 不是全称命题 $\forall x P(x)$ 的否定.

所以,要特别引起重视,**"都"的否定是"不都",而不是"都不"**.

例 2 平行线截得比例线段定理的逆定理是否成立?为什么?

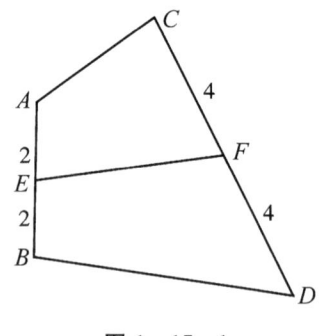

图 1-15-1

解 不成立.只要举一反例即可(如图 1-15-1).图中 AC、EF、BD 截 AB、CD 成 $AE=EB=2$,$CF=FD=4$,显然 AC、EF、BD 互不平行.所以截两直线成比例线段的诸直线未必平行.

◆ **特称命题的否定**

特称命题"有的 x 有性质 P"($\exists x P(x)$)的否定是"**所有的 x,都没有性质 P**"($\forall x \neg P(x)$).即

$$\neg(\exists x P(x)) = \forall x \neg P(x).$$

例如,用反证法证下题时,就要用到特称命题的否定.

例 3 已知 x 为实数,$a=x^2+\dfrac{1}{2}$,$b=2-x$,$c=x^2-x+1$.证明:a、b、c 中至少有一个不小于 1.

反证法第一步就要否定结论."a、b、c 中至少有一个不小于 1"的否定是"a、b、c 全都小于 1",所以在证明时,首先要假设"a、b、c 全都小于 1",即

$$a<1, b<1, c<1,$$

则

$$a+b+c<3.$$

而

$$a+b+c = x^2+\dfrac{1}{2}+2-x+x^2-x+1$$
$$= 2x^2-2x+\dfrac{7}{2}$$
$$= 2\left(x-\dfrac{1}{2}\right)^2+3 \geqslant 3,$$

与假设矛盾,所以原命题得证.

回头再来分析一下词语特征. 特称命题 $\exists x P(x)$ 的否定也可以有几种不同的说法：

没有 x 有性质 P：$\neg(\exists x P(x))$；

所有 x 都没有性质 P：$\forall x \neg P(x)$.

特别要引起重视,"都不"、"都没有"是特称命题的否定的语言特征.

全称命题与特称命题的否定口诀相同：**否定号越过量词时,量词要改号**（∀改为∃,∃改为∀）. 现在我们谈及的命题是一元命题,一元命题求其否定时有公式：

$$\neg(\forall x P(x)) = \exists x \neg P(x),$$

$$\neg(\exists x P(x)) = \forall x \neg P(x).$$

这个方法也适用于以后要讲的二元,甚至更多元的命题.

1-16 至多、至少命题和存在唯一命题及其否定

在数学中,除了"所有的"、"至少有一个"这两个表示数量的词之外,还常需要其他的词,如

等腰三角形至少有两边相等,

不重合的两条直线至多有一个公共点,

在实数范围内,实系数一元 n 次方程至多有 n 个实根.

这些命题分别称为**至少命题**和**至多命题**. 其中用到了"至少 n 个"、"至多 n 个"等词分别叫**至少量词**和**至多量词**. 显然,特称命题是至少命题的特例.

我们可以引进数量词:

至少量词:$\exists_n x$ 表示"至少有 n 个 x",

至多量词:$\forall_{n+1} x$ 表示"至多有 n 个 x".

于是至少命题可表示为

$$\exists_n x P(x),$$

至多命题可表示为

$$\forall_{n+1} x P(x).$$

其含义分别是

"至少有 n 个 x 有性质 P",

"至多只有 n 个 x 有性质 P".

至少命题的否定,有以下公式

$$\neg(\exists_n x P(x)) = \forall_{(n-1)+1} x P(x), \quad ①$$

即

"并非至少有 n 个 x 满足 P",

等同于

$$\text{"至多 } n-1 \text{ 个 } x \text{ 满足 } P\text{"}.$$

对此,我们可以设想论域有 10 个个体."至少两个个体有性质 P"就是恰有 2 个或 3 个,4 个,$\cdots$,10 个有性质 P.

$$\text{"并非至少有两个个体有性质 } P\text{"},$$

就是说恰有一个个体有性质 P,或没有个体有性质 P,即

$$\text{"至多有一个个体有性质 } P\text{"}.$$

同样地,

$$\text{"并非至少有 3 个个体有性质 } P\text{"},$$

就是恰有 2 个,1 个,0 个个体有性质 P,即

$$\text{"至多 2 个个体有性质 } P\text{"}.$$

上述公式①还可以用于至多命题的否定,即

$$\neg(\forall_{(n-1)+1} xP(x)) = \exists_n xP(x).$$

我们把"至少有 n 个($\exists_n$)"和"至多有 $n-1$ 个($\forall_{(n-1)+1}$)"叫互为**余量词**. 利用余量词可以作出至少命题和至多命题的否定.

需要注意的是,在研究全称量词、特称量词的否定时,我们都将谓词 $P(x)$ 改为 $\neg P(x)$,同时将全称改为特称,特称改为全称. 但是上述至少、至多命题其否定,谓词 $P(x)$ 并无变化,只是将原来的量词改为它的余量词. 我们知道,特称命题是至少命题的特例,特称命题的否定要改谓词,至少命题的否定不改谓词,这不是出现矛盾了吗?其实不改变谓词的做法也适用于特称命题. 因为"有一个"即"至少有一个"的余量词是"至多 0 个",也就是"没有"、"不存在",所以

$$\neg(\exists xP(x))$$

就是

$$\neg(\exists_1 xP(x)).$$

利用①(不改谓词),它等同于

$$\forall_{0+1} xP(x),$$

意即

$$\text{"至多只有 0 个 } x \text{ 有性质 } P\text{"},$$

当然就是

$$\text{"没有 } x \text{ 有性质 } P\text{"}.$$

改谓词的质,就是

$$\text{"所有的 } x \text{ 都没有性质 } P\text{"},$$

即

$$\forall x \neg P(x).$$

如果个体是有限个(n 个),那么"所有的"可以理解为"至少有 n 个",它的余量词是"至多 $n-1$ 个".这样一来,求否定而不改变谓词的做法也适用于全称命题.请看下面分析:

$$\neg(\forall x P(x))$$

就是

$$\neg(\exists_n x P(x)).$$

利用公式①,它等同于

$$\forall_{(n-1)+1} x P(x),$$

意即

$$\text{"至多只有 } n-1 \text{ 个有性质 } P\text{"}.$$

改变谓词的质,就是

$$\text{"至少有一个 } x \text{ 没有性质 } P\text{"},$$

即

$$\exists x \neg P(x).$$

在用反证法证题时,第一步是反设,即作出原题结论的否定.数学中,特别是有关抽屉原则的习题其结论常常是至少至多命题,而这些习题又常常要用反证法证明.所以,我们常常会遇到至少、至多命题的否定.有了公式①,作出至少、至多命题的否定就比较省力了.

例 1 2008 只苹果分给 150 个小孩,求证:至少 6 个小孩分到的苹果数相等.

证明(反证法) 假设并非"至少有 6 个小孩分到的苹果数相等",就是"至多只有 5 个小孩分到的苹果数相等". 即,仅有 5 个小孩分到 0 个,仅有 5 个小孩分到 1 个,仅有 5 个小孩分到 2 个,$\cdots$,当且仅当 5 个小孩分到 0 个,有且仅有 5 个小孩分到 1 个,$\cdots$,依此由少至多分配时,所需苹果数为最少,此时他们手中的苹果数共为

$$5\times(0+1+2+\cdots+29)$$
$$=2175,$$

即至少要有 2175 只苹果,与已知 2008 只苹果矛盾. 所以假设不成立,原命题成立.

"恰有 n 个"不必另外引进记号,因为"恰有 n 个是 P"(恰有命题)可表示为

$$\exists_n P(x) \wedge \forall_{n+1} x P(x).$$

但存在唯一命题可记为

$$\exists ! x P(x),$$

即

$$\exists ! x P(x) = \exists x P(x) \wedge \forall_{1+1} x P(x).$$

欲证明一个**唯一性命题**,应证两方面.

首先证明存在性:$\exists x P(x)$;

其次证明唯一性:至多有一个个体有性质 P,即证:

$$\forall x_1 \forall x_2 (P(x_1) \wedge P(x_2) \to x_1 = x_2).$$

例 2 试证"过直线外一点可作一条而且只能作一条垂线".

证明 首先证明存在性,把这条垂线 PO 作出来(垂足为 O),就说明存在(略). 其次证明唯一性,如图 1-16-1,若过点 P 可以作两条垂线 PO 及 PO',则在 $\triangle POO'$ 中,$\angle PO'O = 90°$,$\angle POO' = 90°$,于是 $\triangle POO'$ 的内角和大于 $180°$,这是不可能的,所以过点 P 只能作一条垂线.

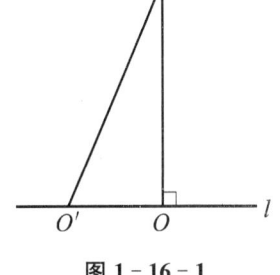

图 1-16-1

1-17 多元命题

前面我们研究的命题结构还是比较简单的,只是对一类个体做判断,可以称为一元命题.下面我们要研究多元命题,即对两类个体,甚至三类、四类个体做判断.先看一个多元命题的例子:

"对于任一实数,总存在数轴上的一个点与之对应."

在这个命题中,我们研究了两种对象(实数、点).在"实数"和"点"之前又分别冠以量词("实数"之前用了全称量词,"点"之前用了存在量词),它们满足"对应这种关系"."对应"是谓词.在数理逻辑里,这种谓词叫多元(这里是二元)谓词,记作 $P(\_\_\_, \_\_\_)$(括号中的两个空位分别填写个体变元或常元符号).这样的命题叫**多元命题**.

上例中,如果用 x 表示"实数",y 表示"点",$P(x, y)$ 表示"x 与 y 满足'对应'关系",那么,上面的命题可表示为

$$\forall x \in \mathbf{R} \exists y \in X P(x, y),其中 X 是数轴,$$

或

$$\forall x \exists y P(x, y), x \in \mathbf{R}, y 是数轴上的点.$$

又如,命题"对于任意一个数,都有另一个数大于它",我们可以将它表示为

$$\forall x \exists y (y > x).$$

这里">"是谓词,如前面曾经说过的,本应设成 $P(x, y)$,但因为">"、"="等关系是常用的,所以通常不再写成">"(x, y)、"="(x, y),而直接用"$y > x$"、"$y = x$"来表示它们的关系.

不少数学命题都可以这样表达出来.如"函数 $f(x)$ 是周期函数"就是"存在一个非零常数 T,使对任意的 $x \in D$,都有 $f(x+T) = f(x)$"可表示为

$$\exists T \neq 0 \forall x \in D (f(x+T) = f(x)).$$

"函数 $y = f(x)$,当 $x = x_0$ 时有最大值 $f(x_0)$",即"存在 x_0,使任意的 x,都有 $f(x) \leqslant f(x_0)$",可表示为

$$\exists x_0 \forall x(f(x) \leqslant f(x_0)).$$

"A 是数列 $\{a_n\}$ 的极限"的意思是"任意 $\varepsilon > 0$,存在 N,使 $n > N$ 时,都有 $|a_n - A| < \varepsilon$ 成立",可表示为

$$\forall \varepsilon > 0 \exists N \forall n \in N(n > N \to |a_n - A| < \varepsilon).$$

这是一个三元命题,这里的谓词比较复杂.

更复杂的还有四元命题. 例如,"数列 $\{a_n\}$ 有极限"的意思是

$$\exists A \in \mathbf{R} \forall \varepsilon > 0 \exists N \forall n \in N(n > N \to |a_n - A| < \varepsilon).$$

一元命题是研究某一类个体的性质,所以又叫**性质命题**;多元命题则是研究若干类个体之间的关系,所以又叫**关系命题**.

关于一般的多元命题的性质,我们主要研究它们的否定.

一元命题求其否定时有公式

$$\neg(\forall x P(x)) = \exists x \neg P(x),$$
$$\neg(\exists x P(x)) = \forall x \neg P(x).$$

否定号越过量词时,量词要改号($\forall$ 改为 $\exists$,$\exists$ 改为 $\forall$). 这个方法也适用于二元,甚至更多元的命题.

例如,求

$$\neg(\forall x \forall y P(x,y))$$

时,可先使否定号越过 $\forall x$,有

$$\exists x \neg(\forall y P(x,y)),$$

再越过 $\forall y$,有

$$\exists x \exists y \neg P(x,y),$$

于是,有公式

$$\neg(\forall x \forall y P(x,y)) = \exists x \exists y \neg P(x,y).$$

同样地有

$$\neg(\forall x \exists y P(x,y)) = \exists x \forall y \neg P(x,y),$$
$$\neg(\exists x \forall y P(x,y)) = \forall x \exists y \neg P(x,y),$$
$$\neg(\exists x \exists y P(x,y)) = \forall x \forall y \neg P(x,y).$$

例1 试述非周期函数的意义.

解 周期函数的定义是:存在一个常数 $T \neq 0$,对任意 $x \in D$ 都有 $f(x+T) = f(x)$ 成立,则 $f(x)$ 是周期函数,且 T 是一个周期. 即

$$\exists T \neq 0 \forall x \in D(f(x+T) = f(x)).$$

非周期函数是它的否定,即

$$\neg(\exists T \neq 0 \forall x \in D(f(x+T) = f(x)))$$
$$= \forall T \neq 0 \exists x \in D(f(x+T) \neq f(x)),$$

意即:对任意的 $T \neq 0$,总存在某个 x_0,使函数 $f(x)$ 在 $x_0 + T$ 和 x_0 处的函数值不相等.

例 2 解释(1)"A 不是数列$\{a_n\}$的极限",

(2)"数列$\{a_n\}$没有极限"

的意义.

解 (1)"A 是数列$\{a_n\}$的极限"的意思是

$$\forall \varepsilon > 0 \exists N \forall n \in N(n > N \to |a_n - A| < \varepsilon),$$

所以"A 不是数列$\{a_n\}$的极限"是上述命题的否定.

$$\neg(\forall \varepsilon > 0 \exists N \forall n \in N(n > N \to |a_n - A| < \varepsilon))$$
$$= \exists \varepsilon > 0 \forall N \exists n \in N \neg(n > N \to |a_n - A| < \varepsilon)$$
$$= \exists \varepsilon > 0 \forall N \exists n \in N \neg(\neg(n > N) \vee |a_n - A| < \varepsilon)$$
$$= \exists \varepsilon > 0 \forall N \exists n \in N((n > N) \wedge \neg(|a_n - A| < \varepsilon))$$
$$= \exists \varepsilon > 0 \forall N \exists n \in N((n > N) \wedge (|a_n - A| \geq \varepsilon)).$$

意即,"对某个 $\varepsilon > 0$,对无论怎样大的数 N,总能取到大于 N 的自然数 n,使 $|a_n - A| \geq \varepsilon$ 成立".

(2)"数列$\{a_n\}$有极限"是指:

$$\exists A \in \mathbf{R} \forall \varepsilon > 0 \exists N \forall n \in N(n > N \to |a_n - A| < \varepsilon).$$

"数列$\{a_n\}$没有极限"是它的否定,即

$$\neg(\exists A \in \mathbf{R} \forall \varepsilon > 0 \exists N \forall n \in N(n > N \to |a_n - A| < \varepsilon))$$
$$= \forall A \in \mathbf{R} \exists \varepsilon > 0 \forall N \exists n \in N(n > N \wedge |a_n - A| \geq \varepsilon),$$

意即,"对任意实数 A,总存在某个 $\varepsilon > 0$,对无论怎样大的数 N,总存在大于 N 的自然数 n,使 $|a_n - A| \geq \varepsilon$ 成立".

有几种特殊的关系值得我们注意:自反关系、对称关系、传递关系.下面我们逐一讨论:

自反关系

如果对任意 x,关系 $R(x, x)$ 成立,即

$$\forall x R(x, x)$$

为真,则这种关系 R 是自反关系.

例如,"一样大"、"等于"都是自反关系.但"大于"、"小于"就不满足自反关系.

对称关系

如果
$$\forall x \forall y(R(x, y) \to R(y, x))$$
为真,则这种关系叫对称关系.

例如,"相等"、"相似"就是对称关系. 但"大于"、"小于"就不满足对称关系.

传递关系

如果一个关系 R,只要 x、y 间及 y、z 间有关系 R,那么 x、z 间必有关系 R,即如
$$\forall x \forall y \forall z[(R(x, y) \land R(y, z)) \to R(x, z)]$$
为真,那么关系 R 叫传递关系.

例如,"大于"、"小于"等关系都是传递关系.

满足自反、对称、传递性的关系叫做**等价关系**,它是一切关系中最重要的一种.

还有一种重要关系是**逆关系**. "A 是 B 的老师",反过来"B 是 A 的学生","是……的老师"和"是……的学生"是一对互逆关系.

在数学中,"直线 l 经过点 A",反过来可以说成"点 A 在直线 l 上"."……经过……"和"……在……上"成为一对互逆关系.

再如,"a 能被 b 整除",反过来可以说成"b 整除 a". "被……整除"和"整除……"也是一对互逆关系.

一般地,当 x、y 使 $S(y, x)$ 为真时,$R(x, y)$ 也真,反之亦然,则关系 R 就叫做关系 S 的逆关系,并将 R 记为 S^{-1},或将 S 记为 R^{-1}.

在自然语言中,被动语态中的一个谓词可以看作主动语态中的谓词的逆关系. 也就是说,只要将一个谓词添上一个"被"字,就可以得到逆关系.

1-18 一致型命题和特殊值法(数学特殊逻辑现象研究5)

有一群人一起听了一场音乐会,音乐会上有好多歌唱家表演了节目.散场后,大家兴高采烈地议论着:

"有一个节目是人人都喜欢的."小张归纳出一句话.

"对,小张说得一点儿也没错,我们人人都喜欢一个节目."阿芬附和说.

过了一阵子,被大家称呼为博士的小捷恍然大悟似地说:"你们两人说的不是一回事啊!"

小张很快说:"是啊! 阿芬的意思和我说的不一样!"

于是,大家陷入了沉思.

我们仔细想想可以发现这两种说法的确不是一回事,小张的意思是:

所有人都喜欢其中的同一个节目;

而阿芬的意思是:

人人都喜欢其中的一个节目,但各人喜欢的节目可以是不一样的.

所以,他们两个人说的不是一回事! 差别在于:前者有一个共同的节目是为大家所"一致"喜欢的;而后者虽然人人都喜欢一个节目,但各有所爱,是"随人而变"的.我们把前者叫"一致型命题",其逻辑结构是

$\exists$ 节目 $\forall$ 人(人喜欢节目);

后者叫"随变型"命题,其逻辑结构是

$\forall$ 人 $\exists$ 节目(人喜欢节目).

这两种命题的特点:

(1) 这两种命题都涉及两类对象,如上例中涉及了节目和听众两类对象.

(2) 从数量角度看,这两类对象是不同的,节目是"有一个",听众是"人人",也就是"每一个". 实际上,这两种命题可以看作是二元命题,是全称命题和特称命题的"组合".

（3）对于这两种命题来说,顺序很重要. 前者是"有一个节目"在前,"每一个听众"在后;后者是"每一个听众"在前,"有一个节目"在后. 顺序不同意思就不一样. 但中国话变化多端,字面上看,有时词序倒过来但意思没有变化,所以这里说的是一种逻辑上的顺序.

再看例子：我们知道,二元命题

$$\exists x \forall y (x > y) \qquad ①$$

$$\forall y \exists x (x > y) \qquad ②$$

(其中$x \in X, y \in Y$)的意义不一样,两者的差别在于有没有一个公共的x. 打个比方,①式是"不变应万变",有固定不变的一个x,比各个不同的y都大,或者说存在一个固定不变的x,所有的y都"一致"比它小,这说明集合Y是有上界的. 而②式是"随机应变"、"水涨船高". 对一个y来说,可以找到一个x比y大;换一个y,还可以找到一个x比y大,但与前面找到的x未必相同,这就不能说集合Y是有上界的. 我们把①这样的命题叫**"一致型命题"**,而把②这样的命题叫**"随变型命题"**. 并且,把满足①式的x的值叫**"一致值"**.

一般地,二元命题

$$\exists x \forall y P(x, y)$$

叫一致型命题,而

$$\forall x \exists y P(x, y)$$

叫随变型命题.

把"一致型命题"和"随变型命题"区别开来,在数学上有很重要的意义. 学习高等数学的同学,常常难以弄清"一致收敛"与"收敛"的区别,"一致连续"与"连续"的区别,其原因,从逻辑上说,就是没分清①、②两式.

我们在解题的时候,常常用到**特殊值法**,殊不知,特殊值法和一致型命题有密切关系.

我们知道,一般可以推出特殊,下面的例子就是这方面的习题.

例1 求证：$C_n^0 + C_n^1 + C_n^2 + \cdots + C_n^n = 2^n$.

分析 对二项式定理这个一般规律来说,本例是个特殊命题.

解 $\because (a+b)^n = C_n^0 a^n + C_n^1 a^{n-1} b + C_n^2 a^{n-2} b^2 + \cdots + C_n^n b^n$.

令$a = b = 1$,有

$$2^n = C_n^0 + C_n^1 + C_n^2 + \cdots + C_n^n.$$

下面重点来看一下"从特殊探讨一般"的手法在研究数学问题中的作用.

通过一个(或若干个)特殊的个体,要确定全体对象的性质,从严密的逻辑学观点看是不行的. 但是在已知全体都具有某一共同特征这个大的前提下,通过一个特殊的个体的研究常常可以把这个特征从不明确到明确. 我们常说"一滴水看大海",

通常说,从一滴水的情况,是不能判断整个大海的情况的,但是,假定整个大海的某个指标(譬如,盐的含量)是一致的话,在这个前提下,一滴水可以判断整个大海的情况了. 这个一致的前提很重要.

例 2 解不等式 $f(x) = x^2 - 3x + 2 > 0$.

我们常用讨论法解这类题,即将实数集 **R** 适当分成若干区间,使每个区间内,函数 $f(x)$ 的值同号. 本题就是将 **R** 分成 $(-\infty, 1), (1, 2), (2, \infty)$ 三段($x = 1$, $x = 2$ 时, $f(x)$ 为 0,显然不在该不等式的解集中). 接下去判断每个区间里, $f(x)$ 的符号. 我们只知道在每个区间里 $f(x)$ 保持同一个符号(一致!),但是究竟是正还是负,我们还不清楚. 这时可以在该区间内随意挑一个数 a 代入函数 $f(x)$,若 $f(a) > 0$,则函数 $f(x)$ 在该区间内全为正;若 $f(a) < 0$,则函数 $f(x)$ 在该区间内全为负. 譬如,在区间 $(-\infty, 1)$ 里挑 $x = 0$,此时 $f(x)$ 等于 2,为正. 我们可以断言,在 $(-\infty, 1)$ 这个区间里 $f(x)$ 都为正. $(1, 2), (2, \infty)$ 可同样处理.

x	$(-\infty, 1)$	$(1, 2)$	$(2, \infty)$
$x^2 - 3x + 2$	正	负	正

于是得到原不等式的解是

$$(-\infty, 1) \cap (2, \infty).$$

在每个区间里挑一个特殊值,检验 $f(x)$ 的符号,从而确定整个区间里, $f(x)$ 的符号都是这个符号. 这种思想方法通常称为"特殊值法".

特殊值法常常可以从"个别"对象的研究,探究得到"全体"对象的特征,其逻辑依据何在呢?

原来,一致型命题是使用特殊值法的前提. 例如,已知在 $(-\infty, 1)$ 内, $f(x)$ 同号(这是连续函数的性质决定的,这里不予赘述),就是存在一个符号("+"或"-"),使每一个属于 $(-\infty, 1)$ 的 $x, f(x)$ 都是该符号. 它是个一致型命题.

例 3 证明余数定理:多项式 $f(x)$ 被 $(x-a)$ 除的余数为 $f(a)$.

证明 因为余式的次数总小于除式的次数,所以 $f(x)$ 被一次式 $(x-a)$ 除余式必为常数(设为 C),即有

$$f(x) = (x-a)g(x) + c. \qquad ③$$

令 $x = a$,则有

$$f(a) = c.$$

$$\therefore f(x) = (x-a)g(x) + f(x).$$

剖析:因为有个 c,对一切 x 都满足③式,但 c 的值不清楚. x 赋以值 a 之后, c 被定下.

但不是每一个一致型命题都可以通过特殊值法求出一致值的. 如有界函数定

义是一致型命题：
$$\exists M>0\,\forall x\in D(|f(x)|<M),$$
其中 D 为 $f(x)$ 的定义域或某指定区间.给它赋值,令 $x=a$,则
$$\exists M(|f(a)|<M),$$
M 值没能求出,只是多了一个信息:M 应该大于 $|f(a)|$.

练 习 二

1. 设谓词如下：

   $P(\ )$：是质数；

   $E(\ )$：是偶数；

   $O(\ )$：是奇数；

   $D(\ )$：被 2 整除.

   试把下列命题译成自然语言：

   (1) $P(7)$；

   (2) $E(2) \wedge P(2)$；

   (3) $\forall x(D(x) \to E(x))$；

   (4) $\forall x(\neg E(x) \to \neg D(x))$；

   (5) $\exists x(P(x) \wedge E(x))$.

2. (2008 年广东高考理科卷)已知命题 p：所有有理数都是实数,命题 q：正数的对数都是负数,则下列命题中为真命题的是(　　).

   (A) $(\neg p) \vee q$　　(B) $p \wedge q$　　(C) $(\neg p) \wedge (\neg q)$　　(D) $(\neg p) \vee (\neg q)$

3. 试把下列命题形式化：

   (1) 所有有理数都是实数；

   (2) 没有有理数是实数；

   (3) 某些有理数是实数；

   (4) 某些有理数不是实数.

4. 叙述下列概念的意义,并将它形式化：

   (1) 锐角三角形；

   (2) 直角三角形；

   (3) 2π 是 $\sin x$ 的周期；

   (4) $f(x)$ 是偶函数.

5. 如果一个三角形的三条边有

   (1) 两条边的平方和小于第三条边的平方,那么这个三角形是钝角三角形；

   (2) 两条边的平方和等于第三条边的平方,那么这个三角形是直角三角形；

   (3) 两条边的平方和大于第三条边的平方,那么这个三角形是锐角三角形.

   以上结论成立吗?

6. 利用形式化方法弄清下列句子的含义：

   过两已知直线至多只有一个平面.

7. 举出中学数学范围中的五个真命题,它们分别是全称、特称命题.

8. 举出中学数学范围中五个关于存在唯一性的真命题,五个至少或至多命题.

9. 下列命题中的假命题是(　　).

(A) 存在这样的 α 和 β 的值,使得 $\cos(\alpha+\beta) = \cos\alpha\cos\beta + \sin\alpha\sin\beta$

(B) 不存在无穷多个 α 和 β 的值,使得 $\cos(\alpha+\beta) = \cos\alpha\cos\beta + \sin\alpha\sin\beta$

(C) 对于任意的 α 和 β,都有 $\cos(\alpha+\beta) = \cos\alpha\cos\beta - \sin\alpha\sin\beta$

(D) 不存在这样的 α 和 β 值,使得 $\cos(\alpha+\beta) \neq \cos\alpha\cos\beta - \sin\alpha\sin\beta$

10. 用构造法证明:在任意两实数 a、$b(a<b)$ 之间有无穷多个实数(实数稠密性).

11. 用构造法证明:

    直线 $y = 2x+1$ 与 $3x-2y = 6$ 有交点.

12. 用非构造法证明:

    (1) 方程 $x^2 + 4x + 1 = 0$ 至少有一个负实根.

    (2) 方程 $x^2 + 4x - 1 = 0$ 至少有一个负实根.

13. 用非构造法证明:

    20 个苹果分给 6 个小孩,至少有一个小孩拿了 4 个苹果.

14. 证明不存在边长分别为 3、4、8 的三角形.

15. 证明函数 $y = x^3$ 是严格单调递增的(用初等方法).

16. 证明:断言

$$\sqrt{x+1} + \sqrt{x^2-1} < 0$$

为假.

17. 已知 $x+y+z = \dfrac{1}{x} + \dfrac{1}{y} + \dfrac{1}{z} = 1$,求证:$x,y,z$ 中至少有一个等于 1.

18. 求证:圆 $x^2 + y^2 = 2$ 上存在着无数个有理点.

19. 求证:不存在这样的 $\triangle ABC$,使 $\tan A + \tan B + \tan C = \cot A + \cot B + \cot C$ 成立.

20. 已知 a 与 b 均为有理数,且 $\sqrt{a}$ 和 $\sqrt{b}$ 都是无理数,证明 $\sqrt{a} + \sqrt{b}$ 也是无理数.

21. 在同一平面内一直线的垂线与斜线一定相交.

22. 下列各题中的"至少"两字,它们算不算至少命题?

    (1) 单位圆内任给四点,则至少有两个点的距离小于 $\sqrt{2}$.

    (2) $d \in \mathbf{N}^*$,但不等于 2、5、13,则在 2、5、13、d 中至少有两个数,使它们之积与 1 的差不是完全平方数.

23. 说出第 3 题中各命题的否定.

24. 反证法的第一步是否定结论. 现欲对以下各题施以反证法,试作出它们的第一步工作:

    (1) 把 1980 块糖分给 128 个小孩,求证:至多只有 127 个小孩分到的糖一样多.

    (2) 求证:在单位圆内任意四点中,至少有两个点的距离小于 $\sqrt{2}$.

25. 下列命题都不成立,请反驳之.

    (1) $a > -a$(a 为实数);

    (2) $(a-b)^2 = a^2 - b^2$;

(3) 周长相等的矩形等积;
(4) 一对对角及一对对边相等的四边形为平行四边形.

26. 作出下列命题的否定:
    (1) 凡正数皆大于 0;
    (2) 过两点至多只能作一条直线;
    (3) 我班至少有两个同学生于元旦那一天;
    (4) 方程 $x^2+1=0$ 有实根.

27. 将下列命题形式化(x、y 为实数):
    (1) 对于一切实数 x、y,都有 $x+y=y+x$ 成立;
    (2) 对于任意的 x、y,都存在 z,满足 $x+y=z$;
    (3) 对一切 x 与 y,都有 $xy=y$;
    (4) 有一个 x,使 $xy=y$ 对一切 y 都成立;
    (5) 对任意的 x 和 y,有 z 使得 $x-y=z$ 成立;
    (6) 对任意的 x 和 y,有 z 使得 $x-z=y$ 成立;
    (7) 有一个 x,使得对一切 y 均有 $y-x=a$ 成立;
    (8) 如果 $x=0$,那么 $xy=x$ 对一切 y 都成立;
    (9) 如果 $xy=x$,对一切 y 都成立,那么 $x=0$;
    (10) 如果对于某个 y,有 $xy \neq x$,那么 $x \neq 0$.

28. 将下列形式语言译成自然语言,并说出其真假:
    (1) $\forall x \exists y (x+y=0)$;
    (2) $\exists x \forall y (x+y=0)$;
    (3) $\forall x \forall y \exists ! z (x+y=z)$;
    (4) $\forall x \exists ! z \forall y (x+y=z)$;
    (5) $\exists ! x \forall y (xy=0)$;
    (6) $\forall y \exists ! x (xy=0)$;
    (7) $\forall y \exists ! x (x+y<0)$.

29. 说出"无界函数"的意义,并将它形式化.

30. 说出"函数 $f(x)$ 有极大值"的意义,并将它形式化,最后求其否定.

31. 试分析下列"定值问题"其结构:
    如图,圆 O_1、O_2 交于点 A、B,C 在 $\overparen{ANB}$ 上(不包括 A、B 两点),CA、CB 交圆 O_1 于点 D、E,求证:DE 为定长.

32. 请利用形式化的方法分析下列各句的含义:
    (1) 平面上有 n 点,其中没有 3 点共线,没有四点共圆;
    (2) 9 个人中,至少有 2 个人会讲同一种语言;

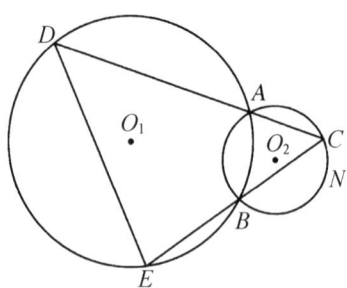

第 31 题图

(3) 至少有 1 个抽屉里有 2 个苹果;

(4) 至少有 2 个同学生于同一天;

(5) 平面上有 n 条直线,它们两两不平行;

(6) 不存在一个平面,使 l_1、l_2 都在该平面内.

指出下列各题解法中的错误(第 33～35 题):

33. 在直角三角形 ABC 中,周长为 34,面积为 20,求三边长.

    错解:$\because \triangle ABC$ 为直角三角形,

    $\therefore a:b:c = 3:4:5$.

    设 $a = 3k, b = 4k, c = 5k$,则

    $3k + 4k + 5k = 34$,

    $k = 2$,

    $\therefore a = 6, b = 8, c = 10$.

34. 锐角三角形中没有一点对各边的张角相等.

    错解:经检查,三角形的内心、外心、垂心、重心对各边的张角不都相等,所以,锐角三角形中没有点对各边张角相等.

35. 已知 $|a| \leqslant 1, |b| \leqslant 1$,求证:$ab + \sqrt{(1-a^2)(1-b^2)} \leqslant 1$.

    错证:$\because |a| \leqslant 1, |b| \leqslant 1$,不妨设

    $$\sin\alpha = a, \cos\alpha = b,$$

    于是有

    $$ab + \sqrt{(1-a^2)(1-b^2)}$$
    $$= \sin\alpha + \cos\alpha + \sqrt{(1-\sin^2\alpha)(1-\cos^2\alpha)}$$
    $$= \frac{1}{2}\sin 2\alpha + \sqrt{\sin^2\alpha \cos^2\alpha}$$
    $$= \frac{1}{2}\sin 2\alpha + \frac{1}{2}|\sin 2\alpha|$$
    $$< \frac{1}{2}|\sin 2\alpha| + \frac{1}{2}|\sin 2\alpha|$$
    $$= |\sin 2\alpha| \leqslant 1.$$

36. (1) "3 不是 $f(x)$ 的界"的含义是"对任意的 $x, |f(x)| > 3$";

    (2) "π 不是 $f(x)$ 的周期"的含义是"对任意 $x, f(x+\pi) \neq f(x)$".

    你认为上述说法是否正确?

37. 证明:不存在这样的自然数列,它的项不都相等,而且从第二项开始,每一项都等于它的前一项和后一项的调和平均值 $\left(数 \dfrac{2ab}{a+b} 叫做数 a、b 的调和平均值\right)$.

    有人改证下列命题:

如果一个自然数列,从第二项开始,每一项都等于它前后两项的调和平均值,则该数列必是常数列.

你认为是否合理?为什么?

38. 已知椭圆 $\frac{x^2}{a^2}+\frac{y^2}{b^2}=11$,及定点 $N(n,0)(|n|\neq a,n\neq 0)$,过点 N 任作一直线交椭圆于 A_1、A_2 两点,A_3 为椭圆上任一点,设直线 A_1A_3、A_2A_3 分别交直线 $l:x=a^{\frac{n}{2}}$ 于点 P、Q,则直线 NP 与 NQ 的斜率之积为定值 $\frac{b^2}{n^2-a^2}$.

39. 已知数列 $\{a_n\}$ 的前 n 项和为 S_n. 若等差数列 $\{a_n\}$,$a_1=\frac{3}{2}$,公差 $d=1$,问:是否存在正整数 k,使得 $S_{k^2}=(S_k)^2$ 成立?若存在,求出 k 的值;若不存在,请说明理由;

    变式:是否存在等差数列 $\{a_n\}$,使得对一切正整数 k,都有 $S_{k^2}=(S_k)^2$ 成立?若存在,求出数列 $\{a_n\}$ 通项公式;若不存在,请说明理由.

40. 论文选题:你认为应该怎样分阶段渗透量词的知识?

41. 论文选题:你认为应该怎样分阶段渗透否定的知识?

42. 论文选题:"和"、"或"、"与"、"且"的意义和用法.

43. 论文选题:存在问题、"恒成立"问题的解法研究.

1-19 推理

我们常常说"吃西瓜的季节是夏天"这句话是对的;"能捉猫的动物是老鼠"这句话是错的. 其实,对命题而言最好不要说成"对"或"错",应该说成"真"和"假". 在一定条件下,一个命题所肯定或否定的内容与客观事实(严格说和某个模型)相符合,就认为它是真的,否则就是假的. 例如命题

$$\text{"有两条边相等的三角形是等腰三角形"}$$

是真命题;命题

$$\text{"}x=2, x=3 \text{ 是方程 } x^2+5x-6=0 \text{ 的两个根"}$$

是假命题.

有些学生以为命题总是真的,否则就不是命题,其实这是一种误解.

命题的真假是各门科学自己的事情,逻辑学是管不着的. 譬如,在欧氏几何里,

$$\text{三角形内角和等于 } 180 \text{ 度}$$

是真命题,但在非欧几何里这是假命题了.

从已知的旧知识出发,通过实践、推想、验证,可以获得前所未知的新知识. 这种推陈出新的思维过程,叫做**推理**.

数理逻辑里,先导出一些规则(叫做**推理规则**),根据这些规则,只要前件为真,后件亦必为真,这样就从前件得到了后件,这就是**有效推理**,简称为推理. 如果不根据推理规则,用其他某种方式从一个命题或几个命题得到了一个新命题,即使得到了真命题,也叫**无效推理**. 有的逻辑著作,如果推理是有效的,叫"对",如果推理是无效的,叫"错".

"推理"是逻辑的最根本的内容,概念和命题都是为推理服务的基础知识.

"有效和无效"("对"和"错")与"真假"是两码事. 真假对命题而言,有效无效对推理而言;**真假是指一个命题的内容与客观事实(或某一模型)是否相符,有效无效是指符合不符合推理规则**. 前面说过,真假是各具体学科的事,有效无效才是逻辑的事.

毛泽东曾经举过一个例子,共产党说:

因为, 共产党是好人, (大前提)
张三是共产党, (小前提)
_____
所以, 张三是好人 (结论)

国民党说:

因为, 共产党是坏人, (大前提)
张三是共产党, (小前提)
_____
所以, 张三是坏人 (结论)

结论是完全相反的,但用的都是三段论,推理是有效的.逻辑只管推理的有效性.至于共产党国民党究竟是好人,还是坏人?那是政治学的事情了.

有些教师常常对学生说"你这是逻辑错误",其实有时未必真的是逻辑错误.但作为数学教师,把学生犯的是事实错误还是逻辑错误区分清楚,是十分必要的,可以对学生有针对性地纠正.

事实错误是指前提不真(逻辑学中叫虚假理由),而前提不真,是各门学科的事,因此它是一种**事实的错误**,不能把它作为逻辑上的错误.

所谓**逻辑的错误**,通常可以有两种理解.**狭义的理解**,因为逻辑学的根本问题是推理,所以**逻辑的错误就是推理的错误,即"无效推理".广义的理解**是指有关概念、命题等方面不符合逻辑学的规则,如循环定义、划分不当、混淆充分条件与必要条件等.

把前提的真假,与推理的有效性配合起来,会发生以下各种情况:
(1) 前提真,推理有效,则结论必真.
(2) 前提真,推理无效,则结论未必真.
(3) 前提假,推理有效,则结论未必真.
(4) 前提假,推理无效,则结论未必真.

尽管逻辑学本身只保证推理的有效,但是我们希望得到真命题,得到真理,所以我们有兴趣的是第(1)种情况.

下面我们看一些数学中的推理的例子.

例1　　　　　　∵ 凡对顶角都相等,
　　　　　　　　　∠1、∠2 是对顶角,
　　　　　　　　_____
　　　　　　　　　∴ ∠1 = ∠2.

例2　　　　　　∵ 若 $a > b$,则 $a + c \geqslant b + c$.
　　　　　　　　　现　$a^2 - 2ab + b^2 \geqslant 0$,
　　　　　　　　_____
　　　　　　　　　∴ $a^2 + b^2 = (a^2 - 2ab + b^2) + 2ab \geqslant 2ab$.

例 3 ∵ 正数的平方是非负数,
─────────────────────
∴ 正数的平方不是负数.

例 4 ∵ 所有能被 4 整除的数都能被 2 整除,
16 能被 2 整除,
─────────────────────
∴ 16 能被 4 整除.

例 5 ∵ 一个数总比它的相反数大,
─────────────────────
∴ -5 比它的相反数 $-(-5)$ 大.

很明显,例 1、2、3 都属于第(1)种情形,而例 4 则不然,前提和结论中的三个命题全是真的,但推理却是无效的.我们只要仿照它的格式,换些数字,就可以看出这个推理的无效性.

∵ 所有能被 4 整除的数都能被 2 整除,
14 能被 2 整除,
─────────────────────
∴ 14 能被 4 整除.

这个结论是假的.可见这种推理从本质上来说是无效的,例 4 中得出了正确的结论是一种巧合.可见,第(2)种情形所得出的结论是不可靠的.

例 5 则是前提为假,虽推理有效,得到的结论不真.属于第(3)种情形.

例 6 如图 1-19-1,在 $\triangle AFD$ 和 $\triangle BEC$ 中,点 A、E、F、C 在同一条直线上,有下面四个论断:

(1) $AD = CB$;(2) $AE = CF$;(3) $\angle B = \angle D$;(4) $AD \parallel BC$. 请用其中三个作为条件,余下一个作为结论,编一道合理的(也就是能推出的)数学问题,并写出解答过程.

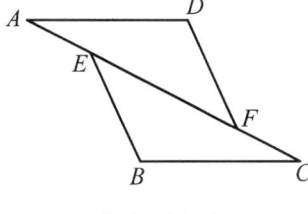

图 1-19-1

这是一道检查学生能否应用有效推理的新颖题型.可以有三种选择:

(1) 若 $AD \parallel BC$,$AD = CB$,$\angle B = \angle D$,则 $AE = CF$.
(2) 若 $AD \parallel BC$,$AD = CB$,$AE = CF$,则 $\angle B = \angle D$.
(3) 若 $AD \parallel BC$,$AE = CF$,$\angle B = \angle D$,则 $AD = CB$.

解答过程从略.

传统逻辑把推理分成**演绎推理**、**归纳推理**和**类比推理**.归纳推理又包括**完全归纳**和**不完全归纳**.这是按推理的"方向"作为标准的分类方法.演绎推理是指一命题在大范围成立,可推得它在小范围或对个别个体也成立.归纳推理是指一个命题对所有或一些个体成立,那么它在较大范围内也成立.类比推理则指一命题在一种情况下成立,则另一"相似"的命题在其相应的情况下也成立.

演绎推理和完全归纳推理是有效的,不完全归纳推理和类比推理不是有效的,波利亚把它们统称为"合情推理",从这个角度看问题,有人**把推理分成有效推理和合情推理两种**.作为一门科学的逻辑学,只研究有效推理.合情推理是很有价值的,但严格说,它是一种思想方法,更应该归入哲学的方法论的范围.

在数学中,只有经过演绎推理和完全归纳(包括数学归纳法)得来的结论才认为是可靠的,也就是说,在数学论著中,只承认有效推理.这是数学严密性的标志之一.

其他一些学科,如物理、化学、生物以及社会科学则不然,在那些学科中,允许从观察、实验、调查中得出结论,允许使用不完全归纳和类比等手段引出结论来.在社会科学中,甚至可以用伟大人物的话作为推理的依据.

由于数学论著中只使用有效推理,使结论具有可靠性,从而也使结论经得住他人的重复和检验.而在其他学科中,同样作调查,两个人可能得出不同的结论;你做的实验,从而得出某个结论,我可能做不出这个实验来,或者同样做这个实验得出另一个结论来.所以,其他学科里容易产生学派间的论战.数学里有时也会出现争论,但这些争论多半与推理的有效性无关,往往是由于对公理的提炼、概念的意义等有不同看法."三等分角问题"、"哥德巴赫猜想"、"四色问题"提出以后,有多多少少人都自认为解决了它们.但经检验,有些就是在推理有效性上出了毛病,很快被否定了.从某种意义上可以这样说,数学就是这样:对是对,错是错,没有狡辩的余地.

在数学研究和数学教与学的过程中,也要用到合情推理.合情推理有极大的价值.

首先,由于逻辑推理的结论由前提推出,作为某一门科学来说,公理决定了一切,从某种意义上说,逻辑得不出什么新东西,但是合情推理可以得到一些全新的假说.当然,这些假说有待于论证.

其次,对于中学数学来说,由于考虑到学生的可接受性,是不可能十分严格的,不少定理、公式、法则是通过归纳、类比等合情推理的手段得出的.

再次,我们在解题的时候,常常用尝试的办法,类比的办法,找到解题的思路.在证明定理、法则、公式的时候,教师也会引导学生先进行探索,再进行证明,而在探索时,常常用到合情推理.合情推理对培养学生的创新能力有极大的好处.

1-20　不涉及命题结构的推理规则

我们分两部分来研究推理的本质和规律.本节讨论不涉及命题结构的推理,也就是把命题作为一个整体来研究.后面两节将讨论涉及命题结构的推理.

我们先来探讨一下不涉及命题结构的推理的本质是什么.

从上一节的几个例子中可以引出这样一点,即正确的推理并不依赖于前提和结论的具体内容,甚至不管它们的真假.日常生活的观点着眼于前提与结论之间存在着的因果关系,但是因果关系往往涉及内容,所以很难确定,现代逻辑中,利用真假值来规定蕴涵式 $P \to Q$ 的意义,虽然与日常生活中"如果……那么……"的意义不完全一致,但是在揭示推理的有效性方面却有重要的价值.

我们看一个蕴涵式复合命题:$P \land (P \to Q) \to Q$,先作出它的真值表:

P	Q	$P \to Q$	$P \land (P \to Q)$	$P \land (P \to Q) \to Q$
真	真	真	真	真
真	假	假	假	真
假	真	真	假	真
假	假	真	假	真

我们发现,不论复合命题中基本命题 P、Q 取真还是取假,复合命题 $P \land (P \to Q) \to Q$ 的值总为真.这样的式子叫**重言式**.如果一个蕴涵式是重言式,那么就称这个蕴涵式为**重言蕴涵式**.

重言蕴涵式反映了推理规律,从上面的真值表的第一行中可以看出,如果前件所含的两个命题,也就是两个前提 $P \to Q$、P 为真,那么,结论 Q 亦真,也就是保证了从真的前提得到真的结论.

所以,想要检查一个推理是不是有效,只要作出一个蕴涵式,其前件是所有前提的合取,后件是结论;然后检查一下在各种情况下,该蕴涵式是否恒真.如果恒真,则说明这个蕴涵式是重言的,相应的推理也就是有效的.

以后我们把**重言蕴涵式中的最后一步蕴涵运算"→"改为"⊨"**①,叫做"**永真蕴涵**",也读作"**推出**".上述的推理规则可写为

$$P \wedge (P \rightarrow Q) \models Q \quad 或 \quad P, (P \rightarrow Q) \models Q$$

或写成

$$\begin{array}{c} \because P \rightarrow Q \\ P \\ \hline \therefore Q \end{array}$$

应该懂得蕴涵式、重言蕴涵式和"推出"的差别.

两个命题,用蕴涵号联结起来,就成了蕴涵式,其含意如蕴涵运算的规定那样,当且仅当前件真、后件假时整个蕴涵式复合命题为假,其余都为真.用蕴涵符号"→"将前后件联结而成的式子仍表示一个**命**题,它有真假,但**不一定真**.例如,蕴涵式复合命题

$$两直线平行 \rightarrow 同位角不等,$$

就是假的.

重言蕴涵式仍是一个命题,不过它是恒真的.一个蕴涵式复合命题,作为一个命题要么真,要么假,为什么说是**恒真**呢?原来重言蕴涵式复合命题不能是有具体内容的命题,如有具体内容的命题

$$两直线平行 \rightarrow 同位角相等,$$

只能说是一个真命题,不能说是**恒真**的,因为它不含任何变化着的因素,因此就谈不上"恒".这还不够,即使不含具体内容的、抽象成字母的蕴涵式复合命题 $P \rightarrow Q$,也不能说是恒真的.既经抽象,其中的 P、Q 就可以赋以各种不同的内容,从而有不同的真假,而这种变化因素(即 P、Q 真假的种种搭配)变化的结果,$P \rightarrow Q$ 有可能为假(P 真 Q 假时,$P \rightarrow Q$ 为假),并不恒真.要使整个蕴涵式复合命题恒真,看来它的前后件不能是相互独立的,而应该是相互关联的,即应该是由相同的基本命题组成的两个复合命题.例如,前面提及的重言蕴涵式

$$P \wedge (P \rightarrow Q) \rightarrow Q$$

的前件 $P \wedge (P \rightarrow Q)$,后件 Q 就是由相同的基本命题 P、Q 构成的,并且组成得很"得当",致使前件 $P \wedge (P \rightarrow Q)$ 真,后件 Q 假的情况不发生(一旦这种情况发生,整个蕴涵式复合命题为假),于是蕴涵式复合命题恒真.

---

① 在数理逻辑里,有语义和语法之分. $P \wedge (P \rightarrow Q) \models Q$ 表示由 $P \wedge (P \rightarrow Q)$ 真得到 Q 为真,这是语义的

可见，重言蕴涵式与蕴涵式都仍是一个命题，但有两点差别．第一，蕴涵式的前后件可以是具体命题，也可以是抽象为字母的命题，而重言蕴涵式的前后件必须是抽象成字母的命题．第二，蕴涵式的前后件可以是独立的两个命题，而重言蕴涵式的前后件必须是由相同基本命题组成的复合命题（当然还必须组成"得当"，使它恒真）．

至于重言蕴涵式与"推出"的关系十分密切．

$$P \wedge (P \rightarrow Q) \rightarrow Q$$

是重言蕴涵式，则就可以称 $P \wedge (P \rightarrow Q)$ "推出" Q. "$\rightarrow$"是逻辑**运算**符号（或逻辑**连接词**），两个命题用"$\rightarrow$"联结得到的仍是**一个命题**（不管是不是重言的）．而"$\vdash$"不是逻辑连接词，这是它与"$\rightarrow$"的区别．

$$P \wedge (P \rightarrow Q) \vdash Q$$

不能再看成一个命题．正如数 2、3 相加，$2+3$ 仍是一个数，而 $2+3=5$ 中的"="不是运算符号，于是"$2+3=5$"不再表示一个数．

同时，我们还应该区分"逻辑里的推出"（$\vdash$），和我们平时习惯上说的"推出"．从上面的分析可以看出，这个差别是很明显的．

下面我们研究一些常用的重言蕴涵式．

◆ **肯定式假言推理**

$$P \wedge (P \rightarrow Q) \vdash Q.$$

这个规则我们已经证明．学生对于它，一般不会有很大的困难．这个规则可以理解为："如果 P，那么 Q"为真；现在真的有了 P，所以可以得出 Q 来．但是，下式

$$P \wedge (P \rightarrow Q) \rightarrow P$$

不是重言式，所以，也不反映推理规则．这可从下面的真值表看出：

P	Q	$P \rightarrow Q$	$Q \wedge (P \rightarrow Q)$	$Q \wedge (P \rightarrow Q) \rightarrow P$
真	真	真	真	真
真	假	假	假	真
假	真	真	真	假
假	假	真	假	真

◆ **否定式假言推理**

$$(P \rightarrow Q) \wedge \neg Q \vdash \neg P.$$

这个规则的意思是:"如果 P,那么 Q"为真;现在有$\neg Q$,那么可推出$\neg P$. 即

$$\because P \to Q$$
$$\neg Q$$
$$\overline{\therefore \neg P}$$

(传统逻辑里常用这样的格式来表示推理)

这个规则可证明如下:

P	Q	$P \to Q$	$\neg Q$	$(P \to Q) \wedge \neg Q$	$\neg P$	$(P \to Q) \wedge \neg Q \to \neg P$
真	真	真	假	假	假	真
真	假	假	真	假	假	真
假	真	真	假	假	真	真
假	假	真	真	真	真	真

这个式子,常被学生误解为 $(P \to Q) \wedge \neg P \models \neg Q$,可以证明$(P \to Q) \wedge \neg P \to \neg Q$ 不是重言式,所以它不能用于推理.

◆ **相容选言推理**

$$(P \vee Q) \wedge \neg P \models Q.$$

这个规则的意思是:或者 P,或者 Q,两者必居其一,而现在有$\neg P$,所以可推出 Q. 可记为

$$\because P \vee Q$$
$$\neg P$$
$$\overline{\therefore \quad Q}$$

这个规则可证明如下:

P	Q	$P \vee Q$	$\neg P$	$(P \vee Q) \wedge \neg P$	$(P \vee Q) \wedge \neg P \to Q$
真	真	真	假	假	真
真	假	真	假	假	真
假	真	真	真	真	真
假	假	假	真	假	真

"相容选言推理",常可用来解数学题,作为一种解题的思维方法,它常被叫做

"排除法". 在解单项选择题时，我们就常用排除法. 不过对有四个选择支的单项选择题来说，其推理依据是下式：

$$(P_1 \vee P_2 \vee P_3 \vee P_4) \wedge \neg P_1 \wedge \neg P_2 \wedge \neg P_3 \vDash P_4$$

例1 在 $\triangle ABC$ 中，$\sin 2B = \sin 2C$，$\angle A = 80°$，求 $\angle B$，$\angle C$.

解 $\because \sin 2B = \sin 2C$，

$\therefore 2B = 2C$ 或 $2B = 180° - 2C$，

即

$$\angle B = \angle C \quad \text{或} \quad \angle B + \angle C = 90°. \qquad ①$$

$\because \angle A = 80°$，

$$\therefore \angle B + \angle C \neq 90°, \qquad ②$$

$$\therefore \angle B = \angle C = \frac{1}{2}(180° - \angle A) = 50°. \qquad ③$$

其中，从①、②推出③，就是用到了排除法.

例2 证明 97 是质数.

证明 97 或是质数或是合数. 而如果 97 是合数，它必有小于 $\sqrt{97}$ 的质因子，即或是 2 的倍数、或是 3 的倍数、或是 5 的倍数、或是 7 的倍数.

显然 97 不是 2、3、5 的倍数，经检查 97 也不能被 7 整除，所以 97 必是质数.

对于这个推理规则，要注意两点：

第一，P、Q 可以同时为真. 如例 1 中的"$\angle B = \angle C$"与"$\angle B + \angle C = 90°$"就是可以同时为真的. 排斥了一方，则另一方必真.

第二，$(P \vee Q) \wedge P \to \neg Q$ 不恒真. 读者可自行证明.

例如，从"5 是正数或有理数"及"5 是有理数"两个真命题，无法推出"5 不是有理数"的结论来.

◆ **不相容选言推理**

$$(P \bar{\vee} Q) \wedge P \vDash \neg Q.$$

不相容选言推理，是在不可兼的析取式情况下成立的，其意思是：**要么 P，要么 Q**；两者必居其一，且只居其一，现在真的有 P，可推出 Q' 来. 可写成

$$\begin{array}{c} \because P \bar{\vee} Q \\ P \\ \hline \therefore \quad \neg Q \end{array}$$

它的有效性可证明如下：

P	Q	$\neg P$	$\neg Q$	$P \wedge \neg Q$	$\neg P \wedge Q$	$(P \wedge \neg Q)$ $\vee (\neg P \wedge Q)$	$[(P \wedge \neg Q) \vee$ $(\neg P \wedge Q)] \wedge P$	$[(P \wedge \neg Q) \vee$ $(\neg P \wedge Q)] \wedge P \to \neg Q$
真	真	假	假	假	假	假	假	真
真	假	假	真	真	假	真	真	真
假	真	真	假	假	真	真	假	真
假	假	真	真	假	假	假	假	真

例 3 判断 $y = x^2 - 2x + 1992$ 的图像与 x 轴的相对位置.

解 由于
$$\Delta = (-2)^2 - 4 \times 1992 < 0,$$
所以 $y = x^2 - 2x + 1992$ 的图像与 x 轴无交点,即要么在 x 轴上方,要么在 x 轴下方. 取 $x = 0$,得
$$y = 1992 > 0,$$
所以, $y = x^2 - 2x + 1992$ 的图像在 x 轴上方.

在这里,因为我们先断定了"**要么**在 x 轴上方,**要么**在 x 轴下方",所以,我们既然肯定了"在 x 轴上方",即可排除"在 x 轴下方"的可能性.

◆ **假言连锁推理**

$(P \to Q) \wedge (Q \to R) \wedge P \models R.$

这个推理规则用真值表来证明较为复杂,因为式中涉及了三个基本命题 P、Q、R,每个命题有真假二值,真值表共有 2^3(即 8)行. 可以看出这是两次运用肯定式假言推理的结果:

$$\begin{array}{rl} \because & P \to Q \\ & P \\ \hline \therefore & Q \\ \because & Q \to R \\ & Q \\ \hline \therefore & R \end{array}$$

◆ **联言推理**

$P \wedge Q \models P.$

◆ **假言选言推理**

$(P \to R) \wedge (Q \to R) \wedge (P \vee Q) \models R.$

这个式子是完全归纳法的依据. 根据题设,有两种情况: P 或 Q,从 P 可得 R,从 Q 也可得 R,那么 R 必成立.

在有关命题的章节中我们研究了不少命题的等值式. 等值关系"="反映了左右两个命题是同义的,所以,从左面的命题可以推出右面的命题,从右面的命题也可以推出左面的命题.

从重言式的角度看,一个等值式必定是重言的互蕴式,反之,重言的互蕴式也必定是等值式. 如等值式

$$\neg(P \wedge Q) = \neg P \vee \neg Q$$

意味着两个命题$\neg(P \wedge Q)$和$\neg P \vee \neg Q$等值,但各自的值还是可真可假的,并不恒真,如下表中,当P、Q都真时,这两个命题都是假的：

P	Q	$\neg(P \wedge Q)$
真	真	假
真	假	真
假	真	真
假	假	真

P	Q	$\neg P \vee \neg Q$
真	真	假
真	假	真
假	真	真
假	假	真

如果把$\neg(P \wedge Q)$和$\neg P \vee \neg Q$这两个命题用"↔"联结,得命题

$$\neg(P \wedge Q) \leftrightarrow \neg P \vee \neg Q,$$

根据互蕴的意义,列出表如下：

P	Q	$\neg(P \wedge Q)$	$\neg P \vee \neg Q$	$\neg(P \wedge Q) \leftrightarrow \neg P \vee \neg Q$
真	真	假	假	真
真	假	真	真	真
假	真	真	真	真
假	假	真	真	真

可知它是恒真的. 所以,等值式就意味着可互推.

在数学推理中较为有用的等值式有：

双重否定律

$$\neg(\neg P) = P$$

反演律（德·摩根律）

$$\neg(P \wedge Q) = \neg P \vee \neg Q,$$

$$\neg(P \vee Q) = \neg P \wedge \neg Q$$

蕴涵律

$$P \rightarrow Q = \neg P \vee Q = \neg(P \wedge \neg Q)$$

1-21 一元命题的推理规则

在这一节及下一节里将研究涉及命题结构的推理.

在传统逻辑中,对于命题的结构主要研究以下四种命题:

全称肯定判断,即"所有的 S 是 P"(记为 A);
全称否定判断,即"所有的 S 不是 P"(记为 E);
特称肯定判断,即"有的 S 是 P"(记为 I);
特称否定判断,即"有的 S 不是 P"(记为 O).

将这些命题中的判断词"是"("不是")改为"不是"("是"),或将命题中的主词与宾词对换,就可以得到新的命题,这种推理分别叫做换质法及换位法.

◆ **换位法**

换位法的有效推理形式为:

前 提	结 论
A:所有的 S 是 P.	I:有的 P 是 S.(限制换位)
E:所有的 S 不是 P.	E:所有的 P 不是 S.
I:有的 S 是 P.	I:有的 P 是 S.
O:有的 S 不是 P.	(不能得出结论)

以上三个有效推理形式可以用集合来加以解释.

命题"所有的 S 是 P"可表为图 1-21-1,因此,反过来可以说,"有一些 P 是 S".

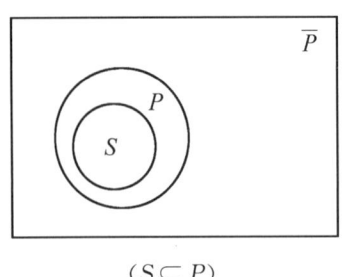

$(S \subseteq P)$

图 1-21-1

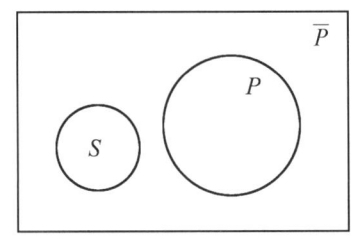

$(S \cap P = \varnothing)$

图 1-21-2

命题"所有的 S 不是 P"可表为图 1-21-2,因此,反过来可以说,"所有的 P 不是 S".

命题"有的 S 是 P"可表为下面图 1-21-3 中的一个,因此,反过来说应是"有的 P 是 S".

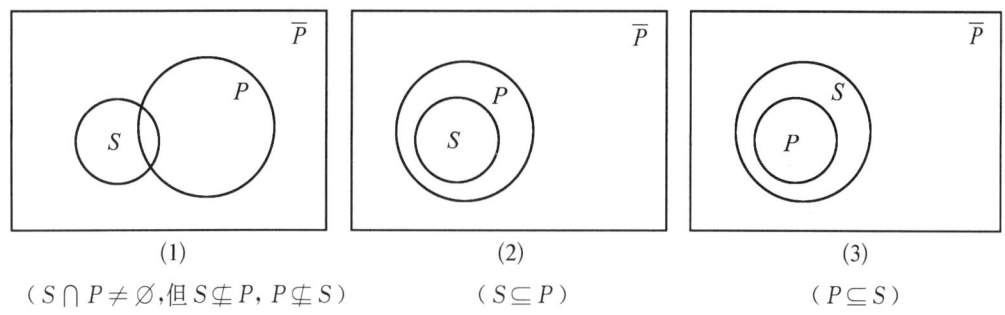

（1）　　　　　　　　　　（2）　　　　　　　　　　（3）
（$S \cap P \neq \varnothing$,但 $S \nsubseteq P, P \nsubseteq S$）　　（$S \subseteq P$）　　　　　（$P \subseteq S$）

图 1-21-3

◆ **换质法**

换质法的有效推理形式为

前　提	结　论
A：所有的 S 是 P.	E：所有的 S 不是 $\bar{P}$.
E：所有的 S 不是 P.	A：所有的 S 是 $\bar{P}$.
I：有的 S 是 P.	O：有的 S 不是 $\bar{P}$.
O：有的 S 不是 P.	I：有的 S 是 $\bar{P}$.

利用集合可以解释上述结果. A、E、I 换质可利用前面的图. O 命题换质可参见下面图 1-21-4：

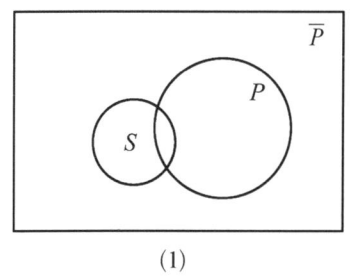 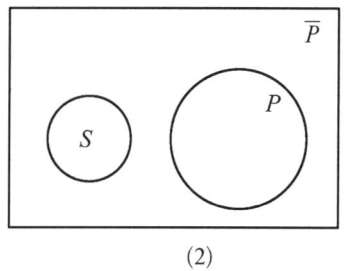

（1）　　　　　　　　　　　（2）

图 1-21-4

其实,换质法不过是对谓词 $P(x)$ 来一个双重否定而已："是 P"改为"不是 $\bar{P}$","不是 P"改为"是 $\bar{P}$".

◆ **利用逻辑方阵的推理**

A、E、I、O 四种命题可以列成下列逻辑方阵：

这个方阵又叫**对当方阵**,是表明这四种命题之间在真假方面的种种关系.

A 与 O,E 与 I 是**矛盾关系**,或说互为否定,即真假必相反.

A 与 I、E 与 O 是**从属关系**,有的书上也称**差等关系**,A 与 I、E 与 O 只是量上的差别,当论域非

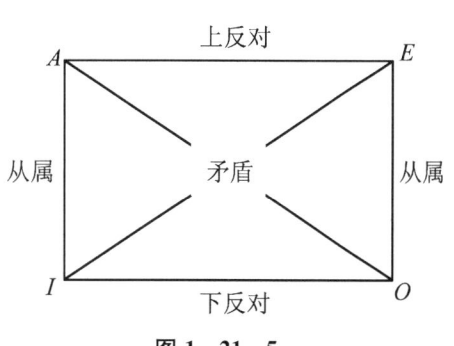

图 1-21-5

空时,"所有的"研究对象有(或没有)某种性质,当然可以推出"至少有一个"研究对象有(或没有)这种性质. 所以从 A 可推得 I,从 E 可推得 O.

A 与 E 是**上反对关系**,所谓上反对关系是指两命题不能同真,但可同假,I 与 O 叫**下反对关系**,所谓下反对关系是指两命题可同真,但不能同假.

例如,命题

"所有的满足 $|x|<1$ 的实数都满足 $x<1$".
"所有的满足 $|x|<1$ 的实数都不满足 $x<1$".

是一真一假,而命题

"所有的满足 $|x|<1$ 的实数都满足 $x<0$".
"所有的满足 $|x|<1$ 的实数都不满足 $x<0$".

都是假的. 我们绝对举不出两个命题,一个是 A 判断、一个是仅把它的判断词改为否定词的 E 判断,使这两个命题同真.

单项选择题的任意两个选择支都是上反对关系,即不能同真,但可同假.

命题

"有的奇数是质数".
"有的奇数不是质数.(是合数)"

都真,而命题

"有的等腰三角形内角和为 $180°$".
"有的等腰三角形内角和不等于 $180°$".

是一真一假,我们绝对举不出两个命题,一个是 I 判断,另一个是仅仅在这个 I 判断中换了质的 O 判断,使这两个命题是同假的.

A、E、I、O 四种命题间的对当关系可以用于推理.

(1) 从 A 判断可以推得 I 判断,从 E 判断可以推得 O 判断(从属关系).

(2) 从 A 判断真(假)可以推得 O 判断为假(真),从 E 判断真(假)可以推得 I 判断为假(真),反之亦然(矛盾关系).

(3) 从 A 判断为真可以推出 E 判断为假,反过来,从 E 判断为真可以推出 A 判断为假(上反对关系).

(4) 从 I 判断为假可以推出 O 判断为真,反过来,从 O 判断为假可以推出 I 判断为真(下反对关系).

◆ **三段论**

在传统逻辑里,换位法、换质法、利用对当关系的推理都叫直接推理,都是由一个前提推出一个结论. 三段论是间接推理,它由两个分别叫做大前提和小前提的前提推出一个结论. 由于一共涉及了三个命题,所以叫三段论.

例如, ∵ 所有的多边形的外角和都等于 $360°$,

所有的五边形是多边形,

∴ 所有的五边形的外角和等于 $360°$.

从数学工作者眼光来看,传统逻辑似乎把三段论搞得太繁琐了,将它分成 4 个格、24个有效式. 有人认为三段论的精神无非是：全体有某个性质，则其部分（或个别）也有该性质. 这对数学教师来说或许已经够用了，必要时可利用集合加以解释.

从数理逻辑角度看，不涉及命题结构的推理可以归结为重言式，但是一涉及命题结构，问题就复杂得多.

在命题逻辑中，变元是命题，而命题只有真假两种可能，所以整个复合命题的真假总可以用真值表算出来，命题逻辑中的重言式也可以用真值表加以证明. 但在谓词逻辑中，变元可遍取论域中的各个个体，个体可满足各种各样的谓词，要使一个命题永远为真，就要对各个个体，各个有关的谓词都加以研究，而个体与谓词的数量都可以是无限多个，所以，通过检查无限多种情况，来验证某个公式是不是永远取真值是办不到的，这与命题逻辑是完全不同的.

为了区别于命题里的重言式，我们把谓词逻辑里永真的公式叫普效式. 证明普效式是很复杂的问题，而且已经证明不存在任何一种机械的判定方法. 有关这个问题，有兴趣的读者可以阅读数理逻辑的有关专著. 本书只介绍结论而略去其理由.

普效式反映了涉及命题结构的推理的规律.

我们已经学习过一些普效式. 例如，有关否定的公式

$$\neg \forall x P(x) = \exists x \neg P(x),$$
$$\neg \exists x P(x) = \forall x \neg P(x),$$
$$\neg \exists_n x P(x) = \forall_{(n-1)+1} x P(x).$$

"所有的对象有某些性质，则对某一个对象来说，也有这个性质，"可以写成普效式：

$$\forall x P(x) \models P(x_0), \quad x \in X, x_0 \in X.$$

这里的"$\models$"仍可读作"推出"，但它的本质与重言蕴涵式中的"$\models$"不尽相同.

关于全称命题和特称命题间的关系，可以写成普效式：

$$\forall x P(x) \models \exists x P(x).$$

传统逻辑里关于 A、E、I、O 的讨论，如 A 与 O、E 与 I 互为否定，也是普效式. 从属（差等）关系也可以写成普效式：

$$\forall x(P(x) \to Q(x)) \models \exists x(P(x) \land Q(x)),$$
$$\forall x(P(x) \to \neg Q(x)) \models \exists x(P(x) \land \neg Q(x)).$$

I 的换位规律可表为下列普效式：

$$\exists x(P(x) \land Q(x)) = \exists x(Q(x) \land P(x)).$$

E 的换位规律可表为下列普效式：

$$\forall x(P(x) \to \neg Q(x)) = \neg[\exists x(P(x) \land Q(x))]$$
$$= \neg[\exists x(Q(x) \land P(x))]$$
$$= \forall x(Q(x) \to \neg P(x)).$$

换质法也可表为普效式. 这里不予赘述.

三段论可表为普效式：

$$\forall x(S(x) \to P(x)) \land \forall x(M(x) \to S(x)) \models \forall x(M(x) \to P(x)).$$

利用数理逻辑可以推出很多的关于性质命题的普效式,有些式子很显然,我们不必大动干戈;有些式子对中学数学教学用处不大,也不介绍了.

1-22　多元命题的推理规则

这里讨论多元(主要是二元)命题,也就是关系命题的推理.先介绍一些一般法则.多元命题的推理规则很多,否定方面的性质已经研究得比较透彻,现在主要是研究量词的交换法则,然后再介绍一些特殊关系的推理法则.

◆ **量词的交换性质**

如果不考虑个体词和谓词的各种变化,只考虑量词的搭配,那么二元命题共有四种.

$$\forall x \forall y P(x, y), \qquad ①$$
$$\exists x \exists y P(x, y), \qquad ②$$
$$\exists x \forall y P(x, y), \qquad ③$$
$$\forall x \exists y P(x, y); \qquad ④$$

如考虑个体 x、y 的次序,则还有四种:

$$\forall y \forall x P(x, y), \qquad ⑤$$
$$\exists y \exists x P(x, y), \qquad ⑥$$
$$\forall y \exists x P(x, y), \qquad ⑦$$
$$\exists y \forall x P(x, y). \qquad ⑧$$

二元命题①中量词(连同个体词)可以交换,即①与⑤相等:

$$\forall x \forall y P(x, y) = \forall y \forall x P(x, y).$$

我们通过例子来说明:

例如,对于任意的实数 x 与 y,总可比较大小

$$\forall x \forall y (x < y \lor x = y \lor x > y),$$

当然有:对于任意的实数 y 和 x,总可比较大小

$$\forall y \forall x(y<x \lor y=x \lor y>x).$$

同样的②式中的量词(连同个体词)也可以交换,即②与⑥相等.

$$\exists x \exists y P(x,y) = \exists y \exists x P(x,y).$$

但二元命题③及⑦中量词(连同个体词)不可随便交换.

例如,"存在一个 x,对于任意的 y,x 总大于 y",可记为

$$\exists x \forall y(x>y). \qquad ⑨$$

如果交换一下,成

$$\forall y \exists x(x>y), \qquad ⑩$$

意思成了:"对于任意一个数 y,都有另一个数 x 大于它."

乍看起来,两者意义没有什么不同,但仔细一想,前者意思是 y 的论域 Y 是有上界的,但不能说后者里的 Y 是有上界的.

但是,③式可逻辑蕴涵⑦式,即

$$\exists x \forall y P(x,y) \vDash \forall y \exists x P(x,y).$$

对这个公式,我们仍通过上面的例子来解释.

如果 x、y 满足③,即

"存在一个 x,对任何的 y,x 总大于 y",

那么,

"对于任意一个 y 来说,当然有另一个数 x(就是刚才的那个 x)大于它",

即满足⑦式.

反过来,x、y 满足⑦式,未必满足③式.因为

"对任一个 y 来说,都有另一个 x 大于它",

未必能保证

"能找到一个统一的 x,使它大于一切 y".

例 M 是正实数,则下列两个命题的含意是否一样?它们之间构成怎样的推理关系?

(1) $\exists M \forall x(f(x)<M)$,

(2) $\forall x \exists M(f(x)<M)$.

解 不一样,(1) 表示 $f(x)$ 有上界 M,即对于一切 x,$f(x)$ 都小于固定的 M. (2) 表示对任意的 x,都有一个 M,使 $f(x)<M$,但这个 M 可随 x 的变化而变化. (1) 可推出 (2).

对于一些特殊的关系,有些特殊的性质.

◆ **利用逆关系**

我们知道，$S(y, x)$与其逆关系$S^{-1}(x, y)$同真假，所以，

$$\forall x \forall y S(y, x) = \forall x \forall y S^{-1}(x, y),$$

$$\exists x \exists y S(y, x) = \exists x \exists y S^{-1}(x, y),$$

$$\forall x \exists y S(y, x) = \forall x \exists y S^{-1}(x, y),$$

$$\exists x \forall y S(y, x) = \exists x \forall y S^{-1}(x, y),$$

$$S(b, a) = S^{-1}(a, b).$$

虽然，利用逆关系的推理仅仅是说法上变了一下，但是在数学教学中用处不小，因为有时强调的侧面需要有所不同。

例如，从"$a > b$"得到"$b < a$"，从"点A在直线l上"可以推出"直线l过点A"，就是利用逆关系的推理，其中">"和"<"是一对逆关系，"点……在直线上"和"直线过……点"也是一对逆关系。

◆ **利用对称性和传递性**

有些关系（并不是所有关系）具有某些特殊的性质，这主要是指自反性、对称性、传递性。如果已经证实某关系满足上述的性质，那么，就可以利用这些性质进行推理。

我们已经知道，"相等"关系满足对称性。所以从$a = b$，就可以得到$b = a$。

我们已经知道，"<"关系满足传递性，所以从$a < b, b < c$可推得$a < c$。

过去，不少传统逻辑学家认为这是一种三段论，其实这靠三段论是得不出来的。

利用传递性等性质推理时，必须注意，这些性质并不是任何关系都满足的，所以，对具体的关系要作具体的分析，而这些具体的分析往往与具体学科有关。

1-23 三段论

应该说,数理逻辑比起传统逻辑更能够揭示本质,但是,数理逻辑过于艰深,常人难以接受,因此传统逻辑还是有相当大的作用,不能一概抹杀. **三段论**是传统逻辑里的很重要的一种推理,前面已经提及,下面我们对它作进一步的分析,供有兴趣的读者深入学习用.

什么是三段论法?

从两个判断(其中必须有一个是全称判断)得出第三个判断的一种演绎推理叫做三段论法. 这里,作为前提的两个判断分别叫做大前提和小前提,它们必须含有一个共同的概念;**大前提**、**小前提**和**结论**这三个判断中,总的只含三个概念.

例 1 无限不循环小数都是无理数,π 是一个无限不循环小数,所以,π 是无理数.

先说明一下:传统逻辑对一个命题里涉及的被判断的事物叫主项,判断部分叫谓项. 如全称命题

$$\text{每一个 } S \text{ 是 } P,$$

S 是主项,P 是谓项.

三段论涉及了三个命题. 在这个例子中,大前提是:

$$\text{无限不循环小数都是无理数},$$

小前提是:

$$\pi \text{ 是一个无限不循环小数},$$

由这两个前提,可以得出结论:

$$\pi \text{ 是无理数}.$$

这里,三个命题总共只涉及了三个概念:无限不循环小数,无理数,π.

其中,结论中的主项叫做**小项**,用"S"表示,如上例中的"π";结论中的谓项叫做**大项**,用"P"表示,如上例中的"无理数";两个前提中共有的项叫做**中项**,用"M"表示,如上例中的"无限不循环小数".

在三段论中,含有大项的前提叫大前提,如上例中的"无限不循环小数都是无理数";含有小项的前提叫小前提,如上例中的"π 是一个无限不循环小数". 所以,三段论的格式为:

大前提:凡 M(中项)皆是 P(大项);
小前提:凡 S(小项)皆是 M(中项);
结论:所以,凡 S(小项)皆是 P(大项).

三段论推理是根据两个前提所表明的中项 M 与大项 P 和小项 S 之间的关系,通过中项 M 的媒介作用,从而导出确定小项 S 与大项 P 之间关系的结论. 一句话:凡大范围里有性质 P,那么这个大范围中的小范围,或者个体,也有性质 P.

笔者体会,从数学角度,或者从数理逻辑角度看,三段论是这样的推理过程:

先有一个全称命题:

$$在 X 范围里的每一个 x 都有性质 P,$$

它相当于大前提,即

$$\forall x \in X P(x);$$

再给出小前提,

$$x_0 \text{ 在 } X \text{ 范围里},$$

即

$$x_0 \in X;$$

于是得到结论:

$$x_0 \text{ 有性质 } P,$$

即

$$P(x_0).$$

或者是:

大前提 $\quad \forall x \in X P(x);$
小前提 $\quad U \subset X;$
结论 $\quad \forall x \in U P(x).$

尽管从本质看,上面的数学分析比较清晰,但是,把逻辑学的理论用到实践中去,往往被自然语言所干扰. 传统逻辑里,对三段论使用的规则还是有实用价值的. 下面就是几条规则:

◆ **在一个三段论中,必须有而且只能有三个不同的概念**

为此,就必须使三段论中的三个概念,在其分别重复出现的两次中,所指的是同一个对象,具有同一的外延. 违反这条规则就会犯**四概念的错误**. 所谓四概念的错误就是指在一个三段论中出现了四个不同的概念. 四概念的错误又往往是由于作为中项的概念未保持同一而引起的.

例2 我国的公园是分布于全国各地的;上海南翔古猗园是我国的公园;所以,上海南翔古猗园是分布于全国各地的.

这个三段论的结论显然是错误的,但其两个前提都是真的. 为什么会由两个真的前提推出一个假的结论来了呢?原因就在中项("我国的公园")未保持同一,出现了四概念的错误. 即"我国的公园"这个语词在两个前提中所表示的概念是不同的. 在大前提中它是表示我国的公园的总体,表示的是一个集合概念. 而在小前提中,它可以分别指我国公园中的某一个公园,表示的不是集合概念,而是一个一般的普遍概念. 因此,它在两次重复出现时,实际上表示着两个不同的概念. 这样作为中项,也就无法将大项和小项必然地联系起来,从而推出正确的结论.

例3 辩证法是马克思主义的精髓;黑格尔的方法是辩证法;所以,黑格尔的方法是马克思主义的精髓.

这个推理前提中作为中项的"辩证法"一词,先后表达了两个不同的概念,在大前提中"辩证法"一词指的是唯物主义的辩证法,而在小前提中"辩证法"一词指的唯心主义的辩证法. 由于两个前提中所使用的"辩证法"一词是两个不同的概念,所以在这个推理的前提中,中项没有起到媒介作用,犯了"四概念错误",因而无法推导出必然的结论.

这种错误在数学中还是比较少见的.

◆ **中项在前提中至少必须周延一次**

如果中项在前提中一次也没有被断定过它的全部外延(即周延),那就意味着在前提中大项与小项都分别只与中项的一部分外延发生联系,这样,就不能通过中项的媒介作用,使大项与小项发生必然的确定的联系,因而也就无法在推理时得出确定的结论.

例4 无理数都是无限小数; $\frac{1}{3}$ 是个无限小数;所以, $\frac{1}{3}$ 是无理数.

例5 矩形的对角线是相等的;等腰梯形的对角线是相等的;所以,等腰梯形是矩形.

在例4中,中项的"无限小数"在两个前提中一次也没有周延(在两个前提中,都只断定了"无理数"、"$\frac{1}{3}$"是"无限小数"的一部分对象),因而"无理数"和"$\frac{1}{3}$"究竟处于何种关系就无法确定,也就无法得出必然的确定结论,所以这个推理是错误的.

例5也是犯了同样的错误,即矩形的对角线除了相等以外,还必须是互相平分的,而等腰梯形的对角线只是相等,所以这是一个无效推理. 如果违反这条规则,就要犯"中项不周延"的错误,这样的推理就是不合逻辑的.

◆ **大项或小项如果在前提中不周延,那么在结论中也不得周延**

例6 整数是有理数; $\frac{5}{8}$ 不是整数;所以, $\frac{5}{8}$ 不是有理数.

这个推理的结论显然是错误的. 这个推理从逻辑上说,主要错在"是有理数"这个大项在大前提中是不周延的 $\Big($即 $\frac{5}{8}$ 不是整数有两种可能,一种是 $\frac{5}{8}$ 是属于整数以外的有理数,另一种是不属于有理数. 因为"整数"只是"有理数"中的一部分,而不是全部$\Big)$,而在结论中却周延了(成了否定命题的谓项). 这就是说,它的结论所断定的对象范围超出了前提所断定的对象范围$\Big($"$\frac{5}{8}$ 属于整数以外的有理数"与"$\frac{5}{8}$ 不属于有理数"两种情况不能断定其中之一. 在推理"整数是有理数；a 不是整数；所以，a 不是有理数."中有可能是"a 是 $\frac{5}{8}$"；有可能是"a 是 $\sqrt{2}$"），因而在这一推理中，结论就不是由其前提所能推出的．其前提的真也就不能保证结论的真．这种错误逻辑上称为"大项不当扩大"的错误（如果小项扩大则称"小项不当扩大"的错误）．

例 7 正方形 $ABCD$ 是菱形；正方形 $ABCD$ 是平行四边形；所以，凡平行四边形都是菱形．

在这个三段论推理中，小前提是一个肯定判断，因而小项"平行四边形"在小前提中是不周延的．但是，结论是一个全称判断，小项"平行四边形"在结论中却是周延的．因此，这个三段论推理的结论不是必然地推导出来的，它犯了"小项不当扩大"的逻辑错误．

◆ **两个否定前提不能推出结论；前提之一是否定的，结论也应当是否定的；结论是否定的，前提之一必须是否定的**

如果在前提中两个前提都是否定命题，那就表明，大、小项在前提中都分别与中项互相排斥，在这种情况下，大项与小项通过中项就不能形成确定的关系，因而也就不能通过中项的媒介作用而确定地联系起来，当然也就无法得出必然确定的结论，即不能推出结论了．譬如

整数不是无理数；数 a 不是整数；那么数 a 与无理数之间得不到某种必然的联系（如果数 a 取 $\frac{5}{8}$ 就不是无理数；如果数 a 取 $\sqrt{2}$ 就是无理数）．这是因为两个否定命题不能得出必然结论．如果前提中有一个是否定命题，另一个是肯定命题，这样中项在前提中就必然与一个项是否定关系，与另一个项是肯定关系．这样，大项和小项通过中项联系起来的关系自然也就只能是一种否定关系，这时结论必然是否定的了．

例 8 整数不是无理数；数 a 是整数；所以，数 a 不是无理数．

这个推理符合了"前提之一是否定的，结论也应当是否定的"的规则，所以是个有效推理．

为什么结论是否定的，前提之一必定是否定的呢？因为如果结论是否定的，那一定是由于前提中的大、小项有一个和中项结合，而另一个和中项排斥．这样，大项或小项同中项相排斥的那个前提就是否定的，所以结论是否定的，则前提之一必定是否定的．

◆ **两个特称前提不能得出结论；前提之一是特称的，结论必然是特称的**

譬如

"有的四边形是平行四边形"与"有的平行四边形是正方形"都是特称命题，把它们作为前提，我们无法必然推出确定的结论．因为，在这个推理中的"中项"（平行四边形）一次也没有能周延（因为第一个前提中的平行四边形是不含有正方形的平行四边形，也是包含正方形的平行四边形）．

如果把前提改为"有的四边形不是平行四边形"与"有的平行四边形是正方形"．这里，虽然中项有一次周延了，但还是无法得出必然结论．因为，在这两个前提中有一个是否定命题，按前面的规则，如果要推出结论，那么结论只能是否定命题；而如果推出的命题是否定命题，则大项"正方形"在结论中必然周延，但它在前提中是不周延的，所以必然又犯了大项不当扩大的错误．

因此，两个特称前提是无法得出必然结论的．那么，为什么前提之一是特称的，结论必然是特称的呢？

例 9 正方形都是平行四边形；四边形 $ABCD$ 是正方形；所以，四边形 $ABCD$ 是平行四边形．

这个例子说明，当前提中有一个判断是特称命题时，其结论必然是特称命题；否则，如果结论是全称命题就必然违反三段论的另几条规则（如出现大、小项不当扩大的错误等）．

下面我们看在数学推理中运用三段论时常常出现的错误.

前面我们引用过的一个例子：

$$\because \text{所有能被 4 整除的数都能被 2 整除}$$
$$\underline{16 \text{ 能被 2 整除}}$$
$$\therefore 16 \text{ 能被 4 整除}$$

这就是一个违反三段论规则的无效推理.

例 10
$$\because \text{所有自然数都是整数}$$
$$\underline{\sqrt{2} \text{ 不是自然数}}$$
$$\therefore \sqrt{2} \text{ 不是整数}$$

这个"推理"也违反了三段论规则. 虽然从第二个前提可知，$\sqrt{2}$不属于自然数集，但还是有两种可能，一种是$\sqrt{2}$属于整数集，另一种是$\sqrt{2}$不属于整数集. 我们不能保证第二种情况一定出现，所以不能保证$\sqrt{2}$必定不是整数（虽然事实上$\sqrt{2}$不是整数）.

例 11
$$\because \text{没有奇数是偶数}$$
$$\underline{\text{有正数是奇数}}$$
$$\therefore \text{有正数是偶数}$$

记奇数集为 A，偶数集为 B，A、B 不相容.

记正数集为 C，由第二个前提知，C 与 A 相容，但是 C 可以与 B 不相容，也可以与 B 相容. 我们不能保证第二种情况一定出现，也就是不能保证 C 一定与 B 相容，不能保证得出"有正数是偶数". 所以这也是个违反三段论规则的无效推理.

1-24 证明和解答

"证明"一词,有广义的和狭义的两种理解.

狭义的证明,是指借助于一些真实性已经确定的命题,通过一系列推理活动,判定另一命题的真实性,也叫逻辑论证(逻辑证明).数学教学中说的"证明",主要是指**逻辑论证**.

广义的证明,还包括用经验事实(即实践活动)来判定某一思想的正确性,即所谓的实践证明或实践检验.

传统逻辑认为,证明由三部分构成,亦称证明三要素.

◆ **论题(论点)**

论题表明我们将"要证明什么",所以,论题就是待证的命题,亦即是其真实性有待判断的命题.

论题可以是科学发展过程中已被确认是真实的命题,也可以是科学发展过程中至今尚未被人类确认是否真实的命题.后者是科学家的任务,而前者的目的在于通过证明使尚未知道论题真实性的学习者确认该论题的真实性.前者是教学性论题,后者是科学研究性论题.

◆ **论据(理由、根据)**

论据是证明过程中用来证明论题真实性的命题,表明"用什么证明".当然,论据的真实性应该是被明确的.这里所说的"被明确的",也有两层意思.第一是对整个人类来说,其真实性已被明确.但是对整个人类来说,其真实性已被确认的命题,对于学习者来说,他们未必知晓,未必理解.所以,第二是对学习者来说其真实性已被明确.在教学中,我们不能以学习者不知道的(但对整个人类来说,其真实性是明确的)定理作为论据.

◆ **证明方式**

证明方式表明了"如何证明",一般说,**证明方式是以论据为出发点,论题为终点的一个推理链**.

证明与推理的联系是显而易见的.证明必须借助于推理而实现.证明中的论题相当于推理的结论,证明中的论据相当于推理的前提,而证明方式相当于一个推理链.

然而,证明不等于推理. 推理是逻辑的核心,而逻辑只管推理的有效性. 但逻辑总要应用于各门学科,作为一门具体学科,都希望得到符合客观实际的结论,即真命题,所以在真前提下,经过有效推理,得到真的结论. **作为逻辑学的推理,是不关心前提的真假的,而证明则要关心前提的真假**. 或许可以这样说,证明是逻辑的一种应用. 证明中出现某些错误,也未必是逻辑的错误,譬如,后面说到的虚假理由. (有人不认同这种说法,认为这是广义上的逻辑错误)

我们前面已经说过,证明方式是以论据为出发点,论题为终点的一个推理链. 其中论据就是真实性已被明确的定理和公理,所以按理说,证明只应从公理和已证的定理出发去推证论题. 但是,数学中的论题一般是个蕴涵式,它本身包括前件和后件两部分. 前件,即题设条件,是可以与公理、已证定理一起作为推理的出发点的.

为什么题设条件可以作为证明的出发点呢? 我们把一个求证题的题设条件记为 Q,结论记为 R,整个论题是一个蕴涵式复合命题 $Q \to R$. 按理我们应从公理及真实性已被明确的定理(记作 P),去证明 $Q \to R$,即证

$$P \to (Q \to R)$$

为真. 而

$$\begin{aligned}
& P \to (Q \to R) \\
=\ & \neg P \vee (Q \to R) \\
=\ & \neg P \vee (\neg Q \vee R) \\
=\ & (\neg P \vee \neg Q) \vee R \\
=\ & (P \wedge \neg Q) \vee R \\
=\ & P \wedge Q \to R,
\end{aligned}$$

所以,只要证明

$$P \wedge Q \to R$$

是真的就可以了.

本来从公理和已学过的定理(P)要推出 $Q \to R$,现在可以改为从 $P \wedge Q$(即从公理和已学过的定理(P)及论题中的条件(Q)一起)出发证 R(即论题的结论)就可以了. 可见,论题中的条件,可以与公理及定理一样,作为出发点,而把论题的结论作为求证. 所以,数学中的论证方式既可以看成"以论据(公理和已证的定理)为出发点,论题为终点的一个推理链",也可以看成"以论题中的题设条件为出发点,不断添入公理和已证定理作为依据,根据推理规则,推得论题中的后件"的过程. 其中"题设条件"是"先天"的,而"不断添入的公理和已证定理"是要证题者自己去寻找,"推理规则"(实际是逻辑中的定理)也是证明者自己寻找的,是"后天"的.

数学中论证题的要素分析分别可表示如图 1-24-1:

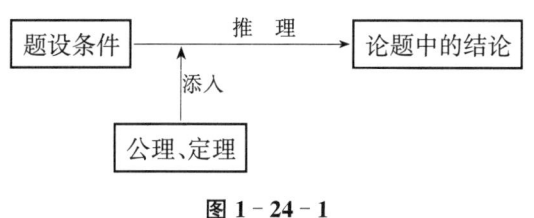

图 1-24-1

日常生活中，我们还会遇到不少问题. 如
"k 为何值时，方程
$$kx^2+(k+1)x+4=0$$
有实根？"
"在 $\triangle ABC$ 中，$AB=c$，$BC=a$，$\angle B=60°$，求 AC."
都可以看成问题或求解题.

问题由定项和疑项构成. 回答这些问题，就是**解答**. 传统逻辑不提解答，但数学里解答是很重要的内容.

解答由三部分构成.

◆ **答案**

答项是针对问题中的疑项而由解答者提出的一个概念或命题，问题中的疑项用答项替代之后形成的命题叫答案，它相当于证明中的论题.

◆ **论据**

◆ **解答过程**

解答与证明的差别在于，证明中的论题是事先给定的，而解答中的答案是要由解答者得出的. 一旦答案提出，求解题就变成了求证题了，接下去的任务就是论证答案（论题）. 对论证来说这就是论证方式，对原先的求解题来说，这就是解答方式. 这是从逻辑角度分析的，实际工作中，对于求解题，常常不是先提出答案，再予以论证的，而是从定项出发，经过一系列推理之后，最后寻找答项，同时也论证答案. 这一系列推理，就是解答过程.

由于解答与证明的差别仅在于此，所以，解答与推理的区别和联系，也就没有多叙述的必要了.

解答过程可表示如下图（图 1-24-2）：

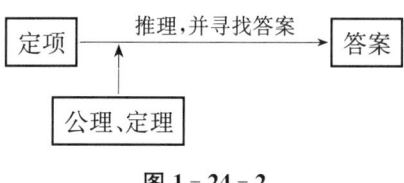

图 1-24-2

数学证明和解答的系统性特别强. 在数学中，一定要从公理出发证明一批定理,再从前面证得的定理证明新的定理.

由于数学是一门系统性很强的学科,给出一则求证题,用来证明它的定理,要求出现于该证题之前,否则这种证明就被认为是错误的.十几年前有过一道高考题,要求考生证明勾股定理.有些考生利用余弦定理进行证明.令夹角为直角,就得到勾股定理.但是从数学系统来说,余弦定理要根据勾股定理证得,这样前后就发生了颠倒,所以是错误的.

证明和解答都有一定的规则.

证明和解答是分别针对论题和问题的.教师常以论题和问题的提出者的角色出现,所以,要研究提出论题和问题的规则.

下面是提出论题与问题的规则.

◆ **论题和问题中不应包含逻辑矛盾**

论题和问题中包含逻辑矛盾,就是错题.这种矛盾,常常比较隐蔽,有的是条件间互相矛盾,有的是条件和结论间发生矛盾,有的则是条件与公理和定理发生矛盾.

例 1 图 1-24-3 中,四边形 $ABDE$ 是矩形,$CF \parallel AB$,BE 与 CF 交于点 G,$EF = 3$,$FG = 2$,$GC = 3$,$BC = 6$,求梯形 $ABGF$ 的面积.

解法一 $S_{梯形ABGF} = \frac{1}{2}(AB + GF) \cdot AF$

$= \frac{1}{2} \times (5 + 2) \times 6$

$= 21.$

解法二 $S_{梯形ABGF} = S_{\triangle ABE} - S_{\triangle FGE}$

$= \frac{1}{2} AB \cdot AE - \frac{1}{2} GF \cdot EF$

$= \frac{1}{2} \times 5 \times 9 - \frac{1}{2} \times 2 \times 3$

$= 19.5.$

两个解法结果不一致,究其原因,原来题目中的条件有矛盾.$\triangle BCG$ 与 $\triangle GFE$ 应相似,但从所标尺寸看

$$\frac{FG}{GC} \neq \frac{EF}{BC},$$

条件间自相矛盾,所以本题是错题.

◆ **条件应充分**

对证明题来说,如果条件不充分,就是一个错题,对于求解题来说,如果条件不充分,虽不能称为错题,但无法求出确切答案,是个有缺陷的问题.

例 2 设 $\dfrac{1}{A}$、$\dfrac{1}{B}$、$\dfrac{1}{C}$ 成等差数列.

求证：$\lg(A+C)$、$\lg(A-C)$、$\lg(A+C-2B)$ 也成等差数列.

如取 $A=-1$，$B=-\dfrac{1}{2}$，$C=-\dfrac{1}{3}$，此时有

$$\dfrac{1}{A}=-1、\dfrac{1}{B}=-2、\dfrac{1}{C}=-3,$$

满足条件，但 $\lg(A+C)$、$\lg(A-C)$、$\lg(A+C-2B)$ 无意义. 所以，本题所给条件是不充分的.

如果补上条件 $A>|C|$，条件就充分了. 此时，$A+C$、$A-C$ 显然大于 0，

$$\because \dfrac{1}{A}+\dfrac{1}{C}=\dfrac{2}{B},$$

$$\therefore B=\dfrac{2AC}{A+C},$$

$$A+C-2B = A+C-\dfrac{4AC}{A+C}$$

$$=\dfrac{(A-C)^2}{A+C}>0.$$

$\therefore \lg(A+C)$、$\lg(A-C)$、$\lg(A+C-2B)$ 都有意义（证明略）.

◆ **题意要明确**

在求证题、求解题中，不应含有歧义的概念和有歧义的命题；也不应有含糊不清的词句；求解题的疑项必须明确.

例 3 图 1-24-4 中，$\odot O$ 是定圆，$\odot O'$ 与 $\odot O$ 同样大小，$\odot O'$ 从 $\odot O$ 的下端出发绕 $\odot O$ 边缘作无滑动的滚动，当 $\odot O'$ 回到原来位置时，$\odot O'$ 转了几圈？

"转圈"，这一概念有歧义，可以指"公转"，在这个意义下，本题答案为 1 圈；也可以指"自转"，在这个意义下，本题答案为 2 圈. 所以这是个有缺陷的题目.

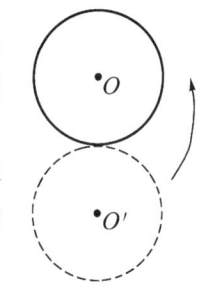

图 1-24-4

给出了求证题及求解题，我们就要予以证明和解答，这时应遵守以下规则.

论证、解答过程中只能引入公理、已证定理，不可擅自引入虚假的命题作依据，也不能引入其他所谓的依据，譬如，"根据图形直观"等.

学生在证明及解答中擅自引入其他的所谓依据是常有的事，这样就会犯预期理由和虚假理由、循环论证的错误（见本书 3—7 节：数学证明和解答中的常见错误）.

每一步推理应是有效的.

单是"论据正确"不能保证"结果"成立,还必须"推理有效". 这一规则是显而易见的.

证明题的论题不能偷换.

解答不能答非所问,不能遗漏.

回答问题要针对问题中疑项作回答,否则就是答非所问,牛头不对马嘴;另外,如果问题所问的是两个内容,解答者只回答了一项,那就是遗漏. 答非所问、遗漏都是违反规则的. 过多解答不算违反规则,但这样便没有必要了.

1-25 反证法(数学特殊逻辑现象研究 6)

美国总统林肯在当律师的时候,曾经为青年阿姆斯特朗辩护. 由于林肯进行合情的推理、有力的辩驳,才使阿姆斯特朗获得无罪释放.

这个案子是阿姆斯特朗被指控为谋财害命,证人说:"10 月 18 日晚上 11 点,我在一个草垛后面目睹被告在草垛西面约二三十米处大树下作案. 因为月光照在阿姆斯特朗的脸上,所以我看得十分清楚,确证是他."

证人话音刚落,林肯就十分肯定地说,证人的证词不能成立. 林肯说:"假如证人的证词能够成立. 10 月 18 日是上弦月,晚上 11 点,月亮已经落下去了,即使月亮还没有落下去,月光应从西往东照. 而被告在证人的西边,月光可以照在他的脸上,但这时证人只能看到被告的后脑勺;如果被告的脸面向证人(即向东),这时月光根本照不到被告的脸. 这两种情况,都与证人的证词'看到月光照在阿姆斯特朗的脸上'自相矛盾."因此否定了证人的证词.

林肯不是直接去否定证人的证词,而是先假定证人的证词能够成立,再进行推理,最后引出矛盾. 说明事先的假定是错误的. 这样证人的证词就被否定了. 这种证法,被叫做"**反证法**".

例 1 设 A、B、C、D 是平面上四点,其中任意三点不共线,求证:总能在其中选出三点,使这三点所组成的三角形至少有一个角不大于 $45°$.

用直接证法,情况复杂,无从着手,考虑用反证法.

分析 "能选出三点"的反面是"找不出三点";"至少有一个"的反面是"一个也没有";"不大于 $45°$"的反面是"大于 $45°$".

证明 倘若这四点中任三点所构成的三角形的所有内角都大于 $45°$. 下面分两种情形考虑:

(1) 若 A、B、C、D 成凸四边形. 根据假设知 $\angle 1$、$\angle 2$、$\angle 3$、$\angle 4$、$\angle 5$、$\angle 6$、$\angle 7$、$\angle 8$(图 1-25-1) 都大于 $45°$.

$$\therefore \angle ABC + \angle BCD + \angle CDA + \angle DAB$$
$$= \angle 1 + \angle 2 + \cdots + \angle 8$$
$$> 8 \times 45° = 360°,$$

这与四边形内角和为360°相矛盾.

(2) 若A、B、C、D成凹四边形(图1-25-2),联结AC和BD,根据假设知∠1、∠2、∠3、∠4、∠5、∠6都大于45°.

$$\therefore \angle ACD + \angle CDA + \angle DAC$$
$$= \angle 1 + \angle 2 + \angle 3 + \angle 4 + \angle 5 + \angle 6$$
$$> 6 \times 45° = 270°,$$

这与三角形内角和等于180°相矛盾.

综上讨论,命题得证.

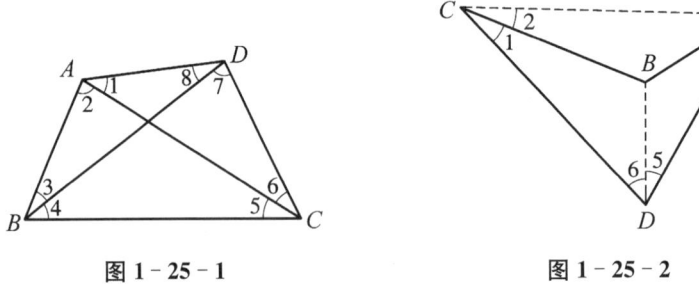

图1-25-1　　　　　　图1-25-2

注意,上面的第一步,用了"倘若"一词."倘若"和"假设"没有什么区别,故意把反证法的第一步用"倘若",而不用"假设",可以给学生一种暗示:"倘若"后面的命题,最终要被否定的.

反证法这么有用,它的逻辑根据是什么呢?

反证法的逻辑根据有多种理解,这里用**矛盾律**和**排中律**来解释.

同一对象,在同一时间内和同一关系下,不能具有两种互相矛盾的性质.这种逻辑上的思维规律叫做矛盾律. 例如,"a是正数"和"a是负数"这样的两个矛盾判断,决不会都是真的.假如其中一个是真的,那么另一个必然是假的.当a取负数时,"a是负数"是真的,而"a是正数"是假的;值得注意的是反过来说,如果其中一个是假的,却不能肯定另一个必然是真的,也许同样是假的.当a不取负数时,"a是负数"是假的,而"a是正数"不一定是真的,因为a可能等于0.

同一对象,在同一时间内和同一关系下,或者是具有某种性质,或者是不具有某种性质,二者必居其一,不能有第三种情形.这种逻辑上的思维规律叫做排中律. 例如"a是负数"和"a是非负数"这样的两个对立性的矛盾判断,决不能都是真的,也决不能都是假的,而必定是一个真的一个假的.假如其中一个是真的,那么另一个必然是假的;反过来,如果其中一个是假的,那么另一个必然是真的.

反证法又可以分为两种情况.如果结论的否定只有一种情形,如求证在同一平面内$l_1 \parallel l_2$,那么其否定就是l_1与l_2不平行,这时又可叫做**归谬法**.如果结论的否定有多种情形,如求证$a=b$,它的否定可以认为有两种可能:$a>b, a<b$,这时对每一种情形都要加以研究,即又可以叫做**穷举法**.

实际使用反证法时,常按以下步骤进行:

(1) 设欲证的结论不成立,这一步叫**反设**,或归谬**假定**;
(2) 推理并引出矛盾;
(3) 说明原结论是成立的.

反证法中推出矛盾后,否定"反设"用的就是矛盾律;否定"反设"后,肯定"结论"用的就是排中律. 这就是从逻辑知识方面说明反证法的合理性.

反证法最终要引出矛盾. 那么反证法所导出的矛盾有哪几种呢?

◆ **导出与已知条件相矛盾的结果**

例2 对于任意整数 n,求证:方程
$$x^2 - 4nx + 9 = 0 \qquad ①$$
没有整数解.

证明 倘若该方程有整数解 x_1 和 x_2,根据根与系数的关系,有
$$x_1 + x_2 = 4n, \quad x_1 \cdot x_2 = 9.$$

由于 $x_1 \cdot x_2 = 9$,可知 x_1、x_2 只能从 ± 1、± 3、± 9 中取值,即

$$\begin{cases} x_1 = 1, \\ x_2 = 9; \end{cases} \text{或} \begin{cases} x_1 = -1, \\ x_2 = -9; \end{cases} \text{或} \begin{cases} x_1 = 3, \\ x_2 = 3; \end{cases} \text{或} \begin{cases} x_1 = -3, \\ x_2 = -3; \end{cases} \text{或} \begin{cases} x_1 = 9, \\ x_2 = 1; \end{cases} \text{或} \begin{cases} x_1 = -9, \\ x_2 = -1. \end{cases}$$

将这六组值分别代入 $x_1 + x_2 = 4n$,得

$$10 = 4n, -10 = 4n, 6 = 4n, -6 = 4n, 10 = 4n, -10 = 4n.$$

从而得

$$n = \pm \frac{5}{2}, n = \pm \frac{3}{2}.$$

∴ n 不是整数,这与 n 是整数的已知条件矛盾,

故 对于任意整数 n,方程①没有整数解.

例3 已知 $\triangle ABC$ 的三边 a、b、c 的倒数成等差数列,求证:$B < \frac{\pi}{2}$.

证明 倘若 $B < \frac{\pi}{2}$ 不成立,则 $B \geqslant \frac{\pi}{2}$. 所以 a、b、c 中 b 最大,$\frac{1}{a}$、$\frac{1}{b}$、$\frac{1}{c}$ 中 $\frac{1}{b}$ 最小,

所以

$$\frac{1}{a} - \frac{1}{b} > 0,$$

$$\frac{1}{b} - \frac{1}{c} < 0,$$

$$\frac{1}{a} - \frac{1}{b} \neq \frac{1}{b} - \frac{1}{c},$$

即 a、b、c 的倒数不成等差数列，这与已知矛盾，故 $B < \frac{\pi}{2}$.

◆ 导出和已知的定义、公理、定理等相矛盾的结果

例 4 求证：直角三角形中必有一个不大于 $45°$ 的角.

证明 在直角三角形 ABC 中，$\angle C = 90°$，倘若 $\angle A > 45°$，$\angle B > 45°$，

那么 $\angle A + \angle B > 90°$，

从而 $\angle A + \angle B + \angle C > 180°$.

这与三角形的内角和定理相矛盾.

∴ $\angle A$ 和 $\angle B$ 中必有一个不大于 $45°$.

例 5 求证：如果一条直线与两个平行平面中的一个相交，那么它和另一个平面也相交.

证明 设平面 $\alpha \parallel \beta$，直线 $a \cap \alpha = A$，下面用反证法证明直线 a 与 β 相交.

倘若直线 a 与 β 不相交，则直线 a 与平面 β 有两种可能，要么 $a \parallel \beta$，要么 $a \subset \beta$.

(1) 若直线 $a \parallel \beta$，过直线 a 作平面 γ，使 $\beta \cap \gamma = b$，则 $a \parallel b$；

又 ∵ $a \cap \alpha = A$，

∴ $A \in \alpha$ 且 $A \in \gamma$.

设 $\alpha \cap \gamma = AB$，

由 $\alpha \parallel \beta$，

∴ 直线 $AB \parallel$ 直线 b.

由此可得在平面 γ 内过 A 点有两条直线 a 和直线 AB 分别平行于直线 b，这和平行公理矛盾，所以直线 a 不可能平行平面 β.

(2) 若直线 $a \subset \beta$.

∵ 直线 $a \cap \alpha = A$，则 $A \in \alpha$，$A \in \beta$，于是 α 与 β 相交于过点 A 的一条直线，这与已知条件 $\alpha \parallel \beta$ 矛盾，所以，直线 $a \not\subset \beta$.

由(1)和(2)可得，直线 a 与平面 β 相交.

反证法最容易犯"否定不全"的错误，例 5 结论的反面有两个，必须将它们都予以否定，才能获得结论的正确性.

◆ 导出自相矛盾的结果

例 6 设 a、b、c 是整数，求证：一元二次方程 $ax^2 + bx + c = 0$ 的判别式不能

为 1990、1991.

证明 （1）倘若判别式
$$\Delta = b^2 - 4ac = 1990 = 4 \times 497 + 2,$$
于是 b 必是偶数（因为若 b 是奇数，则上式左边是奇数，而右边是偶数，得到矛盾），令 $b = 2m$，则
$$4m^2 - 4ac = 4 \times 497 + 2,$$
上式左边是 4 的倍数，而右边不是 4 的倍数，产生矛盾．故 Δ 不可能为 1990．

（2）若
$$\Delta = b^2 - 4ac = 1991 = 4 \times 497 + 3,$$
于是 b 必是奇数，令 $b = 2m+1$，则
$$(2m+1)^2 - 4ac = 4(m^2 + m - ac) + 1 = 4 \times 497 + 3,$$
上式左边被 4 除余 1，而右边被 4 除余 3，由此得到矛盾．故 Δ 不可能为 1991．

例 7 设 $a, b \in \mathbf{R}$，集合 $A = \{(x, y) \mid y = ax + b, x \in \mathbf{Z}\}$，$B = \{(x, y) \mid y = 3x^2 + 15, x \in \mathbf{Z}\}$，$C = \{(x, y) \mid x^2 + y^2 \leqslant 144\}$，问：是否存在实数 a、b，使得 $A \cap B \neq \varnothing$，$(a, b) \in C$ 同时成立？

证明 $ac + bd \leqslant \sqrt{a^2 + b^2} \cdot \sqrt{c^2 + d^2}$

倘若存在 $(a, b) \in C$，使 $A \cap B \neq \varnothing$，则
$$a^2 + b^2 \leqslant 144,$$
由
$$y = ax + b$$
$$= a \cdot x + b \cdot 1$$
$$\leqslant \sqrt{a^2 + b^2} \cdot \sqrt{x^2 + 1}$$
$$\leqslant 12 \cdot \sqrt{x^2 + 1},$$
而
$$y = 3x^2 + 15$$
$$= 3[(1 + x^2) + 4]$$
$$> 3 \cdot 2\sqrt{4(1 + x^2)}$$
$$= 12\sqrt{1 + x^2}$$
（由于 $x \in \mathbf{Z}$，所以等号不能取），由此可得上述两个结论相互矛盾，所以，满足 $A \cap B \neq \varnothing$，$(a, b) \in C$ 的实数 a、b 不存在．

◆ **导出和"反设"相矛盾的结果**

例8 求证四个等圆不可能两两外切.

证明 如图 1-25-3,倘若 ⊙O_1、⊙O_2、⊙O_3、⊙O_4 四等圆两两外切,令其半径为 r,则圆心距为 $2r$.

∴ △$O_1O_2O_3$ 与 △$O_1O_3O_4$ 均为等边三角形,且边长为 $2r$.

∴ $\angle O_2O_1O_4 = 60° + 60° = 120°$.

∴ $O_2O_4^2 = 4[O_1O_2^2 - (\frac{1}{2}O_1O_3)^2] = 4[4r^2 - r^2] = 12r^2$,

∴ $O_2O_4 = 2\sqrt{3}r > 2r$.

故 ⊙O_2 与 ⊙O_4 不外切. 这与反设矛盾.

∴ 四个等圆不可能两两外切.

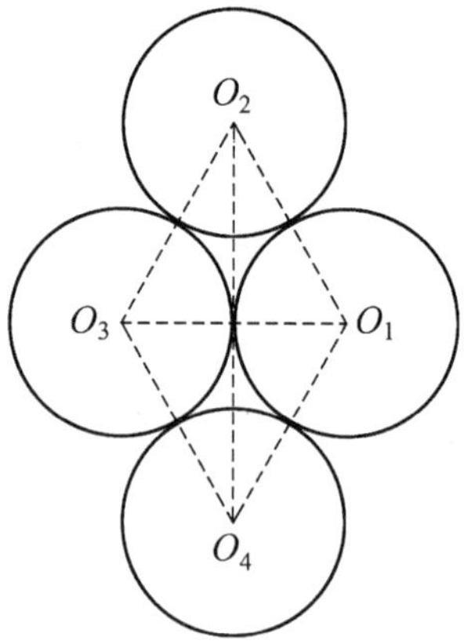

图 1-25-3

例9 证明函数 $f(x) = \cos x + \cos\sqrt{x}$ 不是周期函数.

分析 要从正面证明该函数不是周期函数(否定式语句)比较困难,可以从它的反面情况来考虑证明其不可能.

证明 倘若 $f(x)$ 是周期函数,不妨设 T 为它的一个周期,那么有

$$\cos(x+T) + \cos\sqrt{x+T} = \cos x + \cos\sqrt{x}$$

对一切 $x \geqslant 0$ 均成立.

令 $x = 0$,则上述等式变为

$$\cos T + \cos\sqrt{T} = 2,$$
$$\cos T = \cos\sqrt{T} = 1.$$

∴ $T = 2m\pi (m \in \mathbf{Z})$,

且 $T = (2n\pi)^2 (n \in \mathbf{Z})$.

两式相除,得

$$1 = \frac{m}{2n^2\pi},$$
$$\pi = \frac{m}{2n^2},$$

这与 π 是无理数相互矛盾. 因此,函数 $f(x)$ 不是周期函数.

下面我们讨论一下,反证法的适用范围.

◆ **证明否定式命题**

否定式命题,就是用了"不存在"、"不是"等这样的词的命题,难以捉摸,但是它

的反面——肯定性命题——就容易上手了,因此,这样的命题常常可以用反证法.

例 10 试证适合 $xy+yz+zx=1$ 的实数 x、y、z,必不能满足 $x+y+z=xyz$.

分析 已知条件 $xy+yz+zx=1$ 是一个有无数组解的不定方程,要证实这些解都不满足另一方程 $x+y+z=xyz$,显然是做不到的,但如果把结论的反面与题设联立成一个方程组,则只要说明所得方程组无实数解就可以了,故可考虑用反证法.

证明 倘若实数 x、y、z 既能满足 $xy+yz+zx=1$,又能满足 $x+y+z=xyz$,则

$$\text{方程组}\begin{cases} xy+yz+zx=1, & \text{①} \\ x+y+z=xyz, & \text{②} \end{cases}$$

有实数解.

由②得 $(xy-1)z=x+y$,显然 $xy-1\neq 0$(∵若 $xy-1=0$,则 $x+y=0$,从这两式可得 $y^2=-1$,与方程组有实数解矛盾).

$$\therefore z=\frac{x+y}{xy-1},$$

代入①得

$$xy+\frac{(x+y)^2}{xy-1}=1,$$

去分母并整理,得

$$(x^2+1)(y^2+1)=0,$$

这个方程无实数解,这与假设矛盾.故原命题是正确的.

例 11 求证:抛物线 $y=\frac{1}{2}x^2-1$ 上不存在关于直线 $y=x$ 对称的两点.

证明 倘若题中抛物线上存在关于 $y=x$ 对称的两点 (x_0, y_0)、$(y_0, x_0)(x_0\neq y_0)$,则

$$\begin{cases} y_0=\frac{1}{2}x_0^2-1, & \text{①} \\ x_0=\frac{1}{2}y_0^2-1. & \text{②} \end{cases}$$

由①-②,得

$$(x_0-y_0)(x_0+y_0+2)=0,$$

∵ $x_0\neq y_0$,

∴ $x_0+y_0+2=0$,

$$y_0 = -x_0 - 2,$$

代入①,整理得方程 $x_0^2 + 2x_0 + 2 = 0$ 无实数解,所以抛物线上不存在关于直线 $y = x$ 对称的两点.

如果要证明的结论是"不具有某种性质"或者"不是什么"或者"不存在"的时候,由于这种否定不是特别明确,这样证起来就比较困难,然而否定的反面就是肯定,我们就可以把肯定的结论作为前提进行推理,得到与假定相矛盾,这样问题就解决了.

◆ **证明涉及至少、至多的命题**

至少、至多是两个很重要的词.正面看这两个词,情况很复杂,譬如,"A 和 B 两人,至少有一人是团员"这句话的意思可以分解为:

(1) A 是团员,B 不是团员;
(2) A 不是团员,B 是团员;
(3) A 是团员,B 也是团员.

三种情形,但它的反面只有一种情形:

(4) A 不是团员,B 也不是团员.

所以涉及至少或至多的命题比较适宜使用反证法.

例 12 如果实数 a、b、c、d 同时满足 $a+b=1$, $c+d=1$, $ac+bd>1$,求证:a、b、c、d 中至少有一个是负数.

证明 倘若 a、b、c、d 都是非负数,那么由

$$a+b=1, c+d=1,$$

得

$$(a+b)(c+d)=1,$$

即

$$ac+bd+bc+ad=1.$$

$\because ac+bd>1,$

$\therefore bc+ad<0.$

由此而得出 a、b、c、d 中有负数,与假设相矛盾.故命题得证.

例 13 有 39 本笔记本,要分成 20 份,证明:不论怎么分,至少有 5 份的笔记本的本数一样多.

分析 至少有 5 份的反面是至多有 4 份.

每一份的本数都不相同,最少需

$$0+1+2+3+\cdots+18+19 = 190(本);$$

每两份的本数相同,最少需

$$0\times 2+1\times 2+2\times 2+3\times 2+4\times 2+5\times 2+6\times 2+7\times 2+8\times 2+9\times 2$$
$$=90(本);$$

每三份的本数相同,最少需
$$0\times 3+1\times 3+2\times 3+3\times 3+4\times 3+5\times 3+6\times 2=57(本);$$

每四份的本数相同,最少需
$$0\times 4+1\times 4+2\times 4+3\times 4+4\times 4=40(本).$$

所以,证明时只需要考虑份数最多时的情形.

证明 倘若至多有 4 份的笔记本的本数一样多. 这时最经济的分法是

4 份得 0 本,4 份得 1 本,4 份得 2 本,4 份得 3 本,4 份得 4 本,共计 20 份. 这 20 份的本数总和是
$$4\times (0+1+2+3+4)=40>39.$$

这说明要想做到最多有 4 份的笔记本的本数一样多,最经济的分法需要 40 本笔记本,与已知只有 39 本产生矛盾.

因此,至少有 5 份的笔记本的本数一样多.

◆ **证明唯一性命题**

存在唯一性命题有两个方面. 第一个是存在性,第二个是唯一性. 所谓唯一性是指结论涉及的对象只有一个,它等价于不可能有两个或者两个以上. 抓住这个就可以进行反设.

例 14 设 AB 是已知线段,k 是已知数,点 M 在 AB 上,且符合条件 $AM:MB=k$,则 M 唯一存在.

证明 倘若另有异于 M 的一点 M' 也满足条件
$$AM':M'B=k,$$

则有
$$AM':M'B=AM:MB,$$

利用合比性质可得 $$M'B=MB.$$

又 M、M' 位于 B 的同一侧,故 M 与 M' 重合,这与假设相矛盾.

∴ 点 M 唯一存在.

例 15 求证:直线 $y=x+b$ 与曲线 $y=\sin x$ 必有唯一交点.

分析 由直线 $y=x+b$ 与曲线 $y=\sin x$ 的图形可知,它们必有交点. 于是,证明直线 $y=x+b$ 与曲线 $y=\sin x$ 的交点唯一转化为证明方程 $x+b=\sin x$ 的解唯一.

证明 倘若方程 $x+b=\sin x$ 的解不唯一,则方程至少有两个解,不妨设为 $x_1,x_2,x_1\neq x_2$,于是

$$x_1 + b = \sin x_1, \quad ①$$
$$x_2 + b = \sin x_2. \quad ②$$

由①-②,得
$$x_1 - x_2 = \sin x_1 - \sin x_2$$
$$= 2\cos\frac{x_1+x_2}{2} \cdot \sin\frac{x_1-x_2}{2}.$$

由于
$$x_1 \neq x_2, \left|\sin\frac{x_1-x_2}{2}\right| < \frac{|x_1-x_2|}{2},$$

所以,
$$|x_1-x_2| = 2\left|\cos\frac{x_1+x_2}{2}\right| \cdot \left|\sin\frac{x_1-x_2}{2}\right|$$
$$< 2\left|\cos\frac{x_1+x_2}{2}\right| \cdot \frac{|x_1-x_2|}{2},$$

所以,
$$|x_1-x_2| < \left|\cos\frac{x_1+x_2}{2}\right| \cdot |x_1-x_2|,$$
$$\left|\cos\frac{x_1+x_2}{2}\right| > 1.$$

这与任意角余弦的绝对值不会超过 1 相矛盾,假设不成立,所以方程的解唯一,由此得到直线 $y = x+b$ 与曲线 $y = \sin x$ 必有唯一交点.

◆ **涉及无限的命题**

著名数学家欧几里得以编著《几何原本》而闻名,其实他在算术代数方面也有不少建树. 他曾证明了质数的个数是无限多个. 欧几里得是这样证的:

假设质数个数只有 n 个,不妨将它们——列出:p_1、p_2、p_3、$\cdots$、p_n.

记 $N = p_1 \cdot p_2 \cdots \cdot p_n + 1$,

如果 N 是质数,则因 N 不等于 p_1、p_2、p_3、$\cdots$、p_n 中任何一个,故质数最少有 $n+1$ 个. 这与假设质数共有 n 个矛盾;

如果 N 是合数,则 N 必有一个质约数 p. 由于 N 被 p_1、p_2、p_3、$\cdots$、p_n 中任何一个除时都余 1,所以 p 不同于 p_1、p_2、p_3、$\cdots$、p_n 中的任何一个. 即 p 是这 n 个质数以外的一个质数. 同样得到至少有 $n+1$ 个质数. 这也与假设矛盾.

∴ 质数有无限多个.

例 16 如果在 0 以后接连写出一切自然数得一个小数

$$0.123456789101112131415\cdots.$$

试证：它不是循环小数.

证明 若不然，假设这个小数是循环的，并设它的循环节是由 n 位数码组成. 考虑自然数

$$1\underbrace{00\cdots0}_{2n\text{个}0},$$

它必在小数中出现. 于是，

$$1\underbrace{00\cdots0}_{2n\text{个}0}$$

中至少含有一个循环节，这就是说，循环节的所有数码都是 0，但这显然是不可能的. 由此可知，已知的小数不是循环小数.

◆ **涉及某些探索性命题**

譬如，在凸四边形 $ABCD$ 中有关系

$$AB + CD = BC + AD.$$

问：$\triangle ABC$、$\triangle ACD$ 的内切圆有怎样的位置关系？

画了草图之后，首先会想到：这两个圆可能是外切的. 但是你马上会发现，想证明外切是困难的. 于是，就从证明不外切着手.

证明 倘若 $\triangle ABC$、$\triangle ACD$ 的内切圆不外切，由对称性可设两圆分别与直线 AC 相切于点 M、N，且 $AM < AN$（如图 1-25-4）.

$\because AB + CD = (AE + EB) + (CH + HD)$,
$BC + AD = (CF + FB) + (AG + GD)$,
$EB = FB$, $HD = GD$,
$\therefore AE = AM < AN = AG$,
$CH = CN < CM = CF$,
$\therefore AB + CD < BC + AD$.

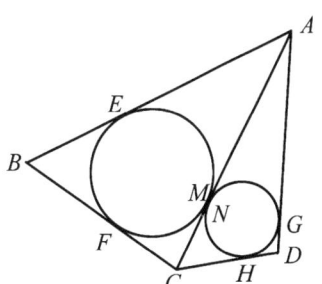

图 1-25-4

这与题设是矛盾的，因此这两个圆应该外切.

例 17 用 300 个 1 和若干个 0 写出的数会不会是一个整数的平方？

解 不会. 用反证法来证明：

倘若这个数是 m，且 $m = a^2$（a 是整数）.

$\because m$ 的各位数字之和是 300 而能被 3 整除，

由 m 被 3 整除，得 a^2 被 3 整除.

进一步可推得，a 被 3 整除，故 a^2 被 9 整除，

即 m 被 9 整除.

但 m 的各位数字之和为 300，不是 9 的倍数，因而 m 不能被 9 整除，矛盾.

所以用 300 个 1 和若干个 0 写出的数不会是一个整数的平方.

下面我们对于使用反证法时易犯的一些错误进行简单的讨论.

初学反证法,会有**"形反实正"**的情形发生.也就是说,第一步归谬假定虽然写下来了,但后来没有用到,而是利用原来的已知条件往下推,所以实质上还是进行了直接证法.

例 18 求证:$a^2 + b^2 \geqslant 2ab$.

证明 倘若 $a^2 + b^2 < 2ab$,

则由

$$(a-b)^2 \geqslant 0,$$

得

$$a^2 - 2ab + b^2 \geqslant 0.$$
$$\therefore a^2 + b^2 \geqslant 2ab. \qquad ①$$

与归谬假定发生矛盾,所以命题得证.

不难看出,①式就是欲证的结论.得到①式,命题已经得证,"归谬假定"、"引出矛盾"全是多余的.

还有就是**不会否定**的错误.前面提到的否定不全的错误就是一种表现,我们一直强调,否定在中学数学里有重要作用.因为反证法第一步就是否定结论,如果这一步错误了,后面都错了.

1-26 同一法(数学特殊逻辑现象研究 7)

某个西方广告商在宣传"芳香牌"美容霜时,除了讲明该美容霜是如何如何的物美价廉,又如何如何地使人青春常驻,最后必定还要加上几句奥妙的赞美词:"芳香牌美容霜,爱美青年人人喜爱,人人喜爱芳香牌美容霜!"原来这后面几句话(是一个命题:若你是个爱美的青年,则你就一定喜爱芳香牌美容霜),变换成等价的命题就是:"你喜欢这种美容霜吗?那么你就是一个爱美的青年!"(这就成为原命题的逆命题)然而爱美是人的天性,难道哪位顾客愿意为此而"损失"爱美的天性,只得掏出钱来买一瓶美容霜了.几乎所有的广告商都会通过这样的命题变换艺术达到自己的目的.

同样在数学中,我们知道,如果一个命题的条件和结论所涉及的对象都是唯一存在的,而且反映了同一概念.同时,该命题的逆命题的条件和结论所涉及的对象也都是唯一存在的,而且也反映了同一概念,那么这样两个互逆命题等效,即这两个命题的意义是一样的,仅是表示方法不同而已.此时就称这个命题符合**同一原理**或**同一法则**.

这样一来,凡符合同一法则的命题,当原命题论证困难时,就可以转证与它等价的逆命题的正确性,从而推得原命题的正确性,这种间接证法叫做**同一法**.

从逻辑上说,用同一法证明命题"某个对象 A 有某种特性 B",是先构造一个具有特性 B 的对象 A_1,然后证明 A_1 就是 A,即 A_1 与 A 同一.这是通过证明逆命题来证明原命题,这只有在原命题的逆命题成立时(即 A 是唯一的具有特性 B 的对象)才有可能应用同一法.

同一法的步骤如下:

(1) 欲证某图形 G 具有某种性质,可以先作出具有某种性质的图形 G';

(2) 证明具有某种性质的图形 G' 满足已知条件;

(3) 根据唯一性,证明具有某种性质的图形 G' 与已知某图形 G 重合;

(4) 这说明已知图形 G 具有该种性质.

例 1 如图 1-26-1,设 E 为正方形 $ABCD$ 内一点,且 $\angle ECD = \angle EDC = 15°$.

求证:$\triangle ABE$ 是正三角形.

分析 显然 $\triangle ECD$ 是唯一的,也就是说点 E 是唯一点,以 A、B、E 为顶点的三角形当然也是唯一存在的.而以 AB 为一边,并且在正方形 $ABCD$ 内的正三角形也是唯一存在的.这就具备了应用同一法的基本条件.

证明 以 AB 为一边在正方形 $ABCD$ 内作正三角形 ABE',联结 $E'C$、$E'D$.

∵ ∠ABE′ = 60°,

∴ ∠E′BC = 30°.

又　∵ BE′ = AB = BC,

∴ ∠BCE′ = ∠BE′C

$= \frac{1}{2}(180° - 30°) = 75°$,

∴ ∠E′CD = 90° − 75° = 15°.

同理 ∠E′DC = 15°.

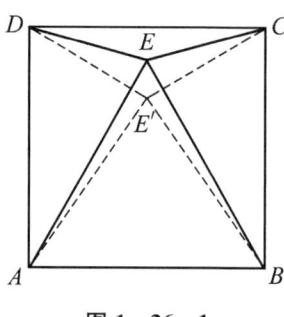

图 1 - 26 - 1

所以,点 E′ 与点 E 重合,即 △ABE 是正三角形.

例 2 若梯形两底的和等于一腰,则这腰同两底所夹的两角之平分线必过另一腰的中点.

已知:如图 1 - 26 - 2,在梯形 ABCD 中,AD ∥ BC,AD + BC = AB,F 是 CD 的中点.

求证:∠BAD、∠ABC 的平分线都过 F.

分析 要证明一条直线经过另一条直线的中点是比较困难的,如果证明一条直线平分一个角就比较容易了,因此可考虑用同一法. 由于一个角的平分线是唯一的,证了逆命题,原命题也必成立.

证明 联结 AF、BF,并延长 BC 和 AF 相交于点 G,

显然 △ADF ≅ △CGF,∴ AD = CG,AF = FG.

∵ AD + BC = AB,

∴ AB = BG.

∴ BF 平分 ∠ABC.

∵ AD ∥ BC,

∴ ∠DAG = ∠G.

∵ AB = BG,

∴ ∠BAG = ∠G,

∴ ∠BAG = ∠DAG.

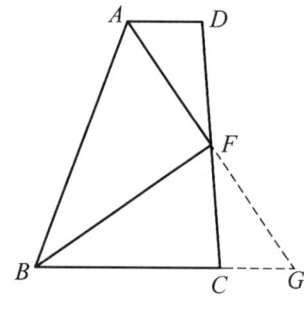

图 1 - 26 - 2

∠BAD、∠ABC 的平分线分别只有一条,故命题得证.

在过去的教材里是有同一法的,但是近几十年随着几何的弱化,同一法也就从教材中消失了. 笔者以为,作为教师,了解同一法是有好处的. 譬如,现在的大部分教材里,有条定理叫等腰三角形三线合一. 意思是:等腰三角形底边上的中线,底边上的高,顶角平分线,这三线合一. 这个定理证明时,往往是这样证的:

在 △ABC 中,AB = AC,在 BC 上取中点 D,联结 AD,这样 AD 就是底边上的中线. 然后通过全等三角形证明 ∠BAD = ∠CAD,以及 AD ⊥ BC. 这说明底边上的中线 AD 是底边上的高,顶角平分线. 于是说,这三线合一了.

我们分析一下其中的一部分:

底边上的中线是底边上的高.

现在知道这是真命题. 但是,它能够保证

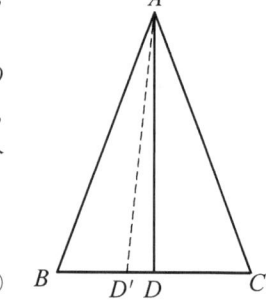

① 图 1 - 26 - 3

底边上的高是底边上的中线 ②

吗?

因为这两个命题是互逆关系,原命题真,其逆未必为真.因此现行教材上这样的证明,从严格意义上说是有缺陷的.假如懂同一法,这个缺陷却是很容易弥补的.

我们现在的情况是:已经证明了①是真的,想证明②是真的.由于底边上的高,底边上的中线都是唯一的,根据同一法则,所以②也是真的.

如果一本正经地用同一法证明②,要这样做:

设 AD 是底边上的高,画底边上的中线 AD',如图 1-26-3,根据①,所以 AD' 就是底边上的高.

根据条件,AD 是底边上的高,因为底边上的高是唯一的,所以 AD' 和 AD 重合.即底边上的高是底边上的中线,②得证.

可惜,这个道理,很多教师并没有认真想过.

同一法不但在几何中有用,其实在代数中有时也在用同一法.譬如

"求证某一元二次方程 $x^2-3x+2=0$ 的根是 $x_1=1$,$x_2=2$."

由于二次方程的根是唯一的一组数 (x_1,x_2),以上命题符合同一原理,它的逆命题:

"$x_1=1,x_2=2$ 是方程 $x^2-3x+2=0$ 的根"

与原命题等值.因此欲证原命题,可证其逆,即将 $x_1=1$,$x_2=2$ 代入原方程检验即可.

有人觉得这样的证明方法,不值得大惊小怪的,因为我们就是这样做的.证某方程的根是 1、2,就是把 1、2 代入方程的.要知道,"1、2 是某方程的根"是原命题的逆命题,通常,逆命题和原命题是不等价的,你怎么可以用证逆命题来代替正原命题呢? 道理就在于符合同一原理.

例 3 求证:$\sqrt[3]{2+\sqrt{5}}+\sqrt[3]{2-\sqrt{5}}=1$.

分析 本题如果直接通过计算来证是很难下手的,若令

$$u=\sqrt[3]{2+\sqrt{5}}, v=\sqrt[3]{2-\sqrt{5}},\qquad ①$$

假设结论成立,即有 $u+v=1$,不难算出乘积 uv,再由根与系数关系则可使 u、v 是某个一元二次方程的根,是被唯一确定的,所以可用同一法来证.

证明 作代换①,则 $uv=-1$. 如果结论成立,即 $u+v=1$,于是 u、v 是一元二次方程

$$x^2-x-1=0$$

的两根.

解此一元二次方程得两根为

$$x_1=\frac{1+\sqrt{5}}{2}, x_2=\frac{1-\sqrt{5}}{2}.$$

下面再证明这两个根确实是 u、v. 事实上,有

$$x_1^3=\left(\frac{1+\sqrt{5}}{2}\right)^3=2+\sqrt{5},$$

即

$$x_1=\sqrt[3]{2+\sqrt{5}}=u.$$

同样有 $x_2 = v$. 所以有 $u+v=1$，即

$$\sqrt[3]{2+\sqrt{5}} + \sqrt[3]{2-\sqrt{5}} = 1.$$

（这是因为，对某个对象 A："$\sqrt[3]{2+\sqrt{5}}$、$\sqrt[3]{2-\sqrt{5}}$"证明有某种特性 B："$\sqrt[3]{2+\sqrt{5}} + \sqrt[3]{2-\sqrt{5}} = 1$"有困难，就先构造一个具有特性 B 的对象 A_1："$\dfrac{1+\sqrt{5}}{2}$、$\dfrac{1-\sqrt{5}}{2}$"，然后证明 A_1 就是 A，即 A_1 与 A 同一.）

再看一个用解析法来证明的例子.

例 4 求证：平行四边形的对角线互相平分.

证明 以平行四边形 $ABCD$ 的边 AB 所在直线为 x 轴，A 为原点建立平面直角坐标系. 并设平行四边形 $ABCD$ 的顶点分别是 $A(0, 0)$、$B(a, 0)$、$C(a+b, h)$、$D(b, h)$，则对角线 AC 的中点坐标是 $\left(\dfrac{a+b}{2}, \dfrac{h}{2}\right)$，而对角线 BD 的中点的坐标也是 $\left(\dfrac{a+b}{2}, \dfrac{h}{2}\right)$. 这说明 AC 的中点与 BD 的中点重合，即 AC、BD 互相平分.

证明时，先把"对角线互相平分"改为"对角线 AC 与 BD 的中点重合"，即"对角线 AC 的中点是对角线 BD 的中点". 因为这两个中点都是唯一的，所以一旦这被证得，即知，"BD 的中点也是 AC 的中点"，这里已有同一法的思想. 倘若我们证得"AC 的中点是 BD 的三等分点"，由于三等分点不唯一，我们就不能反过来说了.

笔者认为，这些证法中蕴涵的同一法思想，是数学教师应该知道的.

使用同一法证题常见的主要错误是：

◆ 不会作出符合结论要求的图形；
◆ 不知道唯一性的要求能否满足，从而不知道可不可以用同一法.

最后要指出的是同一法和反证法都是间接证法. 同一法仅限于符合同一法则的命题，原命题符合同一法则是使用同一法的逻辑依据，原命题与它的逆命题等效是使用同一法的关键. 而反证法对于任何命题都不受限制，可以普遍采用. 凡能用同一法证明的命题，必定能用反证法来证明. 反之不然.

1-27 数学归纳法(数学特殊逻辑现象研究 8)

我们对于事物的认识,总是经历从特殊到一般,一般到特殊的认识过程,前者称之为归纳,后者称之为演绎.

传统逻辑认为,归纳法是从个别或特殊的经验事实出发推出一般性原理、法则的推理形式、思维进程和思维方法.

归纳的方法根据其概括的对象是否完全,分为不完全归纳法和完全归纳法.

不完全归纳法是指根据考察的一类事物的部分(不是全部)对象具有某一属性或规律而作出该类事物都具有这一属性或规律的一般结论.此法是由部分推广到全体,因此,所得的结论对该类事物来说,也就不一定可靠.

中学数学不完全是科学意义上的数学,因此,在得出一些结论时,免不了要用到不完全归纳法.

例如,由

$$(a_1+a_2)^2 = a_1^2+a_2^2+2a_1a_2$$
$$(a_1+a_2+a_3)^2 = a_1^2+a_2^2+a_3^2+2a_1a_2+2a_2a_3+2a_1a_3$$

得到,多项式的平方等于各项平方和加上每两项乘积的两倍,即

$$(a_1+a_2+\cdots+a_n)^2 = a_1^2+a_2^2+\cdots+a_n^2+2a_1a_2+2a_1a_3+\cdots+$$
$$2a_1a_n+2a_2a_3+\cdots+2a_{n-1}a_n,$$

这个推理就是运用了不完全归纳法.

但要注意,根据不完全归纳法推出的结论可能真实,也可能错误.例如,17世纪法国著名数学家费马(P. S. de Fermat,1601—1665),他是解析几何的发明者之一,是对微积分的创立作出杰出贡献的人之一,是概率论的创始者之一,他对数论也有许多贡献.曾经根据下列算式

$$2^{2^0}+1 = 3,$$
$$2^{2^1}+1 = 5,$$

$$2^{2^2}+1=17,$$
$$2^{2^3}+1=257,$$
$$2^{2^4}+1=65537.$$

的结果都是质数,猜测对于任何自然数 n,

$$2^{2^n}+1 都是质数.$$

18 世纪伟大的瑞士科学家欧拉(L. Euler,1707—1783)却举出了 $2^{2^5}+1=4294967297=6700417\times641$ 这样一个反例,从而推翻了费马归纳的结论.

再如式子:

$$P(n)=n^2+n+4,$$

当 $n=1,2,\cdots,39$ 时,所得的数都是质数,如果用不完全归纳法推测:当 n 为任何自然数时,$P(n)$ 表示的值都是质数,这个结论是错误的,因为当 $n=40$ 时,

$$P(40)=40^2+40+41=41^2$$

就不是质数.

因此,我们用归纳法得到的结论必须经过严格的证明,才能确认其正确性.

虽然不完全归纳法的可靠性不是很大,但是它能提供研究的线索和方向,能帮助我们发现事物的规律. 所以不完全归纳法对发现事物的属性或规律起了重要作用.

完全归纳法是指考察一类事物的每一个(全部)对象肯定了它们都具有某一属性或规律,从而得到这类事物都具有这一属性或规律的一般性结论.

如果完全归纳法所考察的每一个对象所得到的前提结论都是真的,那么一般性结论一定是真的. 使用完全归纳法实际上有两种情况.

一种是研究对象是有限个(并且往往是数量不太多时),对研究对象一一加以研究,并论证每一个单称命题为真,由此得出全称命题为真.

例 1 合数 a 满足 $1<a<100$,则除 1 外,a 必还有一个小于 10 的因数.

证明 设 $a=4$,

$$\because 4=2\times2,$$

含有因数 $2<10$;

设 $a=6$,

$$\because 6=2\times3,$$

含有因数 $2<10$;

……

设 $a = 99$,

$$\because 99 = 9 \times 11,$$

含有因数 $9 < 10$. 所以命题得证.

第二种情况是将研究对象分成若干组,对每一组(每组中仍含很多,甚至是无限多个研究对象)进行论证. 其理论根据是假言选言推理. 即: 如果 P 可以得到 R, 且如果 Q 也可以得到 R, 现在有了 P 或者 Q, 则可以推得 R. 写成逻辑公式就是:

$$(P \to R) \wedge (Q \to R) \wedge (P \vee Q) \models R.$$

例 2 求证:圆周角的度数等于它所对的弧的度数的一半.

分析 本定理可以分以下三种情况,即圆心 O 在圆周角 $\angle BAC$ 的一边上, 圆心 O 在 $\angle BAC$ 的内部, 圆心 O 在 $\angle BAC$ 的外部三种情况进行讨论, 从而得证.

完全归纳法又可以叫做枚举归纳法, 也有书上称之分情况证明, 或讨论法.

利用完全归纳法证题的常见错误主要有:

不会按适当的标准进行划分讨论

划分时遗漏, 造成以偏概全

这两种错误实际上在前面已经有所论述, 这里不予赘述.

数学归纳法是证明与正整数有关的命题的一种方法, 它是一种完全归纳法. 数学归纳法的原理如下:

对于某些与正整数有关的数学命题, 常用两个步骤来证明它们的正确性:

① 证明当 n 取第一个值 n_0 (如 $n_0 = 1$ 或 $n_0 = 2$ 等) 时, 命题成立;

② 假设当 $n = k (k \geqslant n_0, k \in \mathbf{N}^*)$ 时, 命题成立, 证明当 $n = k+1$ 时命题也成立.

在完成①②两个步骤后, 就可以判断命题对于从 n_0 开始的所有正整数 n 都成立, 这种证明方法叫做数学归纳法.

从定义中可知: 它的证明分两步, 第一步是命题成立的基础, 称为**"归纳基础"**, 第二步解决的是**延续性**问题. 起点处命题成立, 又有延续性, 因此, 这个命题对一切正整数都成立了.

运用数学归纳法证明有关命题要注意以下几点:

1. 数学归纳法仅限于证明与正整数有关的命题, 但并不是所有与正整数有关的命题都能用数学归纳法证明的.

2. 两个步骤, 缺一不可.

缺①之例: 试证: $1 + 3 + \cdots + (2n - 1) = n^2 + 1$.

证明 假定 $n = k$ 时, 公式成立, 则

$$1 + 3 + \cdots + (2k - 1) + (2k + 1) = (k^2 + 1) + (2k + 1) = (k+1)^2 + 1,$$

即对 $n=k+1$，公式也成立. 但由此断定公式对所有正整数都成立，那就错了. 因为当 n 代入具体数字，比如令 $n=2$，公式并不对. 原因在于只证第二步，而忽略第一步.

缺②之例：函数 $f(n)=(n^2-5n+5)^2$，当 $n=1、2、3、4$ 时，都有 $f(n)=1$. 如果由此断定对所有正整数 n 都有 $f(n)=1$，那也错了. 实际上，当 $n=5$ 时，$f(5)=25$，原因是没有证第二步.

3. 在第二步中，证明"当 $n=k+1$ 时结论正确"的过程中，必须利用"归纳假设"，即必须用上"当 $n=k$ 时结论正确"这一条件，不用归纳假设的证明就不是数学归纳法.

例如，用数学归纳法证明：

$$\frac{1}{2}+\frac{1}{2^2}+\frac{1}{2^3}+\cdots+\frac{1}{2^n}=1-\left(\frac{1}{2}\right)^n (n\in \mathbf{N}^*)$$

时，其中第二步采用下面证法：

设 $n=k$ 时，等式成立，即

$$\frac{1}{2}+\frac{1}{2^2}+\frac{1}{2^3}+\cdots+\frac{1}{2^k}=1-\left(\frac{1}{2}\right)^k,$$

则当 $n=k+1$ 时，

$$\frac{1}{2}+\frac{1}{2^2}+\frac{1}{2^3}+\cdots+\frac{1}{2^k}+\frac{1}{2^{k+1}}=\frac{\frac{1}{2}\left[1-\left(\frac{1}{2}\right)^{k+1}\right]}{1-\frac{1}{2}}=1-\left(\frac{1}{2}\right)^{k+1},$$

即 $n=k+1$ 时等式也成立.

上述例题的证明能算是应用数学归纳法的证明吗？不能. 因为在第二步的证明中，在证明 $n=k+1$ 命题为真的过程中，并没有用到"当 $n=k$ 时命题为真"的归纳假设. 这是不正确的. 因为递推思想要求的不是 $n=k$，$n=k+1$ 时命题到底成立不成立，而是 $n=k$ 时命题成立作为条件能否保证 $n=k+1$ 时命题成立这个结论正确，即要求的这种逻辑关系是否成立. 证明的主要部分应改为

$$\frac{1}{2}+\frac{1}{2^2}+\cdots+\frac{1}{2^k}+\frac{1}{2^{k+1}}=1-\left(\frac{1}{2}\right)^k+\frac{1}{2^{k+1}}=1-\frac{2-1}{2^{k+1}}=1-\left(\frac{1}{2}\right)^{k+1}.$$

以上理解不仅是正确认识数学归纳法的需要，也为第二步证明过程的设计指明了正确的思维方向.

在第二步的证明过程中，"当 $n=k$ 时结论正确"这一归纳假设起着已知的作用；"当 $n=k+1$ 时结论正确"则是求证的目标. 在这一步中，一般首先要凑出归纳假设里给出的形式，以便利用归纳假设再去凑出当 $n=k+1$ 时的结论.

数学归纳法的应用主要包括：

◆ **用数学归纳法证明与正整数有关的恒等式和不等式**

例3 设 $n \geqslant 2$，$n \in \mathbf{N}^*$，证明：$\dfrac{1}{n}+\dfrac{1}{n+1}+\dfrac{1}{n+2}+\cdots+\dfrac{1}{n^2}>1$.

证明 （1）当 $n=2$ 时，

$$左边 = \dfrac{1}{2}+\dfrac{1}{3}+\dfrac{1}{4}=\dfrac{13}{12}>1,$$

$\therefore n=2$ 时不等式成立.

（2）假设 $n=k\,(k\geqslant 2, k\in \mathbf{N}^*)$ 时不等式成立，即

$$\dfrac{1}{k}+\dfrac{1}{k+1}+\cdots+\dfrac{1}{k^2}>1,$$

那么 $n=k+1$ 时，

$$\dfrac{1}{k+1}+\dfrac{1}{(k+1)+1}+\cdots+\dfrac{1}{(k+1)^2-1}+\dfrac{1}{(k+1)^2}$$

$$=\dfrac{1}{k+1}+\dfrac{1}{k+2}+\cdots+\dfrac{1}{k^2}+\underbrace{\dfrac{1}{k^2+1}+\cdots+\dfrac{1}{k^2+2k}}_{2k\text{项}}+\dfrac{1}{(k+1)^2}$$

$$=\left(\dfrac{1}{k}+\dfrac{1}{k+1}+\cdots+\dfrac{1}{k^2}\right)+$$

$$\dfrac{1}{k^2+1}+\cdots+\dfrac{1}{k^2+2k}+\dfrac{1}{(k+1)^2}-\dfrac{1}{k}$$

$$>1+\dfrac{2k+1}{(k+1)^2}-\dfrac{1}{k}$$

$$=1+\dfrac{k^2-k-1}{k(k+1)^2}.$$

$\because k\geqslant 2$，

$\therefore \left(k-\dfrac{1}{2}\right)^2\geqslant \dfrac{6}{4}.$

$\therefore k^2-k-1=\left(k-\dfrac{1}{2}\right)^2-\dfrac{5}{4}\geqslant \dfrac{1}{4}>0.$

$\therefore \dfrac{1}{k+1}+\dfrac{1}{(k+1)+1}+\cdots+\dfrac{1}{(k+1)^2-1}+\dfrac{1}{(k+1)^2}>1.$

$\therefore n=k+1$ 时，不等式也成立.

由(1)和(2)可知,对一切 $n \geqslant 2, n \in \mathbf{N}^*$ 不等式恒成立.

注意:在证明第一步时,令 $n=2$ 时,不等式左边应为 $\frac{1}{2}+\frac{1}{3}+\frac{1}{4}$ 而不是 $\frac{1}{2}$ 或 $\frac{1}{2}+\frac{1}{3}$.

◆ **用数学归纳法证明整除问题**

例4 求证: $x^{3n-1}+x^{3n-2}+1$ 能被 x^2+x+1 整除.

证明 (1) 当 $n=1$ 时,
$$x^{3n-1}+x^{3n-2}+1=x^2+x+1,$$
从而命题成立.

(2) 假设当 $n=k$ 时命题成立,即
$$x^{3k-1}+x^{3k-2}+1 \text{ 能被 } x^2+x+1 \text{ 整除},$$
则当 $n=k+1$ 时,
$$x^{3(k+1)-1}+x^{3(k+1)-2}+1 = x^{3k+2}+x^{3k+1}+1$$
$$= x^3(x^{3k-1}+x^{3k-2}+1)-x^3+1$$
$$= x^3(x^{3k-1}+x^{3k-2}+1)+(1-x)(x^2+x+1).$$

因为 $x^{3k-1}+x^{3k-2}+1$、x^2+x+1 都能被 x^2+x+1 整除,所以上式右边能被 x^2+x+1 整除.

即当 $n=k+1$ 时,命题成立.

根据(1)、(2)知,对一切正整数 n,命题成立.

◆ **用数学归纳法证明三角问题**

例5 求证: $\frac{1}{2}+\cos\alpha+\cos 3\alpha+\cdots+\cos(2n-1)\alpha = \dfrac{\sin\dfrac{2n+1}{2}\alpha \cdot \cos\dfrac{2n-1}{2}\alpha}{\sin\alpha}$ $(\sin\alpha \neq 0)$.

证明 (1) 当 $n=1$ 时,左边 $=\dfrac{1}{2}+\cos\alpha$,

$$\text{右边}=\dfrac{\sin\dfrac{3\alpha}{2}\cdot\cos\dfrac{\alpha}{2}}{\sin\alpha}=\dfrac{\dfrac{1}{2}(\sin 2\alpha+\sin\alpha)}{\sin\alpha}=\dfrac{1}{2}+\cos\alpha,$$

∴ 左边 = 右边,即 $n=1$ 时等式成立.

(2) 假设 $n=k$ 时等式成立,即

$$\frac{1}{2}+\cos\alpha+\cos 3\alpha+\cdots+\cos(2k-1)\alpha = \dfrac{\sin\dfrac{2k+1}{2}\alpha \cdot \cos\dfrac{2k-1}{2}\alpha}{\sin\alpha},$$

则当 $n=k+1$ 时,

$$\frac{1}{2}+\cos\alpha+\cos 3\alpha+\cdots+\cos(2k-1)\alpha+\cos(2k+1)\alpha$$

$$=\frac{\sin\frac{2k+1}{2}\alpha\cos\frac{2k-1}{2}\alpha}{\sin\alpha}+\cos(2k+1)\alpha$$

$$=\frac{1}{\sin\alpha}\left[\sin\frac{2k+1}{2}\alpha\cos\frac{2k-1}{2}\alpha+\sin\alpha\cos(2k+1)\alpha\right]$$

$$=\frac{1}{2\sin\alpha}\left[\sin 2k\alpha+\sin\alpha+\sin(2k+2)\alpha+\sin(-2k\alpha)\right]$$

$$=\frac{1}{2\sin\alpha}\left[\sin\alpha+\sin(2k+2)\alpha\right]$$

$$=\frac{1}{2\sin\alpha}\cdot 2\sin\frac{2k+3}{2}\alpha\cdot\cos\frac{2k+1}{2}\alpha$$

$$=\frac{\sin\frac{2(k+1)+1}{2}\alpha\cdot\cos\frac{2(k+1)-1}{2}\alpha}{\sin\alpha}$$

∴ $n=k+1$ 时等式也成立,由(1)和(2)可知此等式对一切 $n\in\mathbf{N}^*$ 都成立.

◆ **用数学归纳法证明几何问题**

例6 平面内有 $n(n\geqslant 2)$ 条直线,任何两条都不平行,任何三条不过同一点,请证明:其交点个数 $f(n)=\frac{n(n-1)}{2}$.

证明 (1) 当 $n=2$ 时:两条直线交点个数为1,

而 $f(2)=\frac{1}{2}\times 2\times 1=1$,∴命题成立.

(2) 假设 $n=k(k\geqslant 2, k\in\mathbf{N}^*)$ 时,k 条直线的交点个数为 $f(k)=\frac{k(k-1)}{2}$,那么当 $n=k+1$ 时,第 $k+1$ 条直线分别与前 k 条直线各交于一点,共增加 k 个点,

∴ $k+1$ 条直线交点个数为

$$f(k+1)=f(k)+k=\frac{k(k-1)}{2}+k=\frac{k(k+1)}{2}$$

$$=\frac{[(k+1)-1]\cdot[(k+2)-1]}{2},$$

即当 $n=k+1$ 时命题仍成立.

由(1)和(2)可知,对一切 $n\in\mathbf{N}^*$,$n\geqslant 2$ 原命题均成立.

◆ **用数学归纳法证明数列问题**

例7 已知数列 $\{a_n\}$，$a_n \geq 0$，$a_1 = 0$，$a_{n+1}^2 + a_{n+1} - 1 = a_n^2 (n \in \mathbf{N}^*)$. 记

$$S_n = a_1 + a_2 + \cdots + a_n.$$

$$T_n = \frac{1}{1+a_1} + \frac{1}{(1+a_1)(1+a_2)} + \cdots + \frac{1}{(1+a_1)(1+a_2)\cdots(1+a_n)}.$$

求证：当 $n \in \mathbf{N}^*$ 时，

(1) $a_n < a_{n+1}$；(2) $S_n > n - 2$；(3) $T_n < 3$.

证明 (1) 用数学归纳法证明.

① 当 $n = 1$ 时，因为 a_2 是方程 $x^2 + x - 1 = 0$ 的正根，所以 $a_1 < a_2$.

② 假设当 $n = k(k \in \mathbf{N}^*)$ 时，$a_k < a_{k+1}$，

因为

$$a_{k+1}^2 - a_k^2 = (a_{k+2}^2 + a_{k+2} - 1) - (a_{k+1}^2 + a_{k+1} - 1)$$
$$= (a_{k+2} - a_{k+1})(a_{k+2} + a_{k+1} + 1),$$

所以

$$a_{k+1} < a_{k+2}.$$

即当 $n = k+1$ 时，$a_n < a_{n+1}$ 也成立.

根据①和②，可知 $a_n < a_{n+1}$ 对任何 $n \in \mathbf{N}^*$ 都成立.

(2) 略　(3) 略

◆ **用不完全归纳法猜想，用完全归纳法证明猜想**

例8 设 a_0 为常数，且 $a_n = 3^{n-1} - 2a_{n-1}(n \in \mathbf{N}^*)$.

(1) 证明：对任意 $n \geq 1$，$a_n = \frac{1}{5}[3^n + (-1)^{n-1} \cdot 2^n] + (-1)^n \cdot 2^n a_0$；

(2) 假设对任意 $n \geq 1$ 有 $a_n > a_{n-1}$，求 a_0 的取值范围.

分析 本题是递推数列问题，给出了递推关系，而结论是证明其通项公式，当然我们首选的方法是数学归纳法，而第二题是求 a_0 的取值范围，我们可以先猜想后证明的方法求解.

解 (1) ① 当 $n = 1$ 时，由已知 $a_1 = 1 - 2a_0$，等式成立.

② 假设当 $n = k(k \geq 1)$ 时，等式成立，即

$$a_k = \frac{1}{5}[3^k + (-1)^{k-1} \cdot 2^k] + (-1)^k \cdot 2^k a_0,$$

那么

$$a_{k+1} = 3^k - 2a_k = 3^k - \frac{2}{5}[3^k + (-1)^{k-1} \cdot 2^k] - 2 \cdot (-1)^k \cdot 2^k a_0$$

$$= \frac{1}{5} \cdot 3^{k+1} - \frac{1}{5} \cdot (-1)^{k-1} \cdot 2^{k+1} - (-1)^k \cdot 2^{k+1} a_0$$

$$= \frac{1}{5}[3^{k+1} + (-1)^k \cdot 2^{k+1}] + (-1)^{k+1} \cdot 2^{k+1} a_0,$$

所以当 $n = k+1$ 时,等式也成立.

由①、②可知,等式对任何 $n \in \mathbf{N}^*$ 都成立.

(2) 如果 $a_n > a_{n-1}(n \in \mathbf{N}^*)$ 成立,特别取 $n = 1, 2$,有

$$a_1 - a_0 = 1 - 3a_0 > 0, \quad a_2 - a_1 = 6a_0 > 0,$$

因此,

$$0 < a_0 < \frac{1}{3}.$$

下面证明:当 $0 < a_0 < \frac{1}{3}$ 时,对任意 $n \in \mathbf{N}^*$,有 $a_n - a_{n-1} > 0$.

由通项公式

$$5(a_n - a_{n-1}) = 2 \times 3^{n-1} + (-1)^{n-1} \times 3 \times 2^{n-1} + (-1)^n \cdot 5 \times 3 \times 2^{n-1} a_0.$$

(1) 当

$$n = 2k - 1, \ k = 1, 2, 3, \cdots,$$

$$5(a_n - a_{n-1}) = 2 \times 3^{n-1} + 3 \times 2^{n-1} - 5 \times 3 \times 2^{n-1} a_0$$

$$> 2 \times 2^{n-1} + 3 \times 2^{n-1} - 5 \times 2^{n-1} = 0;$$

(2) 当

$$n = 2k, \ k = 1, 2, 3, \cdots,$$

$$5(a_n - a_{n-1}) = 2 \times 3^{n-1} - 3 \times 2^{n-1} + 5 \times 3 \times 2^{n-1} a_0$$

$$> 2 \times 3^{n-1} - 3 \times 2^{n-1} \geqslant 0.$$

故 a_0 的取值范围是 $\left(0, \frac{1}{3}\right)$.

上述两例既要找出结论,又要证明结论,先用特殊值得出结论,用不完全归纳法猜想所有考察的对象都有这个结论,然后用数学归纳法证明猜想的正确性,这是运用归纳思想方法的全过程.

由以上几个例题的分析可知,利用数学归纳法可以证明和解决一些与正整数有关的命题,如恒等式、整除性、几何问题、数列问题,并能用猜想、归纳、证明的思想证明开放性的数学问题.

不完全归纳法不可靠.一般的完全归纳法又繁杂(必须一个个或者一种情况一

种情况验证).数学归纳法可靠又不繁杂,又有章可循.说到底,数学归纳法的核心思想是一种完全归纳法.但明眼人可以看出,数学归纳法的第二步,也就是证明它的传递性,或者延续性的时候,用的是演绎法.正是这个传递性,使问题不必一一验证,而得到"一揽子"解决,我们运用了"有限"的手段,来解决"无限"的问题.

数学归纳法证题常犯的错误有:
◆ **第一、二步不能衔接**

例如,求证:$2^n > n$(n为正整数).

错证:(1) 当$n=1$时,显然不等式成立.

(2) 设$n=k$时,不等式成立,即
$$2^k > k,$$
当$n=k+1$时,
$$2^{k+1} = 2 \cdot 2^k > 2k > k+1,$$
不等式也成立.

由(1)、(2)可得,$2^n > n$(n为正整数).

由于$2k > k+1$在$k > 1$即$k \geq 2$时才成立,所以递推性是从$n=2$开始才有的,而归纳基础只有$n=1$,可见第一、二步不能衔接.在这种情况下,在第一步中,再要证$n=2$时不等式成立.

◆ **依样画葫芦地得出$n=k+1$时的结论**

不少人对是数学归纳法的第二步理解不深.我们说第二步是证递推性.从数学角度看,怎样才能算符合递推性了呢?那就是:如果$n=k$时,有某性质,那么要保证$n=k+1$时也有该性质.这里"$n=k$时,有某性质"是假设的,而"$n=k+1$时有该性质"是要证明的.有些学生想不通或者不理解这一点,于是在$n=k+1$时,依$n=k$的样(假设有性质)画葫芦,糊里糊涂认为$n=k+1$时也有该性质,这种形式主义的做法在初学时是很普遍的.

例如,在证
$$1+2+3+\cdots+n = \frac{n(n+1)}{2}$$
时,有人是这样证的:

(1) $n=1$时,等式显然成立.

(2) 设$n=k$时,等式成立,即
$$1+2+3+\cdots+k = \frac{k(k+1)}{2},$$
那么,$n=k+1$时,

$$1+2+3+\cdots+(k+1)=\frac{(k+1)(k+2)}{2},$$

等式也成立.

错证中的 $n=k+1$ 时的式子完全是 n 用 $k+1$ 代入原题的结果,证题者是仿照 $n=k$ 时的做法作出的.

◆ **形归纳实演绎**

上面例子中,"$n=k+1$ 时有某性质"是没有根据的,下面例子中"$n=k+1$ 时有某性质"是有根据的,但是没有用到"$n=k$ 时有某性质",即没有用到归纳假设,所以,递推性并没有得到证明,只是形式上像是数学归纳法而已.

例如,证明:a,b 为非零实数,n 为自然数,求证 $(a+bi)^n$ 与 $(a-bi)^n$ 是共轭复数.

错证:(1) 当 $n=1$ 时,命题显然成立.

(2) 设 $n=k$ 时,命题成立,即 $(a+bi)^k$ 与 $(a-bi)^k$ 是共轭复数,那么

$$a+bi=r(\cos\theta+i\sin\theta),$$
$$a-bi=r(\cos\theta-i\sin\theta),$$
$$(a+bi)^{k+1}=r^{k+1}[\cos(k+1)\theta+i\sin(k+1)\theta],$$
$$(a-bi)^{k+1}=r^{k+1}[\cos(k+1)\theta-i\sin(k+1)\theta],$$

所以,$(a+bi)^{k+1}$ 和 $(a-bi)^{k+1}$ 是共轭复数,即当 $n=k+1$ 时,命题也成立.

由于(1)、(2),命题得证.

◆ **对项数估算的错误**

例如,证明:$1+\frac{1}{2}+\frac{1}{3}+\cdots+\frac{1}{2^n-1}<n\ (n\geqslant 2)$.

有些学生在证第一步时,这样证明的:(1) 当 $n=2$ 时,认为左边 $=1+\frac{1}{2}<$ 右边 $=2$,所以不等式成立.看上去不等式是成立的,实际上仔细观察可以发现分数的分母是从 1 开始的连续自然数.当 n 取 2 时,分母分别是 $1,2,2^2-1=3$,所以当 $n=2$ 时,左式 $=1+\frac{1}{2}+\frac{1}{3}=\frac{11}{6}$,右式 $=2$,所以不等式成立($n=2$ 时左边不是两项而是三项,学生对这点容易忽视也不容易理解);特别当 $n=3$ 时,$2^3-1=7$,分母分别是 $1,2,3,4,5,6,7$.由此可知,当 $n=2$ 变化到 $n=3$ 时,不等式的左端不是只增加一项而是要增加好几项,而且增加的项数与 n 的取值也有关.这一点常常不被学生所理解,这也是我们在教学中应该重视的.也有些学生在第二步的推理过程中,对从 $n=k$ 到 $n=k+1$ 左边增加的项数为 2^k 不理解:假设 $n=k$ 时命题成立

即 $1+\dfrac{1}{2}+\dfrac{1}{3}+\cdots+\dfrac{1}{2^k-1}<k$,

当 $n=k+1$ 时,

$$1+\dfrac{1}{2}+\dfrac{1}{3}+\cdots+\dfrac{1}{2^k-1}+\dfrac{1}{2^k}+\cdots+\dfrac{1}{2^{k+1}-1}$$

$$=1+\dfrac{1}{2}+\dfrac{1}{3}+\cdots+\dfrac{1}{2^k-1}+\underbrace{\dfrac{1}{2^k}+\cdots+\dfrac{1}{2^k+2^k-1}}_{2^k \text{项}}$$

(与 $n=k$ 假设相比,增加了 2^k 项)

$$<k+\underbrace{\dfrac{1}{2^k}+\cdots+\dfrac{1}{2^k+2^k-1}}_{2^k \text{项}}=k+\dfrac{1}{2^k}\cdot 2^k=k+1.$$

数学归纳法,是重点,又是难点.对学生来说,是一种完全新的思想方法,很不容易懂,主要是属于"想不通"一类的难点.

对于这种"想不通"的难点,要设法让学生理解,这就需要解释,譬如用生活里的例子来作比喻,甚至亲身感悟.多米诺骨牌的例子是可以的,但应该分析透.第一张牌倒下,是开端;而由训练有素的人员认真地把牌一一搭建,是保证了"前面倒下了,确保后面的自动倒下",是保证了倒下的连续性,或者说是递推性.二者缺一不可.光是第一张牌倒下了,后面的牌搭建得不合要求(不能保证连续性),肯定是不会全部倒下的;光是搭建得很规范,但第一张牌没有倒下(没有一个开端),这些牌也不会全部倒下的.这个问题理解了,还可以让学生举别的例子.

数学归纳法的难点太多,原理本身是难点,除了想不通之外,还有操作层面的困难,因此要分散难点,特别是第一节课,教学要求不能过高.基本上弄懂意思,进行一些模仿性练习,就是成功的了.

现在,有些地区的教材,数学归纳法的第一个例子就是数列.其实,证明数列的和的公式时,弄不清楚,$n=k$ 时,数列含有哪些项,$n=k+1$ 时,数列又含有哪些项(一般说增加了一项),是一个难点.这样不就把难点集中了吗?因此,笔者建议,在举例做练习的时候,要先做和项数无关的题(如整除).

至于学生常见错误,笔者认为,应该在学生模仿性的练习,学生有了点感性认识之后再出现,甚至就用学生当场出现的错误进行剖析,效果就会更好.

1-28　分析与综合(数学特殊逻辑现象研究 9)

先看一个例题：已知 $a>0$，$b>0$，并且 $4a^2+9b^2=24ab$，求证：$\lg\dfrac{2a+3b}{6}=\dfrac{\lg a+\lg b}{2}$.

证明　∵ $4a^2+9b^2=24ab$，$b>0$，

∴ $4\left(\dfrac{a}{b}\right)^2-24\left(\dfrac{a}{b}\right)+9=0$.

∴ $\dfrac{a}{b}=\dfrac{6\pm3\sqrt{3}}{2}$，即 $a=\dfrac{6\pm3\sqrt{3}}{2}b$.

分别代入欲求等式的左右两边，得

$$左边=\lg\dfrac{2\times\dfrac{6\pm3\sqrt{3}}{2}b+3b}{6}$$

$$=\lg\dfrac{3\pm\sqrt{3}}{2}b;$$

$$右边=\dfrac{1}{2}\lg\left(\dfrac{6\pm3\sqrt{3}}{2}b\cdot b\right)$$

$$=\dfrac{1}{2}\lg\left(\dfrac{9\pm2\times3\times\sqrt{3}+3}{4}b^2\right)$$

$$=\dfrac{1}{2}\lg\left[\left(\dfrac{3\pm\sqrt{3}}{2}\right)^2b^2\right]$$

$$=\lg\dfrac{3\pm\sqrt{3}}{2}b.$$

∴ 左边 = 右边，等式成立.

虽然完成了证明,但变形过程相当复杂,而且其中的某些步骤有较强的技巧性.如果我们改变一下思考途径,从未知倒溯到已知.这个探索过程为:

第一步,欲证
$$\lg \frac{2a+3b}{6} = \frac{\lg a + \lg b}{2},$$
只需证
$$\frac{2a+3b}{6} = \sqrt{ab};$$

第二步,欲证
$$\frac{2a+3b}{6} = \sqrt{ab},$$
只需证
$$(2a+3b)^2 = 36ab;$$

第三步,欲证
$$(2a+3b)^2 = 36ab,$$
只需证
$$4a^2 + 12ab + 9b^2 = 36ab;$$

第四步,欲证
$$4a^2 + 12ab + 9b^2 = 36ab,$$
只需证
$$4a^2 + 9b^2 = 24ab,$$

但此式已经是已知条件.至此,思路已经打通,原题的证明可以说已经完成.

上述例题中两种证法,从思维和表达的方向来看,是两种不同思路的证明方法,即为综合法和分析法.前者从已知条件出发,推出结论来,这种证明方法叫顺证法,也叫综合法;后者从结论成立,追查应具备的条件,步步上溯,直到已知条件,这种证明方法叫逆证法,或分析法.

分析法是从结论着手,一步步地往上探索,最终归结为已知条件,它比较适用于思考.所以分析法是探索解题途径的一个重要方法.综合法从已知着手,一步步往下推,最终得到结论,它比较适用于表达.前辈的数学教育家将综合法归纳为"由因导果"四个字,将分析法归纳为"执果索因"四个字,是十分恰当的.

分析法通常有两种表达形式.

1. 第一种表达形式如下所示

例1 求证：$6(a^2+2b^2+3c^2) \geqslant (a+2b+3c)^2$.

证明 欲证
$$6(a^2+2b^2+3c^2) \geqslant (a+2b+3c)^2,$$
只需证
$$6(a^2+2b^2+3c^2) - (a+2b+3c)^2 \geqslant 0,$$
只需证
$$5a^2+8b^2+9c^2-4ab-12bc-6ca \geqslant 0,$$
只需证
$$2(a-b)^2+6(b-c)^2+3(c-a)^2 \geqslant 0,$$
而上式的确成立，所以，
$$6(a^2+2b^2+3c^2) \geqslant (a+2b+3c)^2.$$

2. 第二种写法如下，仍用上例说明

证明 由
$$6(a^2+2b^2+3c^2) \geqslant (a+2b+3c)^2,$$
得
$$6(a^2+2b^2+3c^2) - (a+2b+3c)^2 \geqslant 0,$$
$$\therefore 5a^2+8b^2+9c^2-4ab-12bc-6ca \geqslant 0,$$
$$2(a-b)^2+6(b-c)^2+3(c-a)^2 \geqslant 0,$$
最后的一个式子的确成立，且以上各步均为可逆，所以有
$$6(a^2+2b^2+3c^2) \geqslant (a+2b+3c)^2.$$

用第二种形式表达时常会犯以下的几种错误：

(1) 实质上推理链虽"可逆"，但没有写"可逆"，只证了原命题的逆命题；

(2) 从结论着手回到结论，用自己来证明自己，犯了所谓循环论证的错误. 如上例，如果用下面方法证，就是犯了这种错误.

错证 由
$$6(a^2+2b^2+3c^2) \geqslant (a+2b+3c)^2,$$
得
$$6(a^2+2b^2+3c^2) - (a+2b+3c)^2 \geqslant 0,$$
$$5a^2+8b^2+9c^2-4ab-12bc-6ca \geqslant 0,$$
$$5a^2+8b^2+9c^2 \geqslant 4ab+12bc+6ca,$$

$$6a^2 + 12b^2 + 18c^2 \geqslant 4ab + 12bc + 6ca + a^2 + 4b^2 + 9c^2,$$
$$\therefore 6(a^2 + 2b^2 + 3c^2) \geqslant (a + 2b + 3c)^2.$$

(3) 实质上推理链"不可逆",信手写上"可逆",误将不充要的当作充要的.

例 2 a 为大于 1 的实数,求证:$a^3 > a + \dfrac{1}{a} - 1$.

错证 假定不等式成立,即
$$a^3 > a + \frac{1}{a} - 1,$$
$$\because a > 1,$$
$$\therefore a + \frac{1}{a} > 2,$$
$$a^3 > a + \frac{1}{a} - 1 > 2 - 1 = 1.$$

因为 $a > 1$,故 $a^3 > 1$ 的确成立,且以上各步可逆,所以
$$a^3 > a + \frac{1}{a} - 1$$
成立.

其实,由 $a^3 > 1$,及 $a + \dfrac{1}{a} - 1 > 1$ 无法得出 $a^3 > a + \dfrac{1}{a} - 1$,所以上述推理链是不可逆的.

例 3 若 $a > b > 1$,求证:$\sqrt{a} - \sqrt{a-1} < \sqrt{b} - \sqrt{b-1}$.

错证 假设 $\sqrt{a} - \sqrt{a-1} < \sqrt{b} - \sqrt{b-1}$,则
$$\frac{1}{\sqrt{a} - \sqrt{a-1}} > \frac{1}{\sqrt{b} - \sqrt{b-1}},$$
$$\sqrt{a} + \sqrt{a-1} > \sqrt{b} + \sqrt{b-1},$$
$$\therefore \sqrt{a} > \sqrt{b}, \sqrt{a-1} > \sqrt{b-1},$$

以上每一步都可逆,所以原不等式成立.

上述证明中,由
$$\sqrt{a} + \sqrt{a-1} > \sqrt{b} + \sqrt{b-1},$$
推不出
$$\sqrt{a} > \sqrt{b}, \sqrt{a-1} > \sqrt{b-1},$$
本题的条件是充分不必要的.

第二种表达形式基于"可逆",即题设条件、结论互为充要条件时才能使用,而第一种表达形式可用于题设条件是结论的充分条件时的情形.表达形式如下:

欲证
$$\sqrt{a}-\sqrt{a-1}<\sqrt{b}-\sqrt{b-1},$$

只需证
$$\frac{1}{\sqrt{a}-\sqrt{a-1}}>\frac{1}{\sqrt{b}-\sqrt{b-1}},$$

只需证
$$\sqrt{a}+\sqrt{a-1}>\sqrt{b}+\sqrt{b-1},$$

只需证
$$\sqrt{a}>\sqrt{b},\sqrt{a-1}>\sqrt{b-1},$$

由题设 $a>b>1$,可知
$$\sqrt{a}>\sqrt{b},\sqrt{a-1}>\sqrt{b-1}$$

成立.

所以
$$\sqrt{a}-\sqrt{a-1}<\sqrt{b}-\sqrt{b-1}$$

成立.

由此可见第一种表达形式适用范围更广些.

◆ **分析法在代数中的应用**

例4 证明:$\sqrt{2}+\sqrt{3}<\sqrt{10}$.

证明 假设 $\sqrt{2}+\sqrt{3}<\sqrt{10}$ 成立,两边平方,得
$$5+2\sqrt{6}<10,$$
$$2\sqrt{6}<5,$$

再两边平方,得
$$24<25.$$

∵ $24<25$ 显然成立,且上述各步推理都是可逆的,所以原不等式成立.

◆ **分析法在几何中的应用**

例5 试证明:等腰三角形底边上的任意一点到两腰距离之和为定值.

已知:在 $\triangle ABC$ 中,$AB=AC$,点 P 为 BC 上的任意一点,$PD\perp AB$,$PE\perp$

AC,垂足分别为点 D、E,如图 $1-28-1$.

求证:$PD+PE$ 是定值.

分析 点 P 在底边 BC 上运动时,$PD+PE$ 都等于某个定值,那么点 P 取 BC 上的特殊位置时,$PD+PE$ 当然也应该等于这个定值.

设点 P 取在点 B 处,即 $PD=0$,PE 等于 AC 上的高 BH,于是要证明 $PD+PE=$ 定值,就是证明 $PD+PE=BH$.

联结 AP,设 $AB=AC=a$,要证明 $PD+PE=BH$,只需要证明 $PD \cdot a + PE \cdot a = BH \cdot a$,而要证明此结论,就只需证明 $S_{\triangle ABP}+S_{\triangle ACP}=S_{\triangle ABC}$. 最后这个等式的证明是显而易见的.

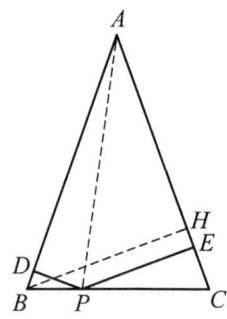

图 $1-28-1$

例 6 作一三角形 ABC,使得边 BC、BC 上的中线与 BC 上的高分别等于已知线段 a、m 与 h.(已知与证明略)

分析 假定 $\triangle ABC$ 已作出,如图 $1-28-2$,其中 $BC=a$,BC 上的中线 $AD=m$,BC 上的高 $AE=h$. 于是,在 $Rt\triangle ADE$ 中,斜边和直角边 AE 是已知的,因此可以作出. 当 $Rt\triangle ADE$ 作出后,B、C 两点的位置就可以确定了.

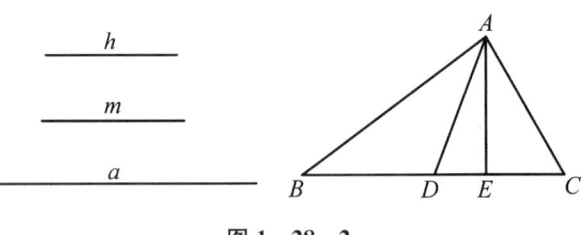

图 $1-28-2$

作法 (1) 作 $Rt\triangle ADE$,使斜边 $AD=m$,直角边 $AE=h$.

(2) 将 DE 向两个方向延长,并在点 D 的两侧分别在直线 DE 上取点 B、C,使 $DB=DC=\dfrac{1}{2}a$.

(3) 联结 AB、AC.

$\therefore \triangle ABC$ 就是所要求作的.

由于分析中所用的推理步步可逆,所以用这种方法作图是正确的.

◆ **分析法在探索题中的应用**

例 7 如图 $1-28-3$,已知 $\odot O$ 与 $\odot P$ 相交于 A、B 两点,点 P 在 $\odot O$ 上,$\odot O$ 的弦 AC 切 $\odot P$ 于点 A,CP 及其延长线交 $\odot P$ 于点 D、E,过点 E 作 $EF \perp CE$,交 CB 的延长线于点 F.

(1) 求证:BC 是 $\odot P$ 的切线;

(2) 若 $CD=2$,$CB=2\sqrt{2}$,求 EF 的长;

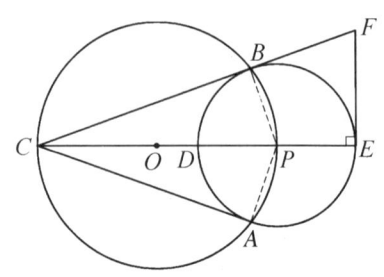

图 $1-28-3$

(3) 若 $k = PE : CE$,是否存在实数 k,使△PBD 恰好是等边三角形?若存在,求出 k 的值;若不存在,请说明理由.

解 (1) 联结 BP,在⊙O 中,

$$\because CP \text{ 是⊙} O \text{ 的直径},$$
$$\therefore \angle CBP = 90°,$$
$$\therefore BC \text{ 是⊙} P \text{ 的切线}.$$

(2) 由切割线定理,得

$$BC^2 = CD \cdot CE,$$
$$\therefore CE = \frac{BC^2}{CD} = \frac{(2\sqrt{2})^2}{2} = 4,$$
$$DE = CE - CD = 4 - 2 = 2,$$
$$\therefore BP = 1.$$
$$\because \triangle CEF \backsim \triangle CBP,$$
$$\therefore \frac{EF}{BP} = \frac{CE}{CB},$$
$$\therefore EF = \frac{BP \cdot CE}{CB} = \frac{1 \times 4}{2\sqrt{2}} = \sqrt{2}.$$

(3) 假设存在实数 k,使△PBD 是等边三角形.

$$\because \triangle PBD \text{ 是等边三角形}, \therefore \angle CPB = 60°.$$

在 Rt△CPB 中,$\angle CPB = 60°$,

$$\therefore PB = \frac{1}{2}PC,$$
$$\therefore PE = \frac{1}{2}PC,$$
$$\therefore \frac{PE}{CE} = \frac{1}{3},$$

且以上各步都可逆.

$$\therefore \text{当 } k = \frac{1}{3} \text{ 时}, \triangle PBD \text{ 是等边三角形}.$$

例8 如图 1-28-4,已知⊙P 与 x 轴相切于坐标原点 O,点 $A(0, 2)$ 是⊙P 与 y 轴的交点,点 $B(-2\sqrt{2}, 0)$ 在 x 轴上,联结 BP 交⊙P 于点 C,联结 AC 并延长交 x 轴于点 D.

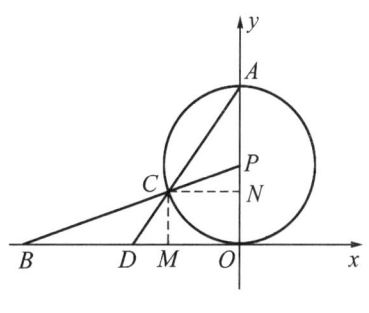

图 1-28-4

(1) 求线段 BC 的长；

(2) 求直线 AC 的函数解析式；

(3) 当点 B 在 x 轴上移动时,是否存在点 B,使 $\triangle BOP$ 相似于 $\triangle AOD$? 若存在,求出符合条件的点的坐标;若不存在,请说明理由.

解 (1) $BP = \sqrt{BO^2 + OP^2}$

$$= \sqrt{(2\sqrt{2})^2 + 1^2} = 3,$$

$\therefore BC = 2.$

(2) 过点 C 作 $CM \perp x$ 轴、$CN \perp y$ 轴,垂足分别是点 M、N.

$\because CN \parallel BO,$

$\therefore \dfrac{CN}{BO} = \dfrac{CP}{BP},$

$\therefore CN = \dfrac{BO \cdot CP}{BP}$

$$= \dfrac{2\sqrt{2} \times 1}{3}$$

$$= \dfrac{2\sqrt{2}}{3}.$$

同理可得 $CM = \dfrac{2}{3}.$

$\therefore$ 点 C 的坐标为 $\left(-\dfrac{2\sqrt{2}}{3}, \dfrac{2}{3}\right).$

可以求得直线 AC 的函数解析式为

$$y = \sqrt{2}x + 2.$$

(3) 假设在 x 轴上存在点 B,使 $\triangle BOP \backsim \triangle AOD.$

$\because \angle OPB > \angle OAD,$

$\therefore \angle OPB \neq \angle OAD.$

$\therefore \angle OBP = \angle OAD.$

又 $\because \angle OPB = 2\angle OAD, \angle OPB + \angle OBP = 90°,$

$\therefore 2\angle OBP + \angle OBP = 90°,$

$\therefore \angle OBP = 30°,$

$\therefore OB = OP \cdot \cot 30° = \sqrt{3},$

且以上各步都可逆,

$\therefore$ 当点 B 为 $B_1(-\sqrt{3}, 0)$ 或 $B_2(\sqrt{3}, 0)$ 时,$\triangle BOP \backsim \triangle AOD.$

练 习 三

用分类讨论的方法解下列各题(第1~10题)：

1. 解不等式：$|x+1|+|2x-1|>3$.
2. 求 $1-\sin 2x (0°<x<360°)$.
3. 已知两边 a、b 及其中一边 b 的对角 α，求能作几个三角形.
4. 函数 $y=ax^2-9x-108$ 有没有极大值？
5. 求 $(1+i)^{2n}+(1-i)^{2n}$ 的值.
6. 两位数 $\overline{BC}$ 平方以后，得到三位数 $\overline{ABC}$，问：数字 A、B、C 应是什么数字？
7. A、B、C、D、E 五人排成一行，如 A 必须在中心位置，有几种排法？
8. A、B、C、D、E 五人中选了三人外出参观，如 A 必须选入有几种选法？
9. A、B、C、D、E 五人选三人外出参观.

    (1) 如 A、B 两人都必须选入；

    (2) 如 A、B 两人都不许选入；

    (3) 如 A、B 两人中有而且只许有一人选入；

    (4) 如 A、B 两人不都选入.

    问：各有几种选法？

10. 有多少个不小于 5000 的没有重复数字的四位偶数？

11. 指出下列推理的依据：

    (1) 如果 $\triangle ABC \cong \triangle A_1B_1C_1$，那么 $\triangle ABC$ 与 $\triangle A_1B_1C_1$ 等积，已知 $\triangle ABC$ 与 $\triangle A_1B_1C_1$ 面积不相等，所以，$\triangle ABC$ 与 $\triangle A_1B_1C_1$ 不全等.

    (2) 一元二次方程要么有两个实根，要么有两个虚根，现已知某一元二次方程有实根，所以它不能有虚根.

    (3) 已知 $\triangle ABC$ 或是直角三角形，或是等腰三角形，现已证明 $\triangle ABC$ 不是直角三角形，所以它必是等腰三角形.

    (4) 如果两个三角形有两对角对应相等，那么它们是相似三角形；如果两个三角形相似，则它们的面积之比等于相似比的平方. 现已知 $\triangle ABC$ 与 $\triangle A_1B_1C_1$ 中，$\angle A=\angle A^1$，$\angle B=\angle B^1$，所以，$\triangle ABC$ 与 $\triangle A_1B_1C_1$ 的面积之比等于 $(AB : A^1B^1)^2$.

    (5) 一元二次方程的判别式大于 0，则方程有两个不等实根；判别式等于 0，则方程有两个相等实根，现已知方程 $x^2+px+q=0$ 的判别式不小于 0，所以该方程必有两实根.

    (6) $f(x)=x^2-\sqrt{3}x+1$ 的判别式 $\Delta<0$，而 $f(1)>0$，所以对任意 x，$f(x)>0$.

12. 将下列两命题形式化，再回答两者意义是否相同：

    "至少有一个是偶数是质数"；

"至少有一个是偶数,且至少有一个质数".

13. 将下列两命题形式化,再回答两者意义是否相同:

"一切一元二次方程,或者有实数解或者无实数解";

"或者一切一元二次方程有实数解,或者一切一元二次方程无实数解".

14. 将下列命题换位及换质:

(1) 所有的矩形都是平行四边形;

(2) 有的数满足方程 $x^3 + 1 = 0$;

(3) 所有的椭圆都不是直线形;

(4) 有的平行四边形不是菱形.

15. 下面的推理是否有效?试用集合来解释:

(1) 方程 $x^2 + 1 = 0$ 的根不是实根,方程 $x^2 + 1 = 0$ 的根是虚根,所以,有虚数不是实数.

(2) 所有的直角三角形是直线形,所有的直角三角形是三角形,所以,所有的三角形是直线形.

16. 利用逆关系将下列语句改变说法:

(1) a 大于 b;(2) 数对应着这点;(3) a 属于 A;(4) 直线 l 在平面 α 上.

17. 下列关系是否具有自反性、对称性、传递性?

(1) 大于;(2) 相似;(3) 等积;(4) 通过(直线通过点).

18. 用待定系数法分解因式:$a^3 + b^3 + c^3 - a(b^2 + c^2) - b(c^2 + a^2) - c(a^2 + b^2) + 2abc$.

19. 确定常数 A、B:

$$\frac{1}{x(x+1)} = \frac{A}{x} + \frac{B}{x+1}.$$

指出下列推理过程中的错误(第 20~21 题):

20. (1) $\triangle ABC$ 和 $\triangle A_1 B_1 C_1$ 不都是直角三角形,现在知 $\triangle ABC$ 不是直角三角形,所以,$\triangle A_1 B_1 C_1$ 是直角三角形;

(2) 有些菱形是矩形,有些平行四边形是菱形,所以有些平行四边形是矩形.

21. 下列题解发表于某杂志:

题:设 $\theta_0, \theta_1, \theta_2, \cdots, \theta_n (n \in \mathbf{N}^*)$ 都是实数,求证方程的根在复平面上对应的点都在圆 $|z| = \dfrac{1}{2}$ 之外.

证明(反证法):设 t 是方程任一根,

则 $|t|^n + |t|^{n-1} + \cdots + |t| + 1 \geq |t^n \cos\theta_n| + |t^{n-1} \cos\theta_{n-1}| + \cdots + |t \cos\theta_1| + |\cos\theta_0| \geq |t^n \cos\theta_n + t^{n-1} \cos\theta_{n-1} + \cdots + t \cos\theta_1 + \cos\theta_0| = 2$,

即

$$|t|^n + |t|^{n-1} + \cdots + |t| \geq 1.$$

①

设 $|t| \leqslant \frac{1}{2}$,那么

$$|t|^n + |t|^{n-1} + \cdots + |t|$$
$$\leqslant \left(\frac{1}{2}\right)^n + \left(\frac{1}{2}\right)^{n-1} + \cdots + \frac{1}{2}$$
$$= 1 - \left(\frac{1}{2}\right)^n < 1,\quad ②$$

与①矛盾,所以 $|t| \leqslant \frac{1}{2}$ 是不正确的,从而得 $|t| > \frac{1}{2}$.

22. 试举出推理过程中的逻辑错误(无效推理)和事实错误的例子各一个.

23. 试举出教学中运用上反对关系、下反对关系分析问题的实例各一个.

用反证法证明(第24~26题):

24. 如果 a^2 是偶数,则 a 也是偶数.

25. 不存在使 $abcd - a$, $abcd - b$, $abcd - c$, $abcd - d$ 都是奇数的整数 a, b, c, d.

26. 若 $a+b+c>0$, $ab+bc+ac>0$, $abc>0$,则 a, b, c 都大于 0.

指出下列各题本身的错误(第27~30题):

27. 一个长方形的对角线为5,长宽之和为8,求该长方体面积.

28. 在△ABC 中,∠C=90°,AB=10,内切圆半径 r=3,求△ABC 的周长.

29. 已知四边形 ABCD 中,∠ABC=90°,DA=3,O 是对角线交点,∠AOD=60°,求四边形 ABCD 的面积 S.

30. 已知 a, b, c, d 成等比数列,求证:$a+b, b+c, c+d$ 成等比数列.

试对下列题和解发表评论(第31~32题):

31. 甲从 A 地出发到 B 地,乙从 B 地出发到 A 地.若甲先行 2 千米,则又经过 2 小时后在 AB 的中点处相遇;若同时出发,则相遇后,甲再走 2.5 小时到达 B 地,乙再走 1.8 小时到达 A 地.求甲乙两人的速度各是多少.

解一:设甲速 x 千米/时,乙速 y 千米/时,则

$$\begin{cases} 2x+2=2y, \\ 2.5x+1.8y=4y, \end{cases}$$

解得 $x=24$, $y=25$.

解二:$\begin{cases} 2x+2=2y, \\ \dfrac{2.5x}{y}=\dfrac{1.8y}{x}, \end{cases}$

解之并舍负值得 $x=4$, $y=5$.

32. 甲数 48,比乙数多 $\frac{1}{3}$,乙数比甲数少几分之几?

解一:$\left[48 - 48 \div \left(1 + \frac{1}{3}\right)\right] \div 48 = \frac{1}{4}$.

解二：$\frac{1}{3} \div 48 = \frac{1}{144}$.

下列证明与解答过程中有没有错误（第33～39题）：

33. 解方程 $\sqrt[3]{x-1} + \sqrt[3]{3-x} = -1$.

   解：把原方程两边立方：
   $$(x-1)+(3-x)+3\sqrt[3]{(x-1)(3-x)}(\sqrt[3]{x-1}+\sqrt[3]{3-x})=-1,$$
   将原方程代入，得
   $$\sqrt[3]{(x-1)(3-x)}=1,$$
   $$x^2-4x+4=0,$$
   $$x=2.$$

34. 已知 $f(x) = ax + \frac{x}{b}$，若 $-3 \leqslant f(1) \leqslant 0$，$3 \leqslant f(2) \leqslant 6$，求 $f(3)$ 的范围.

   解：由条件得
   $$\begin{cases} -3 \leqslant a+b \leqslant 0, & \text{①} \\ 3 \leqslant 2a+\dfrac{b}{2} \leqslant 6, & \text{②} \end{cases}$$

   ②×2－①，得 $\qquad 6 \leqslant a \leqslant 15.$ ③

   ①×2－②，得 $\qquad -\dfrac{8}{3} \leqslant \dfrac{b}{3} \leqslant -\dfrac{2}{3}.$ ④

   ③+④，得 $\dfrac{10}{3} \leqslant 3a + \dfrac{b}{3} \leqslant \dfrac{43}{3}$，即 $\dfrac{10}{3} \leqslant f(3) \leqslant \dfrac{43}{3}$.

35. 设 α、β 是方程 $x^2 - 2kx + k + 6 = 0$ 的两个实根，则 $(\alpha-1)^2 + (\beta-1)^2$ 的最小值是（　　）.

   (A) $-\dfrac{49}{4}$　　　　(B) 8　　　　(C) 18　　　　(D) 不存在

   解：利用一元二次方程根与系数的关系，易得 $\alpha + \beta = 2k$，$\alpha\beta = k+6$，
   $$\therefore (\alpha-1)^2 + (\beta-1)^2 = \alpha^2 - 2\alpha + 1 + \beta^2 - 2\beta + 1$$
   $$= (\alpha+\beta)^2 - 2\alpha\beta - 2(\alpha+\beta) + 2$$
   $$= 4\left(k - \frac{3}{4}\right)^2 - \frac{49}{4} \geqslant -\frac{49}{4},$$

   所以，正确答案为 A.

36. 已知数列 $\{a_n\}$ 的前 n 项和 $S_n = 2^n + 1$，求 a_n.

   解：$a_n = S_n - S_{n-1} = (2^n + 1) - (2^{n-1} + 1) = 2^n - 2^{n-1} = 2^{n-1}$，
   $\therefore a_n = 2^{n-1}$.

37. 在凸四边形 $ABCD$ 中,$AB+CD=BC+AD$,则凸四边形 $ABCD$ 可以外切于一个圆.

    证明:假定凸四边形 $ABCD$ 不可外切于一个圆,所以 $AB+CD \neq BC+AD$,这与已知矛盾,所以凸四边形 $ABCD$ 可外切于一个圆.

38. $a>3$,求证:$\sqrt{a-1}+\sqrt{a-2}>\sqrt{a}+\sqrt{a-3}$.

    证明:$\because a>3$,

    $\therefore \sqrt{a-1}, \sqrt{a-2}, \sqrt{a}, \sqrt{a-3}$ 各不相等,并都是正数.所以由基本不等式得
    $$\sqrt{a-1}+\sqrt{a-2}>2\sqrt[4]{a^2-3a+2}, \sqrt{a}+\sqrt{a-3}>2\sqrt[4]{a^2-3a}.$$

    $\because a^2-3a+2>a^2-3a$,

    $\therefore \sqrt{a-1}+\sqrt{a-2}>\sqrt{a}+\sqrt{a-3}$.

39. 如图,$ABCD-A_1B_1C_1D_1$ 是立方体,$AB=a$,E 是 AD 的中点,F 是 BC 的中点,求几何体 $ABFE-A_1B_1C_1D_1$ 的体积.

    解:因平面 $ABEF$ 平行于平面 $A_1B_1C_1D_1$,所以 $ABFE-A_1B_1C_1D_1$ 是四棱台,其体积为

    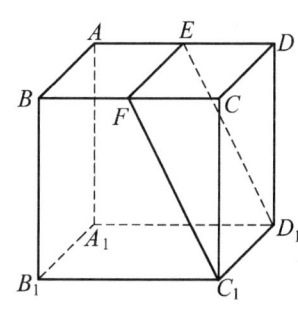

    第 39 题图

    $$V=\frac{1}{3}\left[\frac{1}{2}a^2+\sqrt{\frac{1}{2}a^2 \cdot a^2}+a^2\right] \cdot a = \frac{1}{6}(3+\sqrt{2})a^3.$$

用同一法证明(第40～41题):

40. 梯形两底之和等于一腰,则这腰与两底夹角平分线都过另一腰的中点.

41. 从正方形 $ABCD$ 的顶点 A 向正方形内任作 $\angle EAF=45°$,交 BC 于点 E,交 DC 于点 F,作 $AP \perp EF$,试证:$AP=AB$.

用数学归纳法证明(第42～47题):

42. n 为自然数,$6 \mid n^3-n$.

43. $a_{n+1}=\dfrac{1}{2-a_n}$,$a_1=3$,则 $a_n=\dfrac{2n-5}{2n-3}$.

44. $49^n+16n-1$ 能被 64 整除 $(n \in \mathbf{N}^*)$.

45. 在数列 $\{a_n\}$ 中,$a_1=1$,当 $n \geq 2$ 时,a_n,S_n,$S_n-\dfrac{1}{2}$ 成等比数列.

    (1) 求 a_2, a_3, a_4,并猜测 a_n 的表达式;(2)用数学归纳法证明所得的结论.

46. 已知数列 $\{a_n\}$ 是由非负整数组成的数列,且 $\{a_n\}$ 是存在的,满足 $a_1=0$,$a_2=3$,$a_{n+1}a_n=(a_{n-1}+2)(a_{n-2}+2)$,$n=3,4,5,\cdots$.

    (1) 求 a_3;(2) 证明:$a_n=a_{n-2}+2(n=3,4,5,\cdots)$;(3) 求 $\{a_n\}$ 的通项公式以及前 n 项和 S_n.

47. 已知数列 $\{a_n\}$ 满足条件 $(n-1)a_{n+1}=(n+1)(a_n-1)(n \in \mathbf{N}^*)$,$a_2=6$,令

$b_n = a_n + n.$

(1) 写出数列$\{b_n\}$的前4项;(2) 猜想数列$\{b_n\}$的通项公式并给予证明;

(3) 是否存在非零常数$p、q$使得数列$\left\{\dfrac{a_n}{pn+q}\right\}$成等差数列?若存在,求出$p、q$应满足的关系式;若不存在,说明理由.

用分析法证明(第48~49题):

48. $a \neq b, a, b$为正数,则$\dfrac{a^2}{b} + \dfrac{b^2}{a} > a+b$.

49. a, b, c为正数,则$a+b+c \geq 3\sqrt[3]{abc}$.

用排除法解(第50~51题):

50. n为何自然数时$\omega^n + \omega^{2n} + \omega^{3n} = 3$? $\left[\text{其中}\omega = \dfrac{-1+\sqrt{3}i}{2}\right]$

51. 解不等式$\dfrac{(x-1)(x-2)}{(x-3)(x-4)} > 0$.

解下列选择题(第52~63题):

52. 如图,在函数$y = \dfrac{1}{x}$的图像上有三点$A、B、C$,过这三点分别向x轴、y轴作垂线,过每一点所作两条垂线与x轴、y轴围成的矩形的面积分别为$S_1、S_2、S_3$,则( ).

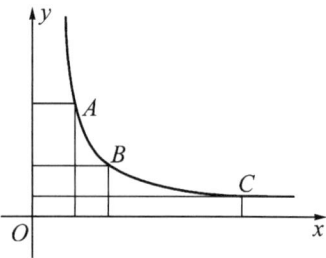

第52题图

(A) $S_1 > S_2 > S_3$ (B) $S_1 < S_2 < S_3$

(C) $S_1 < S_3 < S_2$ (D) $S_1 = S_2 = S_3$

53. 实数a, b在数轴对应的点$A、B$表示如图,化简$\sqrt{a^2-4a+4} + |a-b|$的结果为( ).

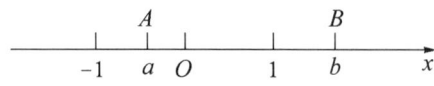

第53题图

(A) $2a-b-2$ (B) $2+b-2a$ (C) $2-b$ (D) $2+b$

54. 设$A、B$都是关于x的5次多项式,则下列说法正确的是( ).

(A) $A+B$是关于x的5次多项式   (B) $A-B$是关于x的4次多项式

(C) AB是关于x的10次多项式   (D) $\dfrac{A}{B}$是与x无关的常数

55. 在实数范围内把$2x^2-4x-8$分解因式为( ).

(A) $2(x-3)(x+1)$ (B) $(x-1+\sqrt{5})(x-1-\sqrt{5})$

(C) $2(x-1+\sqrt{5})(x-1-\sqrt{5})$ (D) $2(x+1-\sqrt{5})(x+1+\sqrt{5})$

56. 方程$x^2+4xy+4y^2-2x-4y-3=0$表示的图形是( ).

(A) 两条相交直线 (B) 两条平行直线
(C) 两条重合直线 (D) 一个点

57. 数列 $1, 1+2, 1+2+2^2, \cdots, 1+2+2^2+\cdots+2^{n-1}$ 前 n 项和用 n 表示为( ).

(A) $2^n - n$ (B) $2^{n+1} - n$
(C) $2^{n+1} - n - 2$ (D) $2^n - n - 2$

58. 已知 α 为锐角, $\tan(90-\alpha)=\sqrt{3}$, 则 α 的度数为( ).

(A) 30 (B) 45 (C) 60 (D) 75

59. 甲、乙两人在一次赛跑中,路程 s 与时间 t 的关系如图所示(实线为甲的路程与时间的关系图像,虚线为乙的路程与时间的关系图像),小王根据图像得到如下四个信息,其中错误的是( ).

(A) 这是一次 1500 米赛跑
(B) 甲、乙两人中先到达终点的是乙
(C) 甲、乙同时起跑
(D) 甲在这次赛跑中的速度为 5 米/秒

60. 在 $\triangle ABC$ 中, M 是 BC 的中点, $AB=12$, $AC=16$, E 和 F 分别在 AC 和 AB 上,直线 EF 和 AM 相交于 G. 若 $AE=2AF$, 那么 $\dfrac{EG}{GF}$ 等于( ).

(A) $\dfrac{6}{5}$ (B) $\dfrac{5}{4}$ (C) $\dfrac{4}{3}$ (D) $\dfrac{3}{2}$

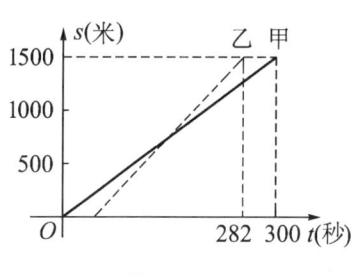

第 59 题图

第 60 题图

61. 已知函数 $y=ax+b$ 和 $y=ax^2+bx+c$, 那么它们的图像是( ).

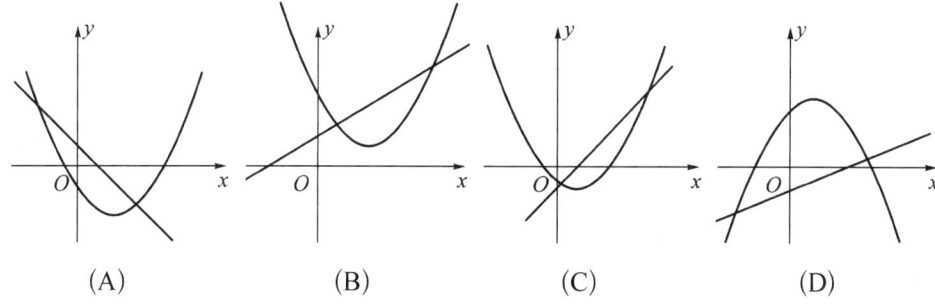

(A)　　　　(B)　　　　(C)　　　　(D)

第 61 题图

62. 若 $a<b<0$，则下列结论中正确的是( ).

 (A) 不等式 $\frac{1}{a}>\frac{1}{b}$ 和 $\frac{1}{|a|}>\frac{1}{|b|}$ 均不能成立

 (B) 不等式 $\frac{1}{a-b}>\frac{1}{a}$ 和 $\frac{1}{|a|}>\frac{1}{|b|}$ 均不能成立

 (C) 不等式 $\frac{1}{a-b}>\frac{1}{a}$ 和 $\left(a+\frac{1}{b}\right)^2>\left(a+\frac{1}{a}\right)^2$ 均不能成立

 (D) 不等式 $\frac{1}{|a|}>\frac{1}{|b|}$ 和 $\left(a+\frac{1}{b}\right)^2>\left(a+\frac{1}{a}\right)^2$ 均不能成立

63. 有 A、B、C、D、E 五名学生参加网页设计竞赛，决出了第一到第五的名次，A、B 两位同学去问成绩，老师对 A 说："你没能得第一名"，又对 B 说："你是第三名"，从这个问题分析，这五人的名次排列的可能情况的种数为( ).
 (A) 18   (B) 12   (C) 24   (D) 36

64. 论文选题：中学生反证法的思想的形成.

65. 论文选题：论"形反实正"，"形(数学)归纳，实演绎".

66. 论文选题：中学里同一法没有用吗？

「涉逻」习题篇

SHE LUO XI TI PIAN

2-1　新定义问题

数学新课程标准要求学生具有一定的掌握、应用、迁移知识的能力. 近年在中、高考或各地中、高考模拟试卷中出现了一种热点题型——新定义问题,也是所谓的"阅读题"或"信息迁移题"——不便于直接运用所学数学知识解决问题,而需要从所给材料中获取信息,并用于新问题解决的一类问题. 这一类问题,往往出现在一个较新的背景之下,题型新颖,形式多样,融综合性、应用性、开放性、创新性于一体,要求学生在短时间内通过阅读、理解,利用新概念、公式、法则等解题,可以较好地考查学生的学习能力、阅读理解能力、数学思维能力等.

◆ **新概念**

例1 （广西中考题）阅读下列一段话,并解决后面的问题：

观察下面一列数：$1, 2, 4, 8, \cdots$.

我们发现,这一列数从第二项起,每一项与它的前一项的比都等于一个常数 2.

一般地,如果一列数从第二项起,每一项与它的前一项的比都等于一个常数,这一列数叫作等比数列,这个常数叫作等比数列的公比.

(1) 等比数列 $5, -15, 45, \cdots$ 的第四项是 _____；

(2) 如果一列数 $a_1, a_2, a_3, a_4, \cdots$,是等比数列,且公比是 q,那么根据上述规定,有

$$\frac{a_2}{a_1} = \frac{a_3}{a_2} = \frac{a_4}{a_3} = \cdots = q,$$

所以

$$a_2 = a_1 q,$$
$$a_3 = a_2 q = (a_1 q) q = a_1 q^2,$$
$$a_4 = a_3 q = (a_1 q^2) q = a_1 q^3,$$
$$\cdots$$
$$\underline{a_n = \quad\quad\quad\quad};$$

(3) 一个等比数列的第二项是10,第三项是20,求它的第一项和第四项.

尽管等比数列、公比是通用的概念,但对初中生来说是新定义的.

解 (1) -135;(2) $a_1 q^{n-1}$;(3) $a_1 = 5, a_4 = 40$.

例2 如图2-1-1,平面中两条直线 l_1 和 l_2 相交于点 O,对于平面上任意一点 M,若 p、q 分别是点 M 到直线 l_1 和 l_2 的距离,则称有序非负实数对 (p, q) 是点 M 的"距离坐标". 已知常数 $p \geq 0, q \geq 0$,给出下列命题:

(1) 若 $p = q = 0$, 则"距离坐标"为 $(0, 0)$ 的点有且仅有1个;

(2) 若 $pq = 0$,且 $p + q \neq 0$, 则"距离坐标"为 (p, q) 的点有且仅有2个;

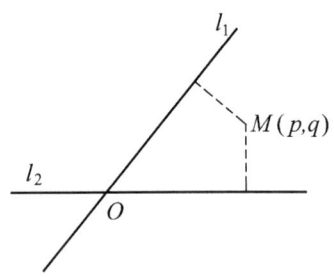

图2-1-1

(3) 若 $pq \neq 0$, 则"距离坐标"为 (p, q) 的点有且仅有4个.

上述命题中,正确命题的个数是( ).

(A) 0   (B) 1   (C) 2   (D) 3

(2006年上海市高考题)

分析 本题的关键在于牢牢把握"距离坐标"定义中的两个关键点. 其一,p、q 分别是 M 到直线 l_1 和 l_2 的距离;其二,"距离坐标"是以有序非负实数对 (p, q) 的形式表示的. 这与已经掌握的直角坐标系中点的坐标不同之处是,直角坐标系中两根互相垂直的坐标轴,新定义中一般化成两条斜交直线;直角坐标系中点的坐标形式是"有序实数对",新定义中点的坐标形式是"有序非负实数对".

(1)中,若 $p = q = 0$,根据定义点 M 到直线 l_1 和 l_2 的距离均为零,因此点 M 在两条直线上,即两直线的交点,所以有且只有一个 $(0, 0)$. (1)正确.

(2)中,由条件 p 和 q 中只有一个为零,不妨设 $p = 0, q \neq 0$, 则"距离坐标"为 $(0, q)$. 此时点 M 到直线 l_1 的距离为零,即点 M 在直线 l_1 上;点 M 到直线 l_2 的距离为 $q (\neq 0)$,设直线 l_1 和 l_2 的夹角为 α,在直线 l_2 上以点 O 为端点,在 O 两侧截取线段长为 $q \cot \alpha$,则线段的另一个端点即为 M,所以有两个点合题意. (2)正确.

还可以这样理解,所有到直线 l_2 的距离为 $q (\neq 0)$ 的点的集合为两条平行线,所以点 M 既在直线 l_1 上,又在距离直线 l_2 为 $q (\neq 0)$ 的两条平行线上,所以点 M 是直线 l_1 与两条平行线的交点.

(3)中,按照(2)的第二种理解,因为 p 和 q 都不为零,所以点 M 既在距离直线 l_1 为 $p (\neq 0)$ 的两条平行线上,又在距离直线 l_2 为 $q (\neq 0)$ 的两条平行线上,所以 M 是这4条直线的交点. (3)正确.

所以本题答案为D.

例3 对于直角坐标平面内的任意两点 $A(x_1, y_1)$、$B(x_2, y_2)$,定义它们之间的一种"距离"$\llbracket AB \rrbracket = |x_1 - x_2| + |y_1 - y_2|$,则下列命题中所有的真命题的序号为_____.

(1) 若点 C 在线段 AB 上,则【AC】+【CB】=【AB】;

(2) 在 $\triangle ABC$ 中,若 $\angle C = 90°$,则【AC】² +【CB】² =【AB】²;

(3) 在 $\triangle ABC$ 中,【AC】+【CB】>【AB】.

分析 本题的关键在于正确理解"距离",根据定义【AB】= $|x_1 - x_2| + |y_1 - y_2|$,这里的定义可以理解为 A、B 两点间水平距离($|x_1 - x_2|$)与垂直距离($|y_1 - y_2|$)的和.

在(2)中,见图 2-1-2,【AC】² = $|AC|^2$,【BC】² = $|BC|^2$,【AB】² = $(|AC| + |BC|)^2$,显然 $|AC|^2 + |BC|^2 \neq (|AC| + |BC|)^2$,因此(2)不成立.

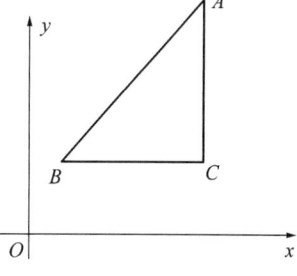

图 2-1-2

在(3)中,仍然用图 2-1-2,此时【AC】= $|AC|$;【BC】= $|BC|$;【AB】= $|AC| + |BC|$,所以【AC】+【CB】=【AB】,因此(3)不成立.

所以正确答案为(1).

例 4 在测量某物理量的过程中,因仪器和观察的误差,使得 n 次测量分别得到 $a_1, a_2, \cdots, a_n$ 共 n 个数据,我们规定所测量物理量的"最佳近似值"a 是这样一个量:与其他近似值比较,a 与各数据的差的平方和最小,依此规定,从 $a_1, a_2, \cdots, a_n$ 中推出 $a = $ _____ . (1994 年全国卷高考题)

分析 本题的关键在于"最佳近似值"a 的定义是:a 与各数据的差的平方和最小,从而将求 a 转化为求"与各数据的差的平方和"取到最小值时自变量的值.

解 设 $y = (x - a_1)^2 + (x - a_2)^2 + \cdots + (x - a_n)^2$,
则

$$y = nx^2 - 2(a_1 + a_2 + \cdots + a_n)x + (a_1^2 + a_2^2 + \cdots + a_n^2)$$

$$= n\left(x - \frac{a_1 + a_2 + \cdots + a_n}{n}\right)^2 + (a_1^2 + a_2^2 + \cdots + a_n^2) - \left(\frac{a_1 + a_2 + \cdots + a_n}{n}\right)^2,$$

所以当 $x = \dfrac{a_1 + a_2 + \cdots + a_n}{n}$ 时,

$$y_{\min} = (a_1^2 + a_2^2 + \cdots + a_n^2) - \left(\frac{a_1 + a_2 + \cdots + a_n}{n}\right)^2,$$

所以

$$a = \frac{a_1 + a_2 + \cdots + a_n}{n}.$$

例 5 对于函数 $f(x)$ ($x \in D$),若同时满足以下条件:

① $f(x)$ 在 D 上单调递增或单调递减;

② 存在区间 $[a, b] \subseteq D$,使 $f(x)$ 在 $[a, b]$ 上的值域是 $[a, b]$.

那么,我们把函数 $f(x)$ ($x \in D$) 叫做闭函数.

(1) 求闭函数 $y=-x^3$ 符合条件 ② 的区间 $[a,b]$;

(2) 判断函数 $y=2x-\lg x$ 是不是闭函数？若是，请说明理由，并找出区间 $[a,b]$；若不是，请说明理由；

(3) 若 $y=k+\sqrt{x+2}$ 是闭函数，求实数 k 的取值范围.

分析 本例的关键在于"闭函数"的两个条件，以及两个条件之间的关系. 单调性的证明可以利用基本函数的性质或者利用单调性证明. 而如果已知单调性，那么函数的最值应当在定义域端点处取到.

解 (1) 因为函数 $y=-x^3$ 在 **R** 上单调递减，所以由单调性得

$$\begin{cases} -a^3=b,\\ -b^3=a. \end{cases}$$

解方程组得

$$\begin{cases} a=-1,\\ b=1; \end{cases} \text{或} \begin{cases} a=1,\\ b=-1; \end{cases} \text{或} \begin{cases} a=0,\\ b=0. \end{cases}$$

(2) 设 $f(x)=y=2x-\lg x, x\in(0,+\infty)$，

令 $x_1=0.001$，则 $f(0.001)=3.002$；令 $x_2=0.01$，则 $f(0.01)=2.02$；令 $x_3=100$，则 $f(100)=198$.

因为 $x_1<x_2, f(x_1)>f(x_2)$；而 $x_2<x_3$，却有 $f(x_2)<f(x_3)$. 所以函数在 $(0,+\infty)$ 上不单调. 不满足"闭函数"的条件，所以函数 $y=2x-\lg x$ 不是"闭函数".

[第(2)问的难点在于函数 $y=2x-\lg x$ 单调性的判断. 不论是利用函数的运算或是利用定义都难以确定单调性，此时可以通过赋特殊值的方法进行探索. 或者利用图像叠加作出函数图像，根据图 2-1-3，可以发现经过叠加后的函数图像非常接近 y 轴时单调递减，当 x 无限增大时单调递增. 可以根据这两个特征通过举反例的方法证明函数不单调.]

(3) 函数 $y=k+\sqrt{x+2}$ 的定义区为 $[-2,+\infty)$，且在 $[-2,+\infty)$ 上单调递增，所以如果函数 $y=k+\sqrt{x+2}$ 是闭函数，则有

$$\begin{cases} a=k+\sqrt{a+2},\\ b=k+\sqrt{b+2},\\ -2\leqslant a<b. \end{cases}$$

方法 1 由上述不等式组可知，方程

$$x=k+\sqrt{x+2} \qquad (*)$$

有两个大于或等于 -2 的不相等的根.

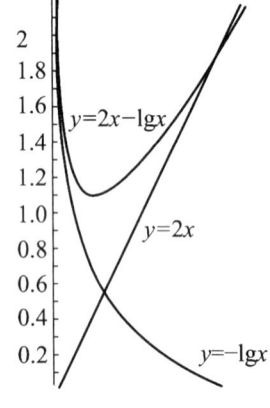

图 2-1-3

整理方程(*)得
$$x^2-(2k+1)x+k^2-2=0, x\geqslant k,$$
所以由根的分布得

1° 当 $k\leqslant-2$ 时,
$$\begin{cases}\Delta=(2k+1)^2-4(k^2-2)>0,\\ \dfrac{2k+1}{2}>-2,\\ (-2)^2-(2k+1)\cdot(-2)+k^2-2\geqslant 0,\end{cases}$$
$$\therefore k\in\left(-\dfrac{9}{4},-2\right].$$

2° 当 $k>-2$ 时,
$$\begin{cases}\Delta=(2k+1)^2-4(k^2-2)>0,\\ \dfrac{2k+1}{2}>k,\\ (k)^2-(2k+1)\cdot(k)+k^2-2\geqslant 0,\end{cases}$$
$$\therefore k\in\varnothing.$$

$\therefore$ 综上所述,k 的取值范围是 $\left(-\dfrac{9}{4},-2\right]$.

方法 2 因为方程 $x=k+\sqrt{x+2}$(*) 有两个大于或等于 -2 的不相等的根,整理方程(*)得
$$x-k=\sqrt{x+2}.$$

设 $y_1=x-k$,$y_2=\sqrt{x+2}$,则函数 y_1 与 y_2 的图像有两个不同的交点.

由图 2-1-4 得,当函数 $y_1=x-k$ 的图像介于直线 l_1 和 l_2 之间(可以与重合)时,两个函数图像有两个不同的交点.易知
$$l_2: y=x+2.$$

直线 l_1 与函数 y_2 图像相切,联立方程 $x-k=\sqrt{x+2}$,由
$$\Delta=0 \text{ 得} -k=\dfrac{9}{4}.$$

即
$$l_1: y=x+\dfrac{9}{4}.$$

所以

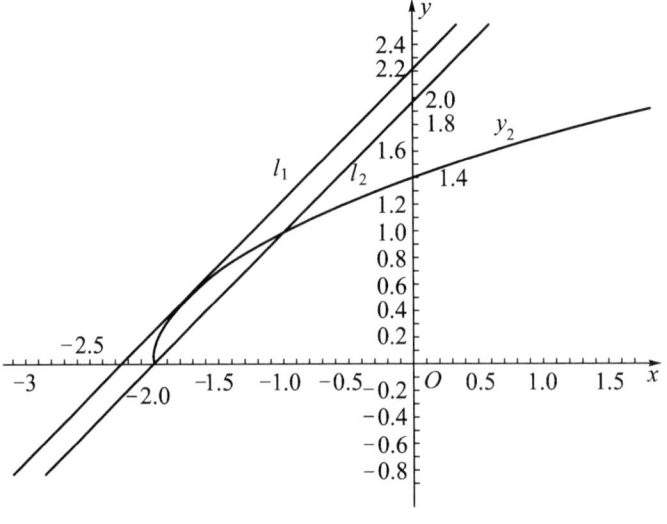

图 2-1-4

$-k \in \left[2, \dfrac{9}{4}\right)$,即 $k \in \left(-\dfrac{9}{4}, -2\right]$.

例 6 若有穷数列 $a_1, a_2, \cdots, a_n$(n 是正整数),满足 $a_1 = a_n, a_2 = a_{n-1}, \cdots, a_n = a_1$ 即 $a_i = a_{n-i+1}$(i 是正整数且 $1 \leqslant i \leqslant n$),就称该数列为"对称数列".

(1) 已知数列 $\{b_n\}$ 是项数为 7 的对称数列,且 b_1, b_2, b_3, b_4 成等差数列,$b_1 = 2$,$b_4 = 11$,试写出 $\{b_n\}$ 的每一项;

(2) 已知 $\{c_n\}$ 是项数为 $2k-1(k \geqslant 1)$ 的对称数列,且 $c_k, c_{k+1}, \cdots, c_{2k-1}$ 构成首项为 50,公差为 -4 的等差数列,数列 $\{c_n\}$ 的前 $2k-1$ 项和为 S_{2k-1},则当 k 为何值时,S_{2k-1} 取到最大值?最大值为多少?

(3) 对于给定的正整数 $m > 1$,试写出所有项数不超过 $2m$ 的对称数列,使得 $1, 2, 2^2, \cdots, 2^{m-1}$ 成为数列中的连续项;当 $m > 1500$ 时,试求其中一个数列的前 2008 项和 S_{2008}. (2007 年上海市高考题)

分析 本例是一道数列题,涉及的知识点是基本的等差数列求和,进而求最大值问题,并不是难题. 但最后一问除了要求真正理解"对称"的含义,还与函数最值、分类讨论及半开放式的探究型问题综合起来,题型新颖,创新性很强.

解 (1) 设 $\{b_n\}$ 的公差为 $|d|$,则 $b_4 = b_1 + 3|d| = 2 + 3|d| = 11$,解得 $|d| = 3$,

∴ 数列 $\{b_n\}$ 为 2,5,8,11,8,5,2.

(2) $S_{2k-1} = c_1 + c_2 + \cdots + c_{k-1} + c_k + c_{k+1} + \cdots + c_{2k-1}$
$= 2(c_k + c_{k+1} + \cdots + c_{2k-1}) - c_k$,

$S_{2k-1} = -4(k-13)^2 + 4 \times 13^2 - 50$,

∴ 当 $k = 13$ 时,S_{2k-1} 取得最大值.

S_{2k-1} 的最大值为 626.

(3) 所有可能的"对称数列"是：

① $1, 2, 2^2, \cdots, 2^{m-2}, 2^{m-1}, 2^{m-2}, \cdots, 2^2, 2, 1$；

② $1, 2, 2^2, \cdots, 2^{m-2}, 2^{m-1}, 2^{m-1}, 2^{m-2}, \cdots, 2^2, 2, 1$；

③ $2^{m-1}, 2^{m-2}, \cdots, 2^2, 2, 1, 2, 2^2, \cdots, 2^{m-2}, 2^{m-1}$；

④ $2^{m-1}, 2^{m-2}, \cdots, 2^2, 2, 1, 1, 2, 2^2, \cdots, 2^{m-2}, 2^{m-1}$.

对于①，当 $m \geqslant 2008$ 时，

$$S_{2008} = 1 + 2 + 2^2 + \cdots + 2^{2007} = 2^{2008} - 1.$$

当 $1500 < m \leqslant 2007$ 时，

$$\begin{aligned}S_{2008} &= 1 + 2 + \cdots + 2^{m-2} + 2^{m-1} + 2^{m-2} + \cdots + 2^{2m-2009} \\ &= 2^m - 1 + 2^{m-1} - 2^{2m-2009} \\ &= 2^m + 2^{m-1} - 2^{2m-2009} - 1.\end{aligned}$$

对于②，当 $m \geqslant 2008$ 时，

$$S_{2008} = 2^{2008} - 1.$$

当 $1500 < m \leqslant 2007$ 时，

$$S_{2008} = 2^{m+1} - 2^{2m-2008} - 1.$$

对于③，当 $m \geqslant 2008$ 时，

$$S_{2008} = 2^m - 2^{m-2008}.$$

当 $1500 < m \leqslant 2007$ 时，

$$S_{2008} = 2^m + 2^{2009-m} - 3.$$

对于④，当 $m \geqslant 2008$ 时，

$$S_{2008} = 2^m - 2^{m-2008}.$$

当 $1500 < m \leqslant 2007$ 时，

$$S_{2008} = 2^m + 2^{2008-m} - 2.$$

◆ 新运算

例7 $S = \{2, 4, 6, 8\}$. 运算 $*$ 表示 S 集中两元素乘积的个位数字. 求 $8*4$，$8*(6*4)$，$(8*6)*4$.

分析 每一种运算都有其运算规则，新定义运算问题的关键在于掌握其运算规则.

解 $\because 8 \times 4 = 32, \therefore 8 * 4 = 2.$

同理 $\qquad 8*(6*4) = 8*4 = 2,$

$$(8*6)*4 = 8*4 = 2.$$

例8 若三角形 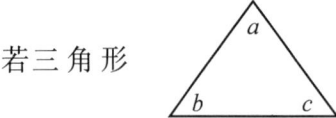 表示 $3abc$, 方框 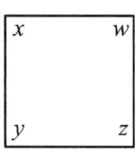 表示运算 $-4x^yw^z$, 求 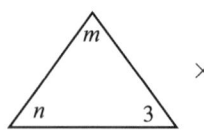 × 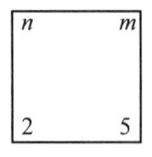 的值.

解 原式 $= 9mn \cdot (-4n^2m^5) = -36m^6n^3$.

例9 对于任意的两个实数对 (a, b) 和 (c, d), 规定: $(a, b) = (c, d)$, 当且仅当 $a = c, b = d$; 运算 "$\otimes$" 为: $(a, b) \otimes (c, d) = (ac - bd, bc + ad)$; 运算 "$\oplus$" 为: $(a, b) \oplus (c, d) = (a + c, b + d)$, 设 $p, q \in \mathbf{R}$, 若 $(1, 2) \otimes (p, q) = (5, 0)$, 则 $(1, 2) \oplus (p, q) = (\quad)$.

(A) $(4, 0)$　　(B) $(2, 0)$　　(C) $(0, 2)$　　(D) $(0, -4)$

(2006年广东省高考题)

分析 在运算过程中必须严格按照定义, 不可将已经掌握的运算法则(诸如交换律、分配律等)随意迁移到新的运算中.

解 由已知

$$(a, b) \otimes (c, d) = (ac - bd, bc + ad),$$

$$\therefore (1, 2) \otimes (p, q)$$

$$= (p - 2q, 2p + q) = (5, 0),$$

$\because (a, b) = (c, d)$, 当且仅当 $a = c, b = d$,

$$\therefore \begin{cases} p - 2q = 5, \\ 2p + q = 0, \end{cases}$$

$$\therefore \begin{cases} p = 1, \\ q = -2. \end{cases}$$

又

$\because (a, b) \oplus (c, d) = (a + c, b + d),$

$\therefore (1, 2) \oplus (p, q) = (1, 2) \oplus (1, -2)$

$$= (2, 0).$$

所以本题答案为 B.

新定义问题经常作为填空题、选择题和解答题的压轴题, 难点在于理解题意,对阅读能力、理解能力有较高的要求.如例2、例4、例6和例9都是近年高考中的题目.

解决这类问题时,当"新概念"和已熟知的"旧概念"相类似,一定不能将"旧概念"随意地迁移到新问题中.如例2中的"距离坐标'有序非负实数对'"与已熟知的"点的坐标'有序实数对'",例3中的"距离【AB】"与已熟知的"两点间距离$|AB|$".

在"新运算"问题中,要根据条件给出的运算法则进行运算,如例8的运算法则.不能将已有的运算法则随意迁移,如不能将乘法运算"×"中的交换律、结合律、对加法的分配律迁移至"$\otimes$"、"*"运算中,如例7、例9.

在解"新定义"问题时,要仔细理解题意,切忌思维定势,不能将新问题混同于旧知识.要在新的语境中分析问题,紧扣定义、运算法则的同时深入挖掘内涵,将新问题转化为已经掌握的、能够解决的问题,并运用数形结合、分类讨论、函数方程等思想方法加以解决.

2-2 存在性问题的证明

近年来,随着考试改革的深化和新教材中研究性课题的不断引入,探索题正逐渐成为中考与高考的热点.而"存在性问题"是热点中的热点.就拿 2008 年的中高考题来说,全国各省市考题的压轴题很多都是存在性探索题,如湖北、四川、沈阳、浙江、福建、山东、江苏、山西、重庆等地的中考题,湖北、广东、山东、湖南、北京等地的高考题.这类题目能考查学生对数学思想方法的理解和解题规律的运用,考查学生的观察、猜想、探究以及判断、分析、推理、归纳能力,也有利于培养学生的实践能力和创新能力,所以经常作为压轴题出现.

解决这类问题的基本原理就是证特称命题 $\exists x P(x)$ 为真,前已论述,本节谈点解题方法和技巧.

要证明一个存在性问题,主要有两种方法:

◆ **第一种方法是把符合要求的对象找出来,这种方法叫做构造法**

关于构造法,很难归纳出一般的步骤,这里只能介绍几种技巧:**直觉构造法,直接构造法,放大法,假设性构造法**.

在构造法里,有的是依据直觉,我们可称其为**直觉构造法**.譬如,在前面提到的例题:

试证:a 和 b 之间存在着实数 ($a<b$).

我们凭直觉知道 a、b 的平均数就是符合要求的.

例1 如图 2-2-1,在底面是菱形的四棱锥 $P\text{-}ABCD$ 中,$\angle ABC=60°$,$PA=AC=a$,$PB=PD=\sqrt{2}a$,点 E 在 PD 上,且 $PE:ED=2:1$.

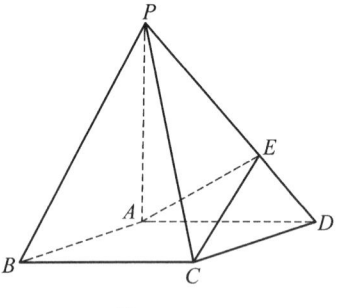

图 2-2-1

(1) 证明:$PA \perp$ 平面 $ABCD$;

(2) 求以 AC 为棱,EAC 与 DAC 为面的二面角 θ 的大小;

(3) 在棱 PC 上是否存在一点 F,使 $BF //$ 平面 AEC?证明你的结论.

解 (1)、(2) 略.

(3) 似乎 F 在 PC 的中点时可能符合要求（这是直觉），于是就尝试证明该点符合要求.

当 F 是棱 PC 的中点时, $BF //$ 平面 AEC,证明如下：

如图 2-2-2,取 PE 的中点 M,联结 FM,则 $FM // CE$.   ①

由 $EM = \dfrac{1}{2}PE = ED$,知 E 是 MD 的中点.

联结 BM、BD,设 $BD \cap AC = O$,则 O 为 BD 的中点.

所以 $BM // OE$.   ②

由①、②知,平面 $BFM //$ 平面 AEC.

又 $BF \subset$ 平面 BFM,所以 $BF //$ 平面 AEC.

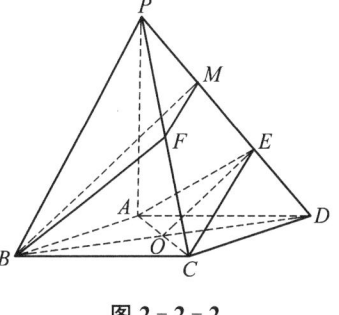

图 2-2-2

另一种构造法是从谓词式（即 $\exists x P(x)$ 中的 $P(x)$）出发,根据已经学过的公式、法则将它直接求出,这种方法可称为**直接构造法**. 譬如,一元二次方程的求根,二次函数求最大（小）值等,从逻辑角度看,都可以看成存在性问题. 我们可以直接用公式和法则把它们找到.

例 2 已知二次函数 $y_1 = f_1(x)$ 的图像以原点为顶点且过点 $(1, 1)$,反比例函数 $y_2 = f_2(x)$ 的图像与直线 $y = x$ 的两个交点间距离为 8,$f(x) = f_1(x) + f_2(x)$.

(1) 求函数 $f(x)$ 的表达式；

(2) 证明：当 $a > 3$ 时,关于 x 的方程 $f(x) = f(a)$ 有三个实数解.

解 (1) (略解) $f(x) = x^2 + \dfrac{8}{x}$.

(2) 由 $f(x) = f(a)$,得

$$x^2 + \dfrac{8}{x} = a^2 + \dfrac{8}{a},$$

即

$$(x - a)\left(x + a - \dfrac{8}{ax}\right) = 0,$$

得方程的一个解 $\quad\quad\quad\quad x_1 = a.$

方程 $x + a - \dfrac{8}{ax} = 0$ 化为

$$ax^2 + a^2 x - 8 = 0,$$

由 $a > 3$,$\Delta = a^4 + 32a > 0$,得

$$x_2 = \dfrac{-a^2 - \sqrt{a^4 + 32a}}{2a}, \quad x_3 = \dfrac{-a^2 + \sqrt{a^4 + 32a}}{2a}, \quad x_2 < 0, \quad x_3 > 0,$$

∵ $x_1 \neq x_2$，且 $x_2 \neq x_3$．若 $x_1 = x_3$，即

$$a = \frac{-a^2 + \sqrt{a^4 + 32a}}{2a},$$

则

$$3a^2 = \sqrt{a^4 + 32a},$$
$$a^4 = 4a,$$

得

$$a = 0 \text{ 或 } a = \sqrt[3]{4},$$

这与 $a > 3$ 矛盾，∴ $x_1 \neq x_3$．

故原方程 $f(x) = f(a)$ 有三个实数解．

还有一种构造法是**放大法**（应该还是属于直接构造法），往往适用于要求是不等式的情形．

如前面所述的例题：求证 $y = 2\sin x + 1$ 有界．就利用了放大法得到它的界．

有关存在性问题，除了上面所讨论的"证明存在"之外，还有一类"探索存在"，也就是不知道能够使条件成立的对象是否存在，需要我们去探究其存在性．这类问题用上述的几种方法：直觉构造法、直接构造法（包括放大法）就不太合适了，这时候我们可以运用**假设性构造法**，即：

第一步假设符合要求的个体存在；

第二步根据假设进行推理，寻找应满足的条件；

第三步下结论，若推理的过程可逆，则所要探索的个体存在；若出现矛盾，则所要探索的事物不存在．

下面的例题就是运用假设性构造法来解决探索存在性问题．

例 3 如图 2-2-3，抛物线 $y = ax^2 + bx + c$ 和 x 轴交于 A、B 两点（点 A 在点 B 左侧），与 y 轴交于点 C，且当 $x = 0$ 和 $x = 2$ 时，y 的值相等．直线 $y = 3x - 7$ 与这条抛物线相交于两点，其中一点的横坐标是 4，另一点是这条抛物线的顶点 M．

（1）求这条抛物线的解析式；

（2）在线段 BM 上是否存在点 N，使 $\triangle NMC$ 是等腰三角形？若存在，请求出点 N 的坐标；若不存在，请说明理由．

解（1）抛物线方程是 $y = x^2 - 2x - 3$．

（2）假定这样的点 N 存在，使 $\triangle NMC$ 是等腰三角形．

因为点 B 坐标是 $(3, 0)$，MB 的方程是

$$y = 2x - 6.$$

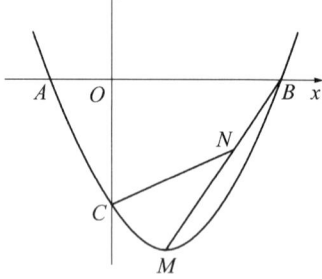

图 2-2-3

点 N 在 MB 上，不妨设 N 的坐标是 $(n, 2n-6)$．利用两点距离公式，可得

$$CM^2 = 2,$$

$$CN^2 = n^2 + [3-(6-2n)]^2,$$
$$MN^2 = (n-1)^2 + [4-(6-2n)]^2.$$

△NMC 是等腰三角形,有三种可能,一一讨论之后,得

$$N_1\left(\frac{7}{5}, -\frac{16}{5}\right), N_2\left(1+\frac{\sqrt{10}}{5}, \frac{2\sqrt{10}}{5}-4\right), N_3(2,-2).$$

所以符合要求的 N 点是存在的.

本题就是先假定存在,然后找出这个对象满足的要求,最终把这个对象找出来. 再如下题.

例 4 (2008 年浙江湖州中考题) 已知在矩形 $AOBC$ 中,$OB=4$,$OA=3$. 分别以 OB、OA 所在直线为 x 轴和 y 轴,建立如图 2-2-4 所示的平面直角坐标系. F 是边 BC 上的一个动点(不与 B、C 重合),过 F 点的反比例函数 $y=\frac{k}{x}(k>0)$ 的图像与 AC 边交于点 E.

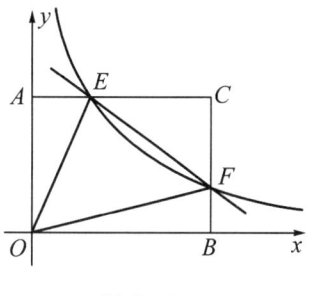

图 2-2-4

(1) 求证:△AOE 与 △BOF 的面积相等;
(2) 记 $S=S_{\triangle OEF}-S_{\triangle ECF}$,求当 k 为何值时,S 有最大值,最大值为多少?
(3) 请探索:是否存在这样的点 F,使得将 △CEF 沿 EF 对折后,C 点恰好落在 OB 上?若存在,求出点 F 的坐标;若不存在,请说明理由.

从命题结构分析,第(3)小题是这样的:是否存在这样的点 F(或者是否存在这样的 k),使得 C 关于 EF 的对称点落在横轴上. 如果这样的 F 是存在的,那么就出现了一个特称命题:

$$\exists F(F \text{ 点满足某种性质}),$$

或者

$$\exists k(k \text{ 满足某种性质}).$$

我们可用假设性构造法探求 F 点的存在性.

解 (1) 略.

(2) (略解) $E\left(\frac{k}{3}, 3\right), F\left(4, \frac{k}{4}\right)$,

$$S_{\triangle ECF} = \frac{1}{2} EC \cdot CF = \frac{1}{2}\left(4-\frac{1}{3}k\right)\left(3-\frac{1}{4}k\right),$$

∴ $S_{\triangle EOF} = S_{矩形AOBC} - S_{\triangle AOE} - S_{\triangle BOF} - S_{\triangle ECF}$

$$= 12 - \frac{1}{2}k - \frac{1}{2}k - S_{\triangle ECF} = 12 - k - S_{\triangle ECF},$$

$$\therefore S = S_{\triangle OEF} - S_{\triangle ECF}$$
$$= 12 - k - 2S_{\triangle ECF}$$
$$= 12 - k - 2 \times \frac{1}{2}\left(4 - \frac{1}{3}k\right)\left(3 - \frac{1}{4}k\right),$$
$$\therefore S = -\frac{1}{12}k^2 + k.$$

所以,当 $k=6$ 时,S 有最大值为 3.

(3) 假设存在这样的点 F,将 $\triangle CEF$ 沿 EF 对折后,C 点恰好落在 OB 边上的 M 点,过点 E 作 $EN \perp OB$,垂足为 N. 如图 2-2-5.

由题意得 $EN = AO = 3$,$EM = EC = 4 - \frac{1}{3}k$,

$MF = CF = 3 - \frac{1}{4}k$,

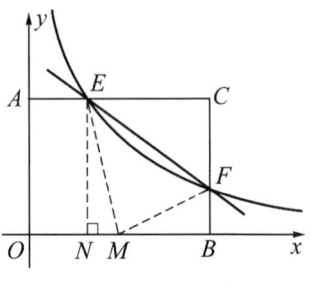

图 2-2-5

$$\because \angle EMN + \angle FMB = \angle FMB + \angle MFB = 90°,$$
$$\therefore \angle EMN = \angle MFB.$$
又 $\because \angle ENM = \angle MBF = 90°,$
$$\therefore \triangle ENM \sim \triangle MBF.$$
$$\therefore \frac{EN}{MB} = \frac{EM}{MF},$$
$$\therefore \frac{3}{MB} = \frac{4 - \frac{1}{3}k}{3 - \frac{1}{4}k} = \frac{4\left(1 - \frac{1}{12}k\right)}{3\left(1 - \frac{1}{12}k\right)},$$
$$\therefore MB = \frac{9}{4}.$$
$$\because MB^2 + BF^2 = MF^2,$$
$$\therefore \left(\frac{9}{4}\right)^2 + \left(\frac{k}{4}\right)^2 = \left(3 - \frac{1}{4}k\right)^2,$$

解得
$$k = \frac{21}{8}.$$
$$\therefore BF = \frac{k}{4} = \frac{21}{32}.$$

∴ 存在符合条件的点 F，它的坐标为 $\left(4, \dfrac{21}{32}\right)$.

例 5 虚数 z 满足 $|2z+15|=\sqrt{3}|\bar{z}+10|$. (1) 求 $|z|$ 的值；(2) 是否存在实数 a，使 $\dfrac{z}{a}+\dfrac{a}{z}$ 为实数？若存在，求出 a 的值；若不存在，请说明理由.

解 (1) 解略.

(2) 假设存在实数 a，使得

$$\dfrac{z}{a}+\dfrac{a}{z} \in \mathbf{R},$$

则有

$$\dfrac{z}{a}+\dfrac{a}{z}=\dfrac{\bar{z}}{a}+\dfrac{a}{\bar{z}},$$

$$\therefore \dfrac{z-\bar{z}}{a}+\dfrac{a(\bar{z}-z)}{z\bar{z}}=0.$$

$$\therefore (z-\bar{z})\left(\dfrac{1}{a}-\dfrac{1}{|z|^2}\right)=0,$$

$$\therefore z-\bar{z} \neq 0 (z \text{ 为虚数}), \dfrac{1}{a}-\dfrac{1}{|z|^2} \neq 0.$$

$$\therefore |z|^2=a^2=75.$$

$$\therefore a=\pm 5\sqrt{3}.$$

◆ **第二种方法是非构造性证法**

由某个公理或定理（这种原理通常称为"存在定理"），断言符合要求的对象必定存在，但并没有具体地找出这个元素.

仍然以例 2 为例，证法二如下：
因为

$$f(x)=f(a),$$

得

$$x^2+\dfrac{8}{x}=a^2+\dfrac{8}{a},$$

即

$$\dfrac{8}{x}=-x^2+a^2+\dfrac{8}{a}.$$

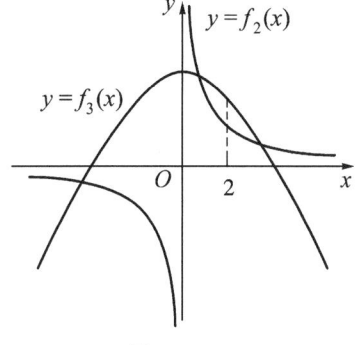

图 2-2-6

在同一坐标系内作出 $f_2(x)=\dfrac{8}{x}$ 和 $f_3(x)=-x^2+a^2+\dfrac{8}{a}$ 的大致图像，如图 2-2-6. 其中 $f_2(x)$ 的图像是以坐标轴

为渐近线,且位于第一、三象限的双曲线,$f_3(x)$ 的图像是以 $\left(0, a^2+\dfrac{8}{a}\right)$ 为顶点,开口向下的抛物线.因此,$f_2(x)$ 与 $f_3(x)$ 的图像在第三象限有一个交点,即 $f(x)=f(a)$ 有一个负数解.又

$$\because f_2(2)=4,\ f_3(2)=-4+a^2+\dfrac{8}{a},$$

当 $a>3$ 时,

$$f_3(2)-f_2(2)=a^2+\dfrac{8}{a}-8>0,$$

当 $a>3$ 时,在第一象限 $f_3(x)$ 的图像上存在一点 $(2, f(2))$ 在 $f_2(x)$ 图像的上方.$f_2(x)$ 与 $f_3(x)$ 的图像在第一象限有两个交点,即 $f(x)=f(a)$ 有两个正数解.因此,方程 $f(x)=f(a)$ 有三个实数解.

这个解法的实质是运用了"介值定理"①的特殊情况——零值定理判断出一定有解,但是并不需要深究解的具体数值.

存在命题的非构造证法仅证明符合条件的对象肯定存在,但究竟是哪一个,并没有说明.非构造性证法往往要依靠一些所谓的存在定理,有的存在定理是特定的,譬如,一元二次方程的根的判别式就可以看成是实数根的存在定理.如果 Δ 大于 0,肯定有两个不相等的实数根,但究竟是怎样的两个根,并不知道.有的通用性较强,如抽屉原则、平均值原理、零积原理等.

小结一下,对于存在性问题的证明,我们一共介绍了如下的思想方法和技巧:

1. **构造性方法**
   直觉构造法,直接构造法,放大法,假设性构造法.
2. **非构造性方法**

---

① 介值定理:设函数 $y=f(x)$ 在闭区间 $[a,b]$ 上连续,则在这区间必有最大最小函数值:$f(\min)=A,\ f(\max)=B$,且 $A\neq B$,那么,不论 C 是 A 与 B 之间怎样的一个数,在开区间 (a,b) 内至少有一点 ξ,使 $f(\xi)=C(a<\xi<b)$.

特别地,如果 $f(a)$ 与 $f(b)$ 异号,那么在开区间 (a,b) 内至少有一点 ξ,使得 $f(\xi)=0(a<\xi<b)$——零值定理

2-3 "恒成立"问题的解法

我们解题时经常会遇到定值问题、定位问题和用了"无论……某某恒不变","……和某某无关","不管……某恒成立"这样词语的问题,这些习题,看来很复杂,其实,不管是几何的或代数的,不管题目的词语怎么复杂,怎么的顺叙倒叙,从逻辑的角度看,此类问题都属于一致型命题. 数学里很喜欢研究不变性,张景中院士说:数学家的眼光,常常盯住变化中的不变的东西,正是这些不变的东西,把变化中的不同镜头联系起来,帮助我们认识变化过程的本质,帮助我们解决各种问题(张景中,《数学家的眼光》). 也有人把这类问题涉及的思想叫"无关思想". 一致型命题就涉及**不变性**,涉及所谓的"无关思想". 抓住了逻辑结构,抓住了"一致型命题",我们的头脑就可以清晰很多. 当然,明白了逻辑结构未必就能够解出习题,毕竟解题还有技巧问题.

这类所谓的"恒成立"问题,**常具有一致型命题"$\exists a \forall x P(a, x)$"这样的命题结构**,其中$P(a, x)$是谓词(式),**然后要找"一致值"$a$的值或范围. 这是这类问题的本质.**

在阅读题目的时候,**首先我们要确定主元,即哪个量在变;同时要弄清楚哪个量是不变的.** 上面结构式里的x在变. 不管x怎么变,有个和另一个字母a相关的式子——谓词式($P(a, x)$)却"恒成立",这个a,肯定不是随随便便的数了,应该是不变的. 在具体的题目中,这个不变的量可能是经常使用的a、k等字母;有时也可能是x、y这些习惯上用来表示变量的字母,譬如证明某曲线过定点,就是过$P(x, y)$,(当然也可以表示成$P(x_0, y_0)$).

其次,为了弄清题目的逻辑结构,首先要把用词上可能这样(如"不管……")、可能那样的(如"和……无关"),词序上可能顺叙、可能倒叙的自然语言**整理成逻辑上规范的格式**,即量词和个体在前面,反映它们之间的关系的谓词在后面. 其中个体有两种(前面各自有量词约束),次序不能颠倒.

譬如

"存在一个x_0,对任意的x,都有$f(x) = x^2 + 2x + 1 \geqslant f(x_0)$."

这是规范的叙述法,但在用自然语言表述的题目里,这个题,可以说成:

"函数 $f(x)=x^2+2x+1$ 有最小值,不管 x 怎么变化,总不小于某个函数值 $f(x_0)$,"等.

第三,"恒成立"问题和前面的"存在"问题有共同点:都是证明(或问是否)存在,因此,"恒成立"问题也可以认为是存在性问题,但也有不同之处:一个是多元的,一个是一元的. 我们知道,存在问题的逻辑结构是:

$$\exists x P(x).$$

"恒成立"问题的逻辑结构是:

$$\exists k \forall x P(k,x),$$

我们也是要证明一致值 k 存在,或寻找 k 的值(或者范围),只是这个 k,要满足一个更复杂的要求 $P(k,x)$.

存在性问题的解法,前面我们归纳为三种方法:一是构造法,包括直觉构造法,从谓词推演法(直接构造法,放大法),假设性构造法;二是非构造法;三是反证法. 我们说过,这是抛砖引玉,远不是尽善尽美的. "恒成立"问题更为复杂,要把它的解法整理出来,更为困难.

我们接触到的"恒成立"问题的解法大致有两种.

◆ **第一种是特殊值(位置)探求法**

所谓特殊值探求法就是通过特殊值代入,先探求定值是几,一旦定值探求出来,接下去的问题就是把原先的问题转化为一般的证明题了. 探求法的好处是,把定值问题转化为普通的证明题,方向比较明确. 同时,在接下去的证明过程中,证明方法有时会受到探求过程的启发.

还有,假如所给的题目是填空题或选择题,不需要解答过程,这时,可直接将探求得到的值作为答案,这是一种考试智慧. 探求法的依据就在于它是一致型命题. 这是因为,如果

$$\exists a \forall x P(a,x)$$

成立,即这个命题对任意 x 都成立,那么当然对 x 的某一个值 x_0 一定也成立. 这样,令 $x=x_0$,有时根据 a、x 之间的关系 $P(a,x)$,可以探求出 a 的值来. 但是还要验证,这个 a 对一切 x 都成立.

◆ **第二种是从谓词式推演法**

有时,可以从谓词式直接计算,有的书上叫**直接计算法**;也可利用参数,有的书上叫**参数法**. 直接计算法和参数法本质一样,都是通过对谓词式的推演计算求得一致值(相关参数都消去了). 直接法往往题目里有参数,而参数法往往需要我们设参数. 有时,从谓词推演法还有好多巧妙的变式. 要注意,我们说是从谓词推演法,其实不光从谓词推演,往往还要利用一致值的**约束条件**.

如果说探求法最能够体现逻辑思想的话,那么,从谓词推演法充满了技巧.

下面我们就分别来看一看几种常见的类型,并探讨一些技巧.

◆ **定值问题**

定值问题是典型的一致型命题.

例 1 已知 $\dfrac{1}{a}+\dfrac{1}{b}+\dfrac{1}{c}=1$,求证:$\dfrac{b+c}{a}+\dfrac{c+a}{b}+\dfrac{a+b}{c}-a-b-c$ 是定值.

这题的意思是:不论 a、b、c 是怎样的数$\Big($当然要满足 $\dfrac{1}{a}+\dfrac{1}{b}+\dfrac{1}{c}=1$,这是约束条件$\Big)$,式子 $\dfrac{b+c}{a}+\dfrac{c+a}{b}+\dfrac{a+b}{c}-a-b-c$ 的值总是固定的一个数值. 但是这个数值是多少,并没有指出. 如果改说成:"存在一个数值 A,对于每一个符合条件的数组 a,b,c,式子 $\dfrac{b+c}{a}+\dfrac{c+a}{b}+\dfrac{a+b}{c}-a-b-c$ 的值总等于 A",这就很明显是一致型命题了. 如果将它形式化,就是

$$\exists A \;\forall (a,b,c)\left(\dfrac{b+c}{a}+\dfrac{c+a}{b}+\dfrac{a+b}{c}-a-b-c=A\right),$$

其中 a,b,c 是满足

$$\dfrac{1}{a}+\dfrac{1}{b}+\dfrac{1}{c}=1 \text{ 的数组}.$$

这道题可以改为:

已知 $\dfrac{1}{a}+\dfrac{1}{b}+\dfrac{1}{c}=1$,求 $\dfrac{b+c}{a}+\dfrac{c+a}{b}+\dfrac{a+b}{c}-a-b-c$ 的值.

这是条件求值. 可见,条件求值题本质上是定值问题,是所谓的"恒成立问题".

下面我们先用特殊值探求法来求解例 1.

此题中既然不论 a、b、c 是怎样的数$\Big($当然要满足题设条件 $\dfrac{1}{a}+\dfrac{1}{b}+\dfrac{1}{c}=1\Big)$,式子 $\dfrac{b+c}{a}+\dfrac{c+a}{b}+\dfrac{a+b}{c}-a-b-c$ 的值总是固定的一个数值,相应的命题结构为:

$$\exists k \;\forall a,b,c\left(\dfrac{b+c}{a}+\dfrac{c+a}{b}+\dfrac{a+b}{c}-a-b-c=k\right).$$

那么对特殊的一组数 $a=3, b=3, c=3\Big($满足题设条件 $\dfrac{1}{a}+\dfrac{1}{b}+\dfrac{1}{c}=1\Big)$,式子 $\dfrac{b+c}{a}+\dfrac{c+a}{b}+\dfrac{a+b}{c}-a-b-c$ 的值也应该是这个固定的数值. 于是定值 A 就可以探求得到.

解 令 $a=3, b=3, c=3\Big($满足题设条件 $\dfrac{1}{a}+\dfrac{1}{b}+\dfrac{1}{c}=1\Big)$,得

$$\frac{b+c}{a}+\frac{c+a}{b}+\frac{a+b}{c}-a-b-c=-3.$$

于是原题就转化为

"已知 $\frac{1}{a}+\frac{1}{b}+\frac{1}{c}=1$,求证: $\frac{b+c}{a}+\frac{c+a}{b}+\frac{a+b}{c}-a-b-c=-3.$"

(如果本题改为填空题,则直接可填了)

因为

$$\frac{b+c}{a}+\frac{c+a}{b}+\frac{a+b}{c}-a-b-c=\frac{a+b+c}{a}+\frac{b+c+a}{b}+\frac{a+b+c}{c}$$
$$-a-b-c-3$$
$$=(a+b+c)\left(\frac{1}{a}+\frac{1}{b}+\frac{1}{c}\right)$$
$$-(a+b+c)-3,$$

将 $\frac{1}{a}+\frac{1}{b}+\frac{1}{c}=1$ **整体代入**,得

$$上式=-3.$$

所以, $\frac{b+c}{a}+\frac{c+a}{b}+\frac{a+b}{c}-a-b-c$ 是定值.

光探求得到了定值可能是 -3,还不能算这个题解完了,必须进行一般性的证明.

此题也可以用直接法解.用直接法解的时候,就是直接对

$$\frac{b+c}{a}+\frac{c+a}{b}+\frac{a+b}{c}-a-b-c$$

进行计算,如果最后结果中 a、b、c 不出现了,那就说明和 a、b、c 无关,计算的结果就是定值. 实际上,如果对这个例题,不进行上面的探求,直接计算,也可以得到结果 -3.

下面这道综合题中的第(2)个小题就可以用直接法进行求解.

例 2 (2008 年山东省济南市中考题) 已知抛物线 $y=ax^2+bx+c(a\neq 0)$,顶点 $C(1,-3)$,与 x 轴交于 A、B 两点, $A(-1,0)$.

(1) 求这条抛物线的解析式;

(2) 如图 2-3-1,以 AB 为直径作圆,与抛物线交于点 D,与抛物线对称轴交于点 E,依次联结 A、D、B、E,点 P 为线段 AB 上一个动点(P 与 A、B 两点不重合),过点 P 作 $PM\perp AE$ 于点 M, $PN\perp DB$ 于点 N,请判断 $\frac{PM}{BE}+\frac{PN}{AD}$ 是否为定值?

若是,请求出此定值;若不是,请说明理由.

(3) 略.

解 (1) 略解,$y = \frac{3}{4}x^2 - \frac{3}{2}x - \frac{9}{4}$;

(2) 是定值,$\frac{PM}{BE} + \frac{PN}{AD} = 1$.

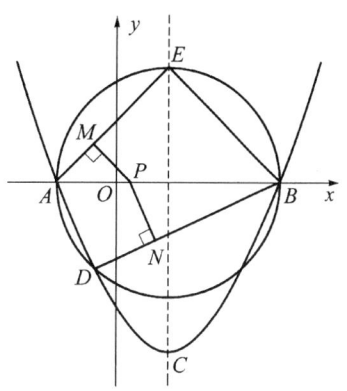

图 2-3-1

∵ AB 为直径,

∴ $\angle AEB = 90°$.

∵ $PM \perp AE$,

∴ $PM \parallel BE$.

∴ $\triangle APM \backsim \triangle ABE$,

∴ $\frac{PM}{BE} = \frac{AP}{AB}$.　　　　　　　　　　　　　①

同理　　　　　　$\frac{PN}{AD} = \frac{PB}{AB}$.　　　　　　　②

①+②,得

$$\frac{PM}{BE} + \frac{PN}{AD} = \frac{AP}{AB} + \frac{PB}{AB} = 1.$$

式子 $\frac{PM}{BE} + \frac{PN}{AD}$ 中含有可变的点 P,按理说,它的值也应该是变的. 相应的命题结构是:

$$\exists k \, \forall P \left(\frac{PM}{BE} + \frac{PN}{AD} = k \right).$$

直接计算法就是从含有变化因素的式子 $\frac{PM}{BE} + \frac{PN}{AD}$ 着手,进行演算,如果最后得到的结果是和变化因素 P 无关的一个常数,那么这个常数就是我们要找的定值.

这道题,如果先探求一下也是可以的. 只要假定 P 在圆心处,显然 $\frac{PM}{BE}$、$\frac{PN}{AD}$ 都等于 $\frac{1}{2}$,于是 $\frac{PM}{BE} + \frac{PN}{AD}$ 应等于 1.

参数法是根据题目的需要进行设参数,然后根据条件在计算或证明的过程中消去参数,以达到化简、证明的目的. 如例题 3 就是用参数法解决的定值问题.

例 3 已知 $\frac{x(y+z)}{7} = \frac{y(x+z)}{8} = \frac{z(x+y)}{9}$,证明:$\frac{z^2}{x^2+y^2}$ 的值为定值.

解 设 $k = \frac{x(y+z)}{7} = \frac{y(x+z)}{8} = \frac{z(x+y)}{9}$,则

$$\begin{cases} xy+xz=7k, \\ yx+yz=8k, \\ zx+zy=9k. \end{cases}$$

解得

$$xy+yz+zx=12k.$$
$$x^2y^2z^2=60k^3.$$

得到

$$x^2=\frac{12}{5}k,\ y^2=\frac{15}{4}k,\ z^2=\frac{20}{3}k,$$

$$\frac{z^2}{x^2+y^2}=\frac{\frac{20}{3}k}{\frac{12}{5}k+\frac{15}{4}k}=\frac{\frac{20}{3}}{\frac{123}{20}}=\frac{400}{369}.$$

所以 $\dfrac{z^2}{x^2+y^2}$ 的值为定值.

本题利用特殊值探求法不简便,因为要找到一组满足约束条件的 x、y、z 的数值本身就不容易.

例 4 两圆同心,AB 为大圆直径,P 为小圆上任一点,求证:PA^2+PB^2 为定值.

证明 当 P 位于大圆直径 AB 上时,有,

$$PA^2+PB^2$$
$$=(R+r)^2+(R-r)^2$$
$$=2R^2+2r^2,$$

其中 R、r 分别为大圆和小圆半径.

接下去,设法证明,P 在小圆上的任何位置,有

$$PA^2+PB^2=2R^2+2r^2$$

成立(略).

剖析 这题应证

$$\exists k\ \forall P(PA^2+PB^2=k).\qquad ①$$

我们先假设它成立,通过特殊值(这里实际上是令 P 点在某个位置上),探究出 k 的值. 也就是说,如果①式成立,那么 k 一定等于 $2R^2+2r^2$. 接下去只要验证对 P 的每一个位置,证明 PA^2+PB^2 等于这个已经探究出的一致值($2R^2+2r^2$)就行了.

例 5 过抛物线 $y=ax^2(a>0)$ 焦点 F 的弦与抛物线交于两点 A、B,若

$|AF|=p$,$|BF|=q$,则 $\dfrac{1}{p}+\dfrac{1}{q}=$( ).

(A) $2a$ (B) $\dfrac{1}{2}a$ (C) $4a$ (D) $\dfrac{1}{4}a$

分析 本例为一选择题,从选项可以判断,要求的表达式 $\dfrac{1}{p}+\dfrac{1}{q}$ 是一个与 p、q 无关,即与焦点弦的位置无关的"定值",它只和抛物线方程中 x^2 项系数有关.因此可以选取一条特殊位置的焦点弦研究.

本例中,当焦点弦与 y 轴垂直时,$p=q=\dfrac{1}{2a}$,∴ $\dfrac{1}{p}+\dfrac{1}{q}=4a$. 答案为C. 当然,如果本题以解答题的形式出现,还必须严格推理求解.下面用直线参数方程的方法加以演示:

设直线的参数方程 $l_{AB}:\begin{cases} x=t\cos\alpha, \\ y=\dfrac{1}{4a}+t\sin\alpha, \end{cases}$(其中 t 为参数),代入抛物线方程 $y=ax^2(a>0)$,得 $at^2\cos^2\alpha-t\sin\alpha-\dfrac{1}{4a}=0$,则

$$\dfrac{1}{p}+\dfrac{1}{q}$$
$$=\dfrac{1}{|t_1|}+\dfrac{1}{|t_2|}=\dfrac{|t_1-t_2|}{|t_1t_2|}=\dfrac{\sqrt{(t_1+t_2)^2-4t_1t_2}}{|t_1t_2|}$$
$$=\dfrac{\dfrac{1}{a}\sqrt{\sin^2\alpha-4(a\cos^2\alpha)\left(-\dfrac{1}{4a}\right)}}{\dfrac{1}{4a^2}}=4a.$$

◆ **定位问题**

在几何问题中,有时会遇到所谓的**定位问题**,就是当某个因素变动时,和它相关的某个图形保持不变,有两类问题是最主要的:

一是**过定点问题**:变动的直线和圆,或抛物线过定点;

二是**在定直(曲)线上问题**:变动的点在定直线、定圆或定抛物线上.

从逻辑上看,定位问题的本质也是一致型命题,它的解法和定值问题类似,也有从谓词推演法(直接法、参数法)、特殊值(在几何问题中,实际上可能是赋以特殊的图形或位置)探求法,有时还可以将定位问题转化为定值问题.

例6 求证:抛物线 $y=-\dfrac{1}{2}x^2-(k+1)x-2k(k<0)$ 过定点.

这里的抛物线是含参数 k 的,当 k 取不同数值时,得到的抛物线是不同的,但是需要我们证明的是,这些不同的抛物线却经过一个固定的点.很明显,这类问题

也涉及了一致型命题：存在一个点，对于每一个 k（对应着每一条抛物线）来说，这些抛物线都经过这个定点．

解 令 $k=-1$，得
$$y=-\frac{1}{2}x^2+2;$$

令 $k=0$，得
$$y=-\frac{1}{2}x^2-x.$$

解由它们组成的方程组，可知它们的交点是 $(-2,0)$．于是可知，如果这些抛物线过定点，那么该定点应该是 $(-2,0)$．

将 $(-2,0)$ 代入抛物线解析式右边：
$$-\frac{1}{2}x^2-(k+1)x-2k=-2+2(k+1)-2k=0,$$

说明适合抛物线的解析式，因而点 $(-2,0)$ 在这条抛物线上．

这个例子充分说明了特殊值探求法的好处．

例 7 若 $\frac{1}{a}+\frac{1}{b}$ 为非零定值，证明：直线系 $bx+ay-ab=0$ 过定点．

注意，这里可变的是 a、b，至于"$\frac{1}{a}+\frac{1}{b}$ 为非零定值"，这个定值虽然没有直接给出，但它不是可变的（譬如，它等于 k）．"过定点"里的定点是我们要找的一致值（假定是 $P(x_0, y_0)$）．因此这个命题的结构式：
$$\exists P(x_0, y_0) \forall (a, b)(bx_0+ay_0-ab=0),$$

其中，a、b 满足 $\frac{1}{a}+\frac{1}{b}=k$．

证明 直线系的方程可改写成
$$\frac{1}{a}x+\frac{1}{b}y-1=0, \quad \text{①}$$

令 $\frac{1}{a}+\frac{1}{b}=k(k\neq 0)$，则有
$$\frac{1}{a}\cdot\frac{1}{k}+\frac{1}{b}\cdot\frac{1}{k}-1=0. \quad \text{②}$$

由①、②可知，$x=\frac{1}{k}$，$y=\frac{1}{k}$ 满足方程①．故已知直线系必过定点 $\left(\frac{1}{k},\frac{1}{k}\right)$，即 $\left(\frac{ab}{a+b},\frac{ab}{a+b}\right)$．

本解法是通过**谓词式和约束条件的对比**,发现了满足要求的 $P(x_0, y_0)$.

例 8 求证:不论 k 为何实数,曲线系 $x^3+kx^2-y-k=0$ 过两个定点,并求出这两个定点.

本题的逻辑结构是 $\exists P(x_0, y_0) \forall k(x_0^3+kx_0^2-y_0-k=0)$. 可以用探求法解,也可以考虑其他的方法.

证一 取 $k=0, k=1$,分别得
$$x^3-y=0,$$
$$x^3+x^2-y-1=0,$$
联立之,解得
$$x=\pm 1,$$
于是这个曲线系应该过两个定点:$(1, 1)$、$(-1, -1)$.

然后,将这两个点代入曲线系方程验证即可.

证二 设曲线系 $x^3+kx^2-y-k=0$ 过定点 $P(x_0, y_0)$,用 $x=x_0$ 代入曲线系方程,与之对应的 y_0 为
$$y_0=x_0^3+kx_0^2-k=x_0^3+k(x_0^2-1),$$
要使 y_0 为常数(与参数 k 无关),必须且只需 $x_0^2-1=0$,即 $x_0=\pm 1$,而当 $x_0=\pm 1$ 时,$y_0=\pm 1$. 所以,曲线系过定点 $(1, 1)$ 与 $(-1, -1)$.

其实,这个解法可以表示为
$$x_0^3+kx_0^2-y_0-k$$
$$=k(x_0^2-1)+(x_0^3-y_0)$$
$$=0.$$

根据两个多项式恒等的充要条件,应该有
$$x_0^2-1=0,$$
$$x_0^3-y_0=0,$$
联立之,解得同样的结果.

应该说,后面的表述方法,更具一般性.

这个证法,也是从谓词推演,特点是**"假定存在"**,并将参数作为主元构成多项式,利用恒等的充要条件解之.

下面的例子是点在"定直(曲)线上"的问题.

例 9 二次函数 $y=x^2-2(m+1)x+m^2-2$,求证:不论 m 取什么值,该抛物线的顶点都在某一直线上.

解一(探求法) 取 $m=0$,得

$$y = x^2 - 2x - 2,$$

顶点为 $A(1, -3)$；

取 $m = -1$，得

$$y = x^2 - 1,$$

顶点为 $B(0, -1)$；

联结 AB，得直线

$$y = -2x - 1.$$

接着证明该抛物线的顶点都在直线 AB 上. 因为

$$x^2 - 2(m+1)x + m^2 - 2 = (x - m - 1)^2 - 2m - 3,$$

所以顶点是

$$(m+1, -2m-3).$$

将它代入直线 AB，两边相等，说明都在 AB 上.

因为两点确定一直线，所以探求定直线时，应该确定两点，找它们的连线. 其实，对本题来说，不探求该直线，也不难.

解二（参数法） 该抛物线的顶点是 $(m+1, -2m-3)$，即

$$\begin{cases} x = m + 1, \\ y = -2m - 3, \end{cases}$$

消去 m，得

$$y = -2x - 1.$$

所以，该抛物线的顶点都在直线 $y = -2x - 1$ 上.

例 10（2007 年上海中考模拟题） 已知在矩形 $ABCD$ 中，$AB = 6$ cm，$AD = 9$ cm，点 P 从点 B 出发，沿射线 BC 方向以每秒 2 cm 的速度移动，同时，点 Q 从点 D 出发，沿线段 DA 以每秒 1 cm 的速度向点 A 方向移动（当点 Q 到达点 A 时，点 P 与点 Q 同时停止移动），PQ 交 BD 于点 E. 假设点 P 移动的时间为 x（秒），$\triangle BPE$ 的面积为 y（cm²）.

(1) 求证：在点 P、Q 的移动过程中，线段 BE 的长度保持不变；

(2)、(3) 略.

题中要求"BE 的长度保持不变"，也可以认为是 BE 长度是定值，也可以认为 E 是定点，或者说成"PQ 过定点". 所以说，这既可以看作定值问题，也可以看作定位问题.

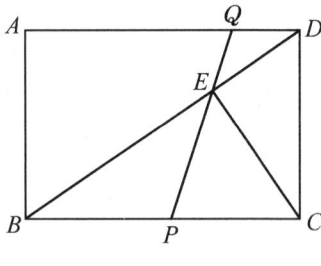

图 2-3-2

解 (1)（参数法）$\because DQ \parallel BP$，$\therefore \dfrac{BE}{DE} = \dfrac{BP}{DQ}$.

$\because BP = 2x, DQ = x, \therefore \dfrac{BE}{DE} = 2$.

$\therefore BE = \dfrac{2}{3}BD$.

$\because \angle A = 90°, AB = 6, AD = 9, \therefore BD = 3\sqrt{13}$.

$\therefore BE = 2\sqrt{13}$,

即在点 P 和点 Q 的移动过程中,线段 BE 的长度保持不变.

其实本题可以先用特殊值探求. 假设 P 到达 C,那么 Q 到达 AD 中点（不妨设为 F),联结 CF, CF 和 BD 的交点,就应该是定点的位置.

例 11 证明方程 $x^2 + y^2 + 2kx + (4k+10)y + 10k + 20 = 0$（$k$ 是参数，$k \neq 1$）所表示的曲线是一簇切于同一点的圆.

分析 首先证明曲线簇中的每一条曲线都经过某一个定点,然后,证明这个点和每条曲线相切. 前面的问题是恒成立问题. 可先假定有点 (x_0, y_0) 适合方程（其实在表达时,不必一定要写成 (x_0, y_0),直接用 (x, y) 也是可以的).

证明 将方程变形为

$$(2x + 4y + 10)k + (x^2 + y^2 + 10y + 20) = 0,$$

令

$$\begin{cases} 2x + 4y + 10 = 0, \\ x^2 + y^2 + 10y + 20 = 0, \end{cases}$$

解得

$$\begin{cases} x = 1, \\ y = -3. \end{cases}$$

所以原方程所表示的曲线都过定点 $M(1, -3)$.

又将原方程配方成

$$(x+k)^2 + [y + (2k+5)]^2 = 5(k+1)^2,$$

$\because k \neq -1, \therefore (k+1)^2 \neq 0$,

从而可知原方程所表示的曲线是一簇圆.

为了证明这一簇圆都切于点 M,只要证明任意两圆的连心线都通过它们的公共点 M. 为此任取 $k = k_1, k = k_2$,得两圆的圆心

$$O_1(-k_1, -(2k_1+5)), O_2(-k_2, -(2k_2+5)),$$

因为斜率

$$k_{O_1M} = k_{O_2M} = 2,$$

所以 O_1、O_2、M 三点共线,即任意两圆的连心线都通过所有圆的公共点 M,从而任意两圆都切于同一点. 故原方程所表示的曲线是一簇切于点 $M(1,-3)$ 的圆.

◆ **定式问题**

例 12 试问:当 $n \in \mathbf{N}^*, x \neq -1$ 时,$\dfrac{x^n-1}{x^{n-1}+x^{n-2}+\cdots+x+1}$ 的值是否是一个与 n 无关的多项式?证明你的结论?

分析 本例是个探索恒成立问题. 能够使条件成立的多项式不知道是否存在,而一旦存在就能够对一切 $n \in \mathbf{N}^*$ 成立. 这种情况下,从逻辑角度分析结构为

$$\exists f(x) \forall n \left(\dfrac{x^n-1}{x^{n-1}+x^{n-2}+\cdots+x+1} = f(x) \right).$$

当然满足条件的多项式不一定存在,这种情况下只要能够举出反例来即可.

正是因为本题是与自然数 n 相关的命题,且所求结果与 n 无关,我们可以采用赋值的方法进行验算:

令 $n=1$,$\dfrac{x^n-1}{x^{n-1}+x^{n-2}+\cdots+x+1} = x-1$;

令 $n=2$,$\dfrac{x^n-1}{x^{n-1}+x^{n-2}+\cdots+x+1} = \dfrac{x^2-1}{x+1} = x-1$;

令 $n=3$,$\dfrac{x^n-1}{x^{n-1}+x^{n-2}+\cdots+x+1} = \dfrac{x^3-1}{x^2+x+1} = x-1$.

当代入 3 个 n 的值后,我们发现多项式 $\dfrac{x^n-1}{x^{n-1}+x^{n-2}+\cdots+x+1}$ 都为 $x-1$,于是就可以朝"猜想——归纳——证明"这条路走了. 解答如下:

猜想:$\dfrac{x^n-1}{x^{n-1}+x^{n-2}+\cdots+x+1} = x-1$.

证明

当 $x=1$ 时,显然成立;

当 $x \neq 1$ 时,

1° 当 $n=1$ 时,$\dfrac{x^n-1}{x^{n-1}+x^{n-2}+\cdots+x+1} = x-1$,猜想成立.

2° 假设当 $n=k(k \geqslant 1)$ 时,猜想成立,即

$$\dfrac{x^k-1}{x^{k-1}+x^{k-2}+\cdots+x+1} = x-1,$$

则当 $n=k+1$ 时,

$$\frac{x^{k+1}-1}{x^k+x^{k-1}+\cdots+x+1}$$
$$=\frac{x^{k+1}-1}{x(x^{k-1}+x^{k-2}+\cdots+1)+1}$$
$$=\frac{x^{k+1}-1}{x\cdot\frac{x^k-1}{x-1}+1}=\frac{(x-1)(x^{k+1}-1)}{x^{k+1}-1}$$
$$=x-1.$$

∴ 由 1°、2°，$\dfrac{x^n-1}{x^{n-1}+x^{n-2}+\cdots+x+1}=x-1$.

例 13 设 $b_n=\dfrac{1}{n}$，S_n 表示数列 $\{b_n\}$ 的前 n 项和. 试问：是否存在关于 n 的整式 $g(n)$，使得 $S_1+S_2+S_3+\cdots+S_{n-1}=(S_n-1)\cdot g(n)$ 对于一切不小于 2 的自然数 n 恒成立？若存在，写出 $g(n)$ 的解析式，并加以证明；若不存在，请说明理由.

分析 有的读者可能会对这个问题产生疑问. 之前我们都在研究"定"的问题，这道例题中的 $g(n)$ 却会随着 n 的变化而变化，好像不是个"定"的问题. 其实，$g(n)$ 的值是会随着 n 的变化而变化，但是题目要求的是整式，从"式"的角度看来，$g(n)$ 是个"定"式. 本题的命题结构为

$$\exists\, g(n)\,\forall\, n(S_1+S_2+S_3+\cdots+S_{n-1}=(S_n-1)\cdot g(n)).$$

由于数列问题是与自然数相关的问题，因此对一切自然数恒成立，就可以将条件中出现的 n 用特殊值代入，从而建立关于未知数（式）的方程，然后利用方程思想求解. 由于结论仅仅由有限个 n 的值猜想得到，最后还需严格论证. 与自然数相关的命题，可以用数学归纳法加以证明. 这种数学思想方法即为"归纳——猜想——证明".

解 令 $n=2$，则 $S_1=(S_2-1)\cdot g(2)$，∴ $g(2)=2$，
令 $n=3$，则 $S_1+S_2=(S_3-1)\cdot g(3)$，∴ $g(3)=3$，
令 $n=4$，则 $S_1+S_2+S_3=(S_4-1)\cdot g(4)$，∴ $g(4)=4$，
所以猜想：$g(n)=n$.
用数学归纳法证明，如下：
1° 当 $n=2$ 时，$g(2)=2$，猜想成立；
2° 假设当 $n=k(k\geqslant 2)$ 时，猜想成立，即 $g(k)=k$，且有
$$S_1+S_2+S_3+\cdots+S_{k-1}=(S_k-1)\cdot k,$$
则当 $n=k+1$ 时，
$$g(k+1)=\frac{S_1+S_2+S_3+\cdots+S_k}{S_{k+1}-1}$$

$$= \frac{(S_k-1)\cdot k + S_k}{S_{k+1}-1}$$

$$= \frac{(S_k-1)\cdot k + S_k}{S_k + \frac{1}{k+1} - 1}$$

$$= \frac{(1+k)S_k - k}{\frac{1}{k+1}((1+k)S_k - k)}$$

$$= k+1,$$

即当 $n=k+1$ 时,$g(k+1)=k+1$. ∴ 猜想成立.

∴ 由 1°、2°,得对一切不小于 2 的自然数 n,恒有 $g(n)=n$. 合题意.

本例还可以直接求解:

∵ $S_1 + S_2 + S_3 + \cdots + S_{n-1} = 1 + \left(1+\frac{1}{2}\right) + \left(1+\frac{1}{2}+\frac{1}{3}\right) + \cdots +$

$$\left(1+\frac{1}{2}+\frac{1}{3}+\cdots+\frac{1}{n-1}\right)$$

$$= (n-1) + \frac{n-2}{2} + \frac{n-3}{3} + \cdots + \left(\frac{n-(n-1)}{n-1}\right)$$

$$= n\left(1+\frac{1}{2}+\frac{1}{3}+\cdots+\frac{1}{n-1}\right) - (n-1)$$

$$= n\left(1+\frac{1}{2}+\frac{1}{3}+\cdots+\frac{1}{n-1}+\frac{1}{n}-1\right)$$

$$= n\cdot(S_n-1),$$

∴ $g(n)=n$.

第二种解法运用了分组求和的方法,对代数式化简的要求较高. 而第一种解法由猜想先得到结论,再进行证明,目标更加清晰明确.

例 14 已知数列 $\{a_n\}$ 的前 n 项和为 S_n,若 $a_1=2, na_{n+1}=S_n+n(n+1)$,求数列的通项公式.

分析 把这道题的命题结构分析出来,是

$$\exists a_n \, \forall n (na_{n+1} = S_n + n(n+1)),$$

不难发现和上例是一个类型的问题,即 $\{a_n\}$ 的项会随着 n 的变化而变化,但从通项公式的角度来看,a_n 是确定的.

解 当 $n \geqslant 2$ 时,$na_{n+1} = S_n + n(n+1)$,

$$(n-1)a_n = S_{n-1} + (n-1)n,$$

两式相减,得
$$na_{n+1}-(n-1)a_n=a_n+2n,$$
$$\therefore a_{n+1}-a_n=2,$$

即$\{a_n\}$从第二项起是等差数列,

由已知,$a_2=4$,$\therefore a_n=2n(n\geqslant 2)$.

又$a_1=2$,恰符合a_n,

$\therefore a_n=2n,(n\in \mathbf{N}^*)$.

本例给出的解法是直接法,由于本例所求的通项公式是个与n无关的表达式,同样可以用数学归纳法,即"猜想——归纳——证明"的方法,这里就不再赘述.

◆ **涉及不等式的恒成立问题**

例15 函数$f(x)=\sqrt{1+2^x+a\cdot 3^x}$在$(-\infty,1)$上有意义,求实数$a$的取值范围.

分析 由已知条件可知被开方数$1+2^x+a\cdot 3^x\geqslant 0$在$(-\infty,1)$上"恒"成立.从命题结构分析,实质上是:

存在实数a,对任意的$x\in(-\infty,1)$,$f(x)=\sqrt{1+2^x+a\cdot 3^x}$恒有意义.这样的$a$不止一个,现在要求$a$的范围.

解 由题意$1+2^x+a\cdot 3^x\geqslant 0$,则
$$a\geqslant -\frac{1+2^x}{3^x},$$

(这样一来,问题转化为:

存在实数a,对任意的$x\in(-\infty,1)$,$a\geqslant -\frac{1+2^x}{3^x}$,

即转化为求$-\frac{1+2^x}{3^x}$的上界)

$$\because -\frac{1+2^x}{3^x}=-\left[\left(\frac{1}{3}\right)^x+\left(\frac{2}{3}\right)^x\right],$$

在$(-\infty,1)$上单调递增,

$$\therefore -\frac{1+2^x}{3^x}<-1,$$
$$\therefore a\in[-1,+\infty).$$

对于涉及不等式的恒成立问题,特殊值探究法一般是不行的.总的来说,要从谓词式出发推演.推演中还会用到一些技巧,这里用了**分离变量法**.上面的例子就是的,其中得到$a\geqslant -\frac{1+2^x}{3^x}$这一步,将一个量$a$放一边,将另一个量$x$放另一边,

就是分离参变量.

如"分离参变量"不适用时,应整体考虑,求得参变量应该满足的性质.

例 16 函数 $f(x) = \log_a(x-a) + \log_a(x-2a)$,当 $x \in [2, +\infty)$ 时, $f(x) \leqslant 2$ 恒成立,求 a 的取值范围.

我们来进行命题结构分析.本题即是:
$$\exists a \, \forall x \in [2, +\infty)(f(x) \leqslant 2).$$

解 由已知 $f(x) = \log_a[(x-a)(x-2a)] \leqslant 2 = \log_a a^2$,

因为真数大于 0,所以 $f(x)$ 定义域为 $(2a, +\infty)$,且由已知 $f(x)$ 在 $[2, +\infty)$ 上有意义,
$$\therefore 2a < 2, \therefore a \in (0, 1),$$
$$\therefore (x-a)(x-2a) \geqslant a^2,$$
在 $[2, +\infty)$ 上恒成立,即
$$x^2 - 3ax + a^2 \geqslant 0,$$

(到这里,问题转化为:
$$\exists a \, \forall x \in [2, +\infty)(x^2 - 3ax + a^2 \geqslant 0)$$
$\because \Delta = (-3a)^2 - 4a^2 > 0$,

结合二次函数图像

$$\therefore \begin{cases} -\dfrac{-3a}{2} \leqslant 2, \\ 2^2 - 3a \cdot 2 + a^2 \geqslant 2, \end{cases}$$
$$\therefore a \in (0, 3-\sqrt{5}].$$

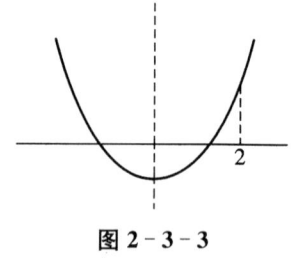

图 2-3-3

本例中,因为 $x^2 - 3ax + a^2 \geqslant 0$,无法参变量分离,因此对不等式整体讨论,得到 a 应该满足的性质:
$$\begin{cases} -\dfrac{-3a}{2} \leqslant 2, \\ 2^2 - 3a \cdot 2 + a^2 \geqslant 2, \end{cases}$$
从而求得 a.

回顾一下,解决恒成立问题主要有两大类的方法:

◆ **一是特殊值探究.**

这是"恒成立"问题的重要方法.就代数的情况而言,这种方法比较适用于谓词式是等式的情形.由于对任意的 x 都有等式成立,所以能够将 x 赋以特殊值,从而将二元等式转化为一元等式,利用方程求出 a 的值.解析几何中的过定点、定直线

问题用特殊位置探求法也是很合适的.

◆ 另一种方法是**从谓词式推演**计算,

这是个情况复杂,充满各种技巧的方法,很难进行准确合理的归纳.上面我们提到了几个技巧:整体代入,参数法,约束条件和谓词式对比,假定存在……

比较可以肯定的是,如果满足恒成立条件的一致值不止一个,而是一个范围(譬如,含不等式),就不能用特殊值法了.因为通过特殊值,只能解出参数有限个值,不能求出参数的范围,此时我们只能从谓词式(常是不等式)推演,上面提到的技巧有:分离变量转化为求函数最值(值域),整体研究……

如果谓词中的参数 a 和变量 x 能够分离,能够转化为

$$\exists a \, \forall x [a > f(x)],$$

那么就能够利用**函数最值**(或值域加以解决). 如例 15 中,将

$$1 + 2^x + a \cdot 3^x \geqslant 0,$$

进行参变量分离得到

$$a \geqslant -\frac{1+2^x}{3^x},$$

然后转化为

$$a \geqslant \left(-\frac{1+2^x}{3^x}\right)_{\max}.$$

如果谓词中的参数 a 和变量 x 不能够分离,那么只能将 $P(a, x) > 0$ 作为一个 x 为变量的不等式整体,根据不等式的具体类型具体求解. 如例 16 就是将

$$x^2 - 3ax + a^2 \geqslant 0$$

作为以 x 为变量的一元二次不等式**整体来研究**,并设法找到解.

2-4 反推和反面扣除

数学里常常"正难则反",意思是如果正面解一个问题有困难,那么不妨从反面考虑.反推和反面扣除,是"从反面思考"的重要方面.

◆ 反推

先请看下面的一个有名的趣题.

这里有一大堆桃子.这是5个猴子的公共财产.它们要平均分配.

第一个猴子来了.它左等右等,别的猴子都不来,便动手把桃子均分成5堆,还剩了1个.它觉得自己辛苦了,当之无愧地把这1个无法分配的桃子吃掉,又拿走了5堆中的1堆.

第二个猴子来了.它不知道刚才发生的情况,又把桃子均分成5堆,还是多了1个.它吃了这1个,拿1堆走了.

以后,每个猴子来了,都是如此办理.

最后一个猴子走了以后,桃子还剩下1020个.

请问:原来有多少个桃子?

在没有学方程之前,老师总教大家用倒算的办法来解这道题.

解 第五个猴子来到时,有桃子

$$1020 \times \frac{5}{4} + 1 = 1276(个).$$

第四个猴子来到时,有桃子

$$1276 \times \frac{5}{4} + 1 = 1596(个).$$

第三个猴子来到时,有桃子

$$1596 \times \frac{5}{4} + 1 = 1996(个).$$

第二个猴子来到时,有桃子

$$1996 \times \frac{5}{4} + 1 = 2496(个).$$

第一个猴子来到时,有桃子

$$2496 \times \frac{5}{4} + 1 = 3121(个).$$

即原来有 3121 个桃子.

这是一种倒算,或者叫反推的思考方法.利用反推方法有时也可以出奇制胜.

反推的思考方法常常和一个"过程"有关,也就是说,从这个过程的结尾处往上追溯,从而推出原先的情况.这是反推的第一种情形.

这就是美籍物理学家李政道博士,在 1979 年春天和中国科学技术大学少年班同学座谈时,向他们提出的题目.当时就引起很多中学生的极大兴趣.

例 1 在五角星的各交叉点上放棋子.在放的时候,要求从某一点出发,沿着直线数三个交叉点,在被数到第 3 个交叉点上放一个棋子.但第一及第三的交叉点必须原先是没有棋子的(如图 2-4-1).你最多能放几个棋子?

这个游戏,一般人只能放 7~8 个棋子,其实,最多可以放 9 个子.

解 如图 2-4-1,要把棋子放到 C 的位置上,C 必须是沿着某直线数 1、2、3 的终点,而且起点处还不能有棋子.

譬如,如图 2-4-1 中这样数 1、2、3,数 1 的起点事先是没有棋子的.所以,看来必须先放好 C 处的棋子后,再去考虑放 A 处的棋子.

而在 A 处放棋子,也要数 1、2、3,譬如,如图 2-4-2 那样数,此时要求 E 处事先没棋子.所以,看来必须先放好 A 处的棋子,再去考虑放 E 处的棋子.

……

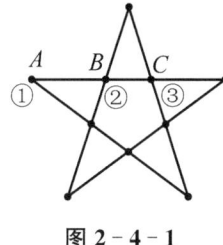
图 2-4-1

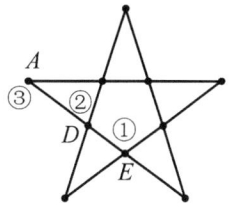
图 2-4-2

这样我们得到一个解决问题的方案:

第一个棋子可以随意放,当然它是数 1、2、3 的结果.

从第二个棋子开始,就要放在上一轮中数 1 的地方,当然它也是数 1、2、3 的结果,即把上一轮的起点,作为后一轮的终点.

这样做,可以最大限度地把棋子一一放在各交叉点上.

例 2 一班战士 11 人,其中老战士 6 人,新战士 5 人,要穿过一道封锁线.要求全班战士在行进时成单列前进,当前面两个战士越过封锁线后,第三人需返回报告,并排在队尾.接着,第四、五两人穿越,第六人返回排在队尾,…,为了穿越封锁线后能更好地协同作战,还要求全体战士穿越封锁线后,成新老战士一一交叉的队形.

问:队伍在穿越封锁线前,该排成怎样的队形?

解 11 人穿越封锁线,按 3 人一组在第一、二、四、五、七、八 6 个人穿过后,余下 2 个战士不成一组,尾巴上又接上了退下来汇报工作的 3 人.这算第一阶段.在这阶段里,穿越封锁线 6 人,余 2 人,退下来 3 人.

第二阶段是 5 人待穿封锁线.按 3 人一组,2 人穿越过去,留下 2 人,退下来 1 人.

第三阶段是 3 人待穿越封锁线.正巧穿过 2 人,退下来 1 人.

第四阶段是 1 人穿越封锁线,当然可以顺利地解决.

现在要求穿过封锁线后成老新交叉的队形,所以,可以设 A_1,A_2,A_3,A_4,A_5,A_6 为老战

士，B_1，B_2，B_3，B_4，B_5 为新战士．穿越后的队形成

$$A_1, B_1, A_2, B_2, A_3, B_3, A_4, B_4, A_5, B_5, A_6. \qquad ①$$

下面我们从第四阶段开始，倒过来分析．第四阶段是1个战士穿越封锁线，穿过以后当然排在①的末尾，所以，第四阶段穿越封锁线的必是 A_6．

而在第三阶段中，有3人待穿封锁线．前2人穿过，第三人退下来．退下来的是 A_6，前2人必是排在①的倒数第三、二名的人，即 A_5、B_5．所以，第三阶段待穿封锁线的队形成

$$A_5, B_5, A_6. \qquad ②$$

第二阶段有5人待穿封锁线．前2人穿过（他们应是①中的倒数第五、四的人，即 A_4、B_4），第三人退下，排在余下的2人之后．可见，②中前2人是余下的，最后1人是退下来的，也就是 A_6 应在待穿队形的第三位置上．即第二阶段的待穿队形成

$$A_4, B_4, A_6, A_5, B_5. \qquad ③$$

第一阶段待穿11人．穿过的6人当然是 A_1、B_1、A_2、B_2、A_3、B_3．退下来3人应排在留下的2人之后，所以③中 A_6、A_5、B_5 是第一阶段中退下来的战士．所以，待穿队形应是

$$A_1, B_1, A_6, A_2, B_2, A_5, A_3, B_3, B_5, A_4, B_4.$$

即新老战士应事先作如下安排：

老、新、老、老、新、老、老、新、新、老、新．

反推或倒算，不失为一种巧妙的方法．

因为反推法有出奇制胜的功效，所以常常觉得有点神秘，其实，我们经常在用反推法——检验，这是运用反推法的另一种情形．

例3 已知 $-x = \sqrt{2x^2+3xy-4y^2}$（$y > 0$），那么，$x : y$ 等于（　　）．

(A) $-1 : 1$　　　　(B) $1 : 1$　　　　(C) $4 : 1$　　　　(D) $-4 : 1$

分析

$$\because -x = \sqrt{2x^2+3xy-4y^2} \geq 0,$$

$$\therefore x \leq 0,$$

而 $y > 0$，x、y 两者异号，故 B、C 应该排除．这里用到了下面马上要说的反面扣除法．

余下的两个选择项 A、D 怎么处理？我们用检验法，也就是一种反推法：

假定 A 正确，即

$$x : y = -1 : 1,$$

那么，代入 $\sqrt{2x^2+3xy-4y^2}$，得

$$\sqrt{2x^2-3x^2-4x^2} = \sqrt{-4x^2} \neq x,$$

因此 A 不正确．

假定 D 正确，即

$$x : y = -4 : 1,$$

那么 $y=-\dfrac{x}{4}$，代入 $\sqrt{2x^2+3xy-4y^2}$，得

$$\sqrt{2x^2-\dfrac{3x^2}{4}-\dfrac{x^2}{4}}=\sqrt{x^2}=-x,$$

所以应该选 D.

◆ **反面扣除**

把不符合要求的扣除，就是所谓的反面扣除法，也叫排除法．这种思想方法很重要，也是数学中常用的．剖析一下，这种方法的特点是从总的范围中扣除不符合要求的部分，从而求得符合要求的部分．好像农民手中的一个筛子，把筛中的灰尘、细沙筛去，余下的就是我们所需要的谷粒．所以，这类方法也可以称为筛法．

数学家应用筛法，早在古希腊时代就有了成功的例子．厄拉多塞（约公元前 200 年）首创并运用筛法，制造出有史以来的第一张质数表．他采用的方法是这样的：

先列出 1～100 的全部整数．然后从中筛去合数和"1"，余下的就是质数了．筛去"1"，不会有问题，但合数怎么筛去呢？

合数，无非是 2 的倍数、3 的倍数、5 的倍数等．所以，只要把它们一一筛去就可以了．但是剔除到何时为止呢？

考虑到 100 以内的合数 n，总可以分解为两个整数的积，而且，这两个整数中至少有一个不大于 10（倘若两个都大于 10，其积就大于 100 了）．也就是说，100 以内的合数，总是 2 或 3、5、7 的倍数，不会无限制地剔除下去．

在下表中，"1"未列入，2 的倍数用"/"删去，3 的倍数用"\"删去，5 的倍数用"○"删去，7 的倍数用"□"删去，余下的就是 100 以内的质数．

1	2	3	4̷	5	6̷	7	8̷	9̸	1̷0̷
11	1̷2̷	13	1̷4̷	1̷5̷	1̷6̷	17	1̷8̷	19	2̷0̷
2̸1̸	2̷2̷	23	2̷4̷	㉕	2̷6̷	2̸7̸	2̷8̷	29	3̷0̷
31	3̷2̷	3̸3̸	3̷4̷	㉟	3̷6̷	37	3̷8̷	3̸9̸	4̷0̷
41	4̷2̷	43	4̷4̷	4̸5̸	4̷6̷	47	4̷8̷	☐49	5̷0̷
5̸1̸	5̷2̷	53	5̷4̷	㊿5	5̷6̷	5̸7̸	5̷8̷	59	6̷0̷
61	6̷2̷	6̸3̸	6̷4̷	㉕5	6̷6̷	67	6̷8̷	6̸9̸	7̷0̷
71	7̷2̷	73	7̷4̷	7̸5̸	7̷6̷	☐77	7̷8̷	79	8̷0̷
8̸1̸	8̷2̷	83	8̷4̷	㊀5	8̷6̷	8̸7̸	8̷8̷	89	9̷0̷
☐91	9̷2̷	9̸3̸	9̷4̷	㊀5	9̷6̷	97	9̷8̷	9̸9̸	1̷0̷0̷

所以 1~100 之间的质数有 25 个,它们是 2、3、5、7、11、13、17、19、23、29、31、37、41、43、47、53、59、61、67、71、73、79、83、89、97.

值得注意的是,有些数,既是 2 的倍数,也是 3 的倍数,甚至还是 5 和 7 的倍数,在"筛"时,只要"筛"一次就可以了,它起到了重复"筛"一样的功效. 这有别于以后的例 5. 在例 5 中,两种情况(A 排首位,A 不排首位)非此即彼;而在这里,有多种情况:质数、2 的倍数、3 的倍数、5 的倍数、7 的倍数,而 2 的倍数、3 的倍数、5 的倍数、7 的倍数之间又不是互相排斥的,就是说,可以同时是 2、3 的倍数,可以同时是 3、5 的倍数……所以,"筛"的时候要注意,对不符合要求的,可以重复"筛",但不可漏"筛".

为了筛选更快速简便,数学家们对筛法做了不少研究和改进. 就拿筛选质数来说,20 世纪 20 年代,先后出现了布朗、辛达拉姆、洪斯伯格的三种新筛法,打破了厄拉多塞筛法的一统天下. 筛法还被应用于其他数学问题. 陈景润研究哥德巴赫猜想时,就用到了筛法,并被人们公认为是创造性地运用筛法的典范.

在中学里,反面扣除法,**首先可以用于解选择题**.

近几十年来时兴选择题. 对于单项选择题,也就是在几个选择项中,有一个也只有一个是正确的这类选择题,我们常用所谓"排除法"来解,就是把不符合要求的几个选择项排除掉,余下那一个就不需要多作考虑,必定是正确的.

例 4 已知函数 $y = ax + b$,$y = ax^2 + bx + c$ 的图像如图 2-4-3 所示,其中正确的是( ).

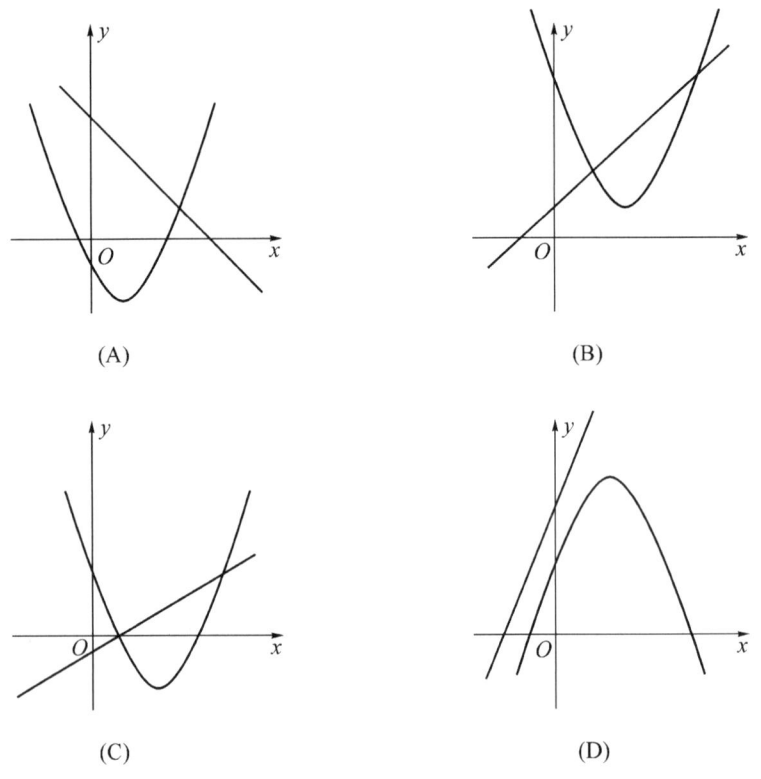

图 2-4-3

解 看图像 A，直线的 $a<0$，抛物线的 $a>0$，故不可能；

看图像 D，直线的 $a>0$，抛物线的 $a<0$，故不可能；

看图像 B，直线的 $a>0$，$b>0$，抛物线的 $a>0$，但是抛物线的顶点在右半平面内，$-\dfrac{b}{2a}>0$，即 $b<0$，故不可能；

于是，选 C.

在用反面扣除法解选择题时，有几点需要注意：第一，对于单项选择题，因为有且只有 1 个选择项是正确的，所以，如果经过扣除，只剩下 1 个选择项，就可以断言剩下的 1 个选择项必定正确.

第二，用反面扣除法解单项选择题时，未能够把所有的错误的选择项都排除掉，譬如，4 个选择项，只能排除 2 个，即使如此，对解题也有好处，因为考虑的范围缩小了.

第三，对多项选择题，即使排除得只剩下 1 个选择项，也不能由此得出剩下的那个选择项就是正确的结论，当然也可以缩小讨论的范围.

反面扣除法第二个用处是用于计数.

当要求的反面比较容易计算时，可以扣除不符合要求的数目，从而得到正确答案.

例 5 A、B、C、D 四个人排成一列，A 不许排在头，一共有多少种排法？

解 先考虑 A、B、C、D 四人排成一列，一共有多少种排法（如图 2-4-4）.

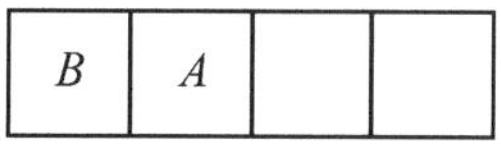

对于第一位来说，可以排 A，也可以排 B，也可以排 C，排 D，所以有四种排法.

图 2-4-4

假设第一位已排进人去，不妨说是 B，那么，余下的三个位置是 A、C、D 三个人的.

第二位可以排 A，也可排 C，排 D，有三种排法.

假设第二位也已排进人去，不妨是 A. 那么，余下两个位置是 C 和 D 两个人的.

第三位显然有两种排法. 当第三位排定之后，第四位只有一种排法. 所以，四个人排成一列有

$$4\times3\times2\times1(\text{种})$$

排法.（一般地说，n 人排成一列，有 $n\cdot(n-1)\cdot(n-2)\cdots 2\cdot 1$ 种排法，这个乘式记作 $n!$）

现在，A 不许排在首位，所以必须在上面算出的 4! 种排法中扣除 A 在首位的排法.

A 在首位，那么，余下三个位置，三个人（B、C、D），不难类推得到有 3! 种排法.

所以，A、B、C、D 四人排成一列，而 A 不许排在首位的方法有
$$4!-3!=4\times 3\times 2\times 1-3\times 2\times 1=18(种).$$

反面扣除法不仅仅可以用于计数,它的**第三个用处是用于某些非计数的场合**,如证明题等,当然同样是反面情况容易处理,通过扣除反面的情况来解的.这里,特别要重视"至少有一个××,有性质 P"的反面是"所有的××,都没有性质 P"."每一个"和"有一个"、"至少"和"至多"等具有逻辑意义的重要词在本书的有关章节中有详细的分析.

例 6 若三个方程
$$x^2+4ax-4a+3=0,$$
$$x^2+(a-1)x+a^2=0,$$
$$x^2+2ax-2a=0$$

中,至少有一个方程有实数解,试求实数 a 的范围.

解 "三个方程中至少有一个方程有实数解"的反面是"这三个方程都没有实数解",此时,

$$\begin{cases}\Delta_1=(4a)^2-4(-4a+3)<0,\\ \Delta_2=(a-1)^2-4a^2<0,\\ \Delta_3=(2a)^2-4(-2a)<0,\end{cases}$$

解得
$$-\frac{3}{2}<a<-1.$$

扣除 $-\frac{3}{2}<a<-1$,得
$$a\leqslant-\frac{3}{2} \text{ 或 } a\geqslant-1.$$

所以,当 $a\leqslant-\frac{3}{2}$ 或 $a\geqslant-1$ 时,题设的三个方程中至少有一个方程有实数解.

例 7 若函数 $y=mx^2+(m-3)x+1$ 的图像和 x 轴有两个交点,这两个交点中至少有一个在 x 轴的正半轴上,求 m 的范围.

分析 本题若要从正面做,则要分下列情况讨论:

(1) 有两个交点,都在 x 轴的正半轴上;

(2) 有且只有一个交点在正半轴上,另一个交点是原点;

(3) 有且只有一个交点在正半轴上,另一个交点在 x 轴的负半轴上.比较复杂,可以从反面考虑.

解 因为抛物线和 x 轴有两个交点,所以有

$$\begin{cases} m \neq 0, \\ \Delta = (m-3)^2 - 4m > 0, \end{cases}$$

解得

$$m < 0 \text{ 或 } 0 < m < 1 \text{ 或 } m > 9. \qquad ①$$

假如抛物线和 x 轴的两个交点都不在 x 轴的正半轴上,则

$$\begin{cases} x_1 + x_2 = \dfrac{3-m}{m} \leqslant 0, \\ x_1 x_2 = \dfrac{1}{m} \geqslant 0, \end{cases}$$

解得

$$m > 3. \qquad ②$$

在①中扣除②,得

$$m < 0 \text{ 或 } 0 < m < 1.$$

反面扣除法的用处很难说完整,请看下面的例子.

例 8 一只装牛奶瓶的箱子分成 4×6 格. 在这只箱子中放 18 瓶牛奶(每格最多放一瓶),要使各行、各列的奶瓶数都成偶数,应该怎样放?

据说,这个问题是在一个国际数学教育会议上一个英国学者提出的. 他提出了这问题之后,与会者纷纷思考并相互讨论,竟使会议一时开不下去.

其实这个问题从反面考虑,用反面扣除的方法是很容易解决的.

解 24 格 18 瓶奶,有 6 个空格. 因为 4 行、6 列都是偶数,又要求所放的奶瓶数各行各列也都是偶数,于是各行各列的空格数也是偶数.

不难作出如图 2-4-5 的排列,其中的空格是符合要求的. 于是在其余格子里放奶瓶,奶瓶的放法就符合题意了.

空		空			
空				空	
			空	空	

图 2-4-5

2-5　选择题解法研究

选择题(特别是单项选择题)是近几十年里新出现的题型.当时有不少争议,现在还是有不同意见.有一段时间,某地的中考只出现多项选择题,这反映了有些教学专家并不赞成采用单项选择题.

单项选择题,的确容易出现瞎猜的行为,有一定的弊端.但是任何做法都会有利有弊.有时候,我们需要快速反应的能力,这是传统题难以培养的.

选择题具有题小面广、知识覆盖面大、构思新颖、概念性强以及解法灵活等特征,数学中的概念、公式、定理、推理及基本运算等均可以用选择题加以涵盖,有利于扩大知识容量,提高考查知识的覆盖面,有利于克服传统题型由于数量少、抽样不足而造成的局限性,提高考试信度.

单项选择题是"逻辑味"很浓的一类题.它的解法,基本上是两种:一是把它当作传统题来解;二是进行合理的猜、试,也就是合理的"投机取巧".我们反对瞎猜,但是我们要培养学生合理猜、试的能力.某种程度上说,这种猜、试,就是根据逻辑原理在解题.

解选择题常常从选择项出发进行思考,充分利用选择项所能提供的信息与"只有一个正确答案"的指示,改变解题策略,充分发挥观察和直观的作用,发现其特殊的数量关系和图形位置的特征,应用排除、递推、分析、验证、图示、特殊,或综合运用各种方法,正确进行选择.因此运用选择题来培养学生分析、判断及推理等逻辑思维能力均有一定的积极意义.

数学选择题的结构由四部分组成:

指令性语言　通常写在总题号后面,所有小题的前面,一般包括两个内容:一是指明每个题目的备选答案中正确答案的数量;二是说明计分方法.

题干　是指表明考查内容的不完整的句子或问句,表明问题的事实和情景,一般采用陈述语句的形式,有时也应用表格、公式、插图等不同的形式.

选择项　是由题干所叙述的事实或情境所引出的可能正确或不正确的结论,其中错误的备选结论又称"干扰项".

答　填写正确选择项代号的空位.有时空位在题干中出现.

从题目的形式来看,选择题可分为:发散型、收敛型和平行型.发散型题目的题干是条件,选择项是可能得出的结论,这些结论中一般只有一个是正确的.收敛型题目的题干是结论,选择项是要得到结论所必须具备的条件.平行型题目有多个条件和多个结论组成,要求找出结论和条件之间的对应关系,以构成正确的命题.

如果我们从逻辑上去分析单项选择题,那就要遇到"不可兼的或"了.前面提到过,普通说的"或"相当于"析取",记作的逻辑结构 $\vee$,不可兼的或,应该记作 $\bar{\vee}$. 为了简单起见,我们假定只有两个选择项.例如:

已知 M,则( ).

(A) P　　　　　　　　　　(B) Q

这里有两个命题,一个是 $M \to P$,另一个是 $M \to Q$. 我们把 $M \to P$ 叫做命题 A,把 $M \to Q$ 叫做命题 B.

普通的"或" ($A \vee B$),意义是:两者有一个真,它就真了,只有两者都是假时,它才假. 它的真值表是:

A	B	$A \vee B$
真	真	真
真	假	真
假	真	真
假	假	假

而"不可兼的或",意义是 A、B 中,有一个真,而且只有一个为真的时候,$A \bar{\vee} B$ 为真,两个都真,或者两个都假的时候,$A \bar{\vee} B$ 为假. 其真值表如下:

A	B	$A \bar{\vee} B$
真	真	假
真	假	真
假	真	真
假	假	假

单项选择题的逻辑本质是:复合命题 $A \bar{\vee} B$ 为真,要我们找出究竟是 A 真 B 假,还是 B 真 A 假.

从另一个角度也可以解释.

把四个选择项看成一个集合 X,在这个集合中存在唯一的个体 x,满足题目的要求. 即

$$\exists ! x p(x), x \in X.$$

解题的目的就是要把这唯一存在的 x(选择项)找出来.

总之解单项选择题有两个关键词：**有一个选项满足要求(存在性)**，**只有一个选项满足要求(唯一性)**.

下面我们来研究**选择题的解法**

◆ **直接法**

直接法是从题设出发，联系有关知识，通过必要的计算、推理或判断，直接得出符合题意的结论，然后再把结论与选择项一一核对，从而选出正确的答案. 实际上，这种解法，就是把选择题当作传统题做.

例1 已知实数 x 满足 $x^2+\dfrac{1}{x^2}+x+\dfrac{1}{x}=0$，那么 $x+\dfrac{1}{x}$ 的值为(　　).

(A) 1 或 -2 (B) -1 或 2   (C) 1   (D) -2

分析　由 $x^2+\dfrac{1}{x^2}+x+\dfrac{1}{x}=0$，得

$$\left(x+\dfrac{1}{x}\right)^2+\left(x+\dfrac{1}{x}\right)-2=0,$$

$$x+\dfrac{1}{x}=-2 \text{ 或 } 1.$$

若 $x+\dfrac{1}{x}=1$，则

$$x^2-x+1=0,$$
$$\Delta<0,$$

即实数 x 不存在；

所以 $x+\dfrac{1}{x}=-2(x=-1)$，选 D.

例2　两圆的半径长分别是 R 和 $r(R>r)$，圆心距为 d，若关于 x 的方程 $x^2-2rx+(R-d)^2=0$ 有相等的两实数根，则两圆的位置关系是(　　).

(A) 一定相切　 (B) 一定外切

(C) 相交　 (D) 内切或外切

分析　由方程 $x^2-2rx+(R-d)^2=0$ 有两个相等的实数根，

得 $\Delta=0$，

$$4r^2-4(R-d)^2=0,$$
$$r=|R-d|.$$

若 $r=R-d$，则 $d=R-r$，两圆内切；

若 $r=-(R-d)$，则 $d=R+r$，两圆外切；

由上可得选 D.

◆ 图示法

根据题目中给定的函数关系或式子的几何意义画出函数图像或几何图形,然后借助几何图形进行观察、分析、比较从而得出正确的结论. 该法具有形象、直观等优点.

例 3 已知有理数 a、b,如果 $a<0,b>0$,且 $a+b<0$,比较 a、b、$-a$、$-b$、$a-b$、$b-a$ 的大小.

(A) $a<b<-a<-b<a-b<b-a$

(B) $a-b<a<-b<b<-a<b-a$

(C) $a-b<-a<-b<b<a<b-a$

(D) $a-b<a<-b<-a<b<b-a$

分析 可以从数轴上把对应的数 a、b、$-a$、$-b$、$a-b$、$b-a$ 表示出来(如图 2-5-1).

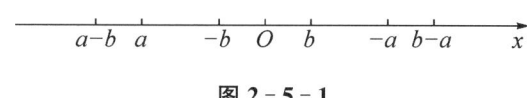

图 2-5-1

由于 $a<0,b>0$,且 $a+b<0$,则 a 在原点的左边,b 在原点的右边,并且 a 离开原点的距离比 b 离开原点的距离要大. 先确定 a、b 在数轴上的大致位置,然后在数轴上标出 $-a$、$-b$、$a-b$、$b-a$ 这些数对应的位置,如图 2-5-1 所示,就可以判断出这些数的大小关系,故正确选项为 B.

◆ 结果分析法

选择题不同于传统题. 解选择题可以而且也鼓励"投机取巧". 正面的步步有据的论证果然是一种重要能力,"投机取巧"也是一种重要能力. 要合理地"投机取巧",而不是瞎猜,常常要根据逻辑上的一些规则. 结果分析法是把选择题的题干和选择项当成一个整体,发掘它们之间的某些特征,对这些特征稍加分析,就会找到解题的关键.

例 4 在 $\triangle ABC$ 中,$\sin 2A = \sin 2B$,则此三角形是( ).

(A) 等腰三角形　　　　　　(B) 直角三角形

(C) 等腰或直角三角形　　　(D) 等腰直角三角形

分析 从选项来看,A、B、D 三个概念的外延包含在选项 C 概念的外延里面,若选项 A 等腰三角形成立,则选项 C 等腰或直角三角形也成立;同理 B 成立,则 C 成立;若 D 成立,则 C 也成立. 由于正确选项只有一个,只能是外延最广的选项 C,选项 A、B、D 均为错误选项,所以正确答案为 C.

请注意,在解这个题时,根本没有用到条件. 仅仅从四个选项之间的关系,就用到了**单项选择题的正确选项只有一个(唯一性)**,得到了结论. 所以我们说,某种意义上说,"巧解"单项选择题,就是用逻辑知识在解题.

◆ 验证法

将选择项分别作为条件(特别是在选择项都是具体的数值时),去验证命题的真假,确定使命题成立的选择项,得出正确结论.

例 5 一凸多边形,除一个内角外,其余内角之和是 2570°,则这个内角是( ).

(A) 90°　　　　(B) 105°　　　　(C) 130°　　　　(D) 144°

分析 由于凸多边形内角和是 180°的倍数,将所有各角分别与 2570°求和,进行验证.容易得到仅有 130°满足要求.所以选择 D.

一旦找到一个选项满足条件,其余的选项就不必再试了(唯一性).

例 6 $\sqrt{7x-3}+\sqrt{x-1}=2$ 的解是( ).

(A) $x=3$　　　(B) $x=\dfrac{3}{7}$　　　(C) $x=2$　　　(D) $x=1$

分析 当 $x=3$ 时,

$$原式=\sqrt{21-3}+\sqrt{3-1}=\sqrt{18}+\sqrt{2}=4\sqrt{2}\neq 2;$$

当 $x=\dfrac{3}{7}$ 时,

$$原式=\sqrt{\dfrac{3}{7}-1}\neq 2;$$

当 $x=2$ 时,

$$原式=\sqrt{11}+1\neq 2;$$

当 $x=1$ 时,

$$原式=2;$$

故选 D.

例 7 四棱柱为平行六面体的一个充分非必要的条件是( ).

(A) 底面是矩形　　　　　　　(B) 对角面为平行四边形

(C) 侧面是矩形　　　　　　　(D) 平行于底面的截面是矩形.

分析 底面是平行四边形(内涵)+四棱柱(外延)=平行六面体,由外延性质知:(1) 侧棱相等且平行,侧面是平行四边形;(2) 两个底面与平行于底面的截面是全等的多边形;(3) 过两不相邻的侧棱的截面是平行四边形.由此可得,B 选项仅叙述了外延所述的性质(3);选项 C 只强化了外延所述的性质(1),这些条件都"弱"了.而选项 D 实质上增加了内涵的内容,所以条件"强"了,因此它是一个充分非必要的条件.从 4 个选择项中,可以发现 A 所述的条件就是平行六面体的定义,所以为充要条件.

◆ **排除法**

在提供的选择项中,有且仅有一个选择项是正确的,这时可以利用所给的条件,用各种手段对各个备选结论进行筛选,将其中与题干相矛盾的干扰项逐个给予排除,因为必定有一个选择项是满足要求的(**存在性**),从而得出正确选择项的方法;或通过比较先排除容易判断的选择项,逐渐缩小选择的范围,再进行比较或验证,以此类推最后得到正确的选择项,这种方法叫做排除法.

例 8 顺次联结下列四边形各边的中点,所得的四边形必为矩形的是( ).

(A) 等腰梯形　　(B) 矩形　　　(C) 菱形　　　(D) 平行四边形

分析 首先排除的是 D,理由是 B 和 C 也是特殊的平行四边形,若 D 成立,则 B、C 也成立. 其次排除的是 A 和 B,由 A 和 B 只能推出菱形,剩下的选项 C 就是正确答案.

例 9 设 $\triangle ABC$ 的三边 a、b、c 满足等式 $a\cos A + b\cos B = c\cos C$,则此三角形一定是( ).

(A) 以 a 为斜边的直角三角形　　(B) 以 b 为斜边的直角三角形
(C) 等边三角形　　　　　　　　　(D) 其他三角形

分析 观察题干是关于 a、A 与 b、B 的对称式,所以 A、B 等效,即可排除,考虑选项 C,若正确,则 $\angle A = \angle B = \dfrac{\pi}{3}$,得 $2 = 1$,所以选 D.

◆ **特殊值(或图形)法**

特殊法就是选取满足条件的特殊情况如特殊值、特殊点、特殊图形、特殊数列等来代替一般情况,经过计算、判断或推理得出结论. 这个方法适用于选择项是含变动因素的选择题.

例 10 已知函数式 $y = -2x + 3$,当自变量增加 1 时,函数值( ).

(A) 增加 1　　(B) 减少 1　　(C) 增加 2　　(D) 减少 2

分析 取 $x = 1$ 代入函数解析式,得 $y = 1$;取 $x = 2$ 时,代入函数解析式,得 $y = -1$.

由上可得,当 x 从 1 增加到 2 时,即自变量增加 1 时,y 从 1 减小到 -1,函数值减少 2,通过代特殊值检验正确答案为 D.

例 11 函数 $f(x) = \dfrac{1 + \sin x - \cos x}{1 + \sin x + \cos x}$ 是( ).

(A) 奇函数　　　　　　　　　(B) 偶函数
(C) 既是奇函数又是偶函数　　(D) 既不是奇函数又不是偶函数

分析 举反例判断,当 $x = \dfrac{\pi}{2}$ 时,$f(x)$ 有意义,$f(-x)$ 无意义,所以选 D.

例 12 设 $0 < a < 1$,若 $x_1 = a$,$x_2 = a^{x_1}$,$x_3 = a^{x_2}$,$\cdots$,$x_n = a^{x_{n-1}}$,$\cdots$,则数列 $\{x_n\}$ 是( ).

(A) 是递增的
(B) 是递减的
(C) 奇数项是递增的,偶数项是递减的

(D) 偶数项是递增的,奇数项是递减的

分析 取 $a = \dfrac{1}{2}$,则

$$x_1 = \dfrac{1}{2}, \quad x_2 = \left(\dfrac{1}{2}\right)^{\frac{1}{2}},$$

$$\therefore x_2 > x_1,$$

所以排除 B;

$$\because x_3 = \left(\dfrac{1}{2}\right)^{\frac{\sqrt{2}}{2}},$$

$$0 < \dfrac{1}{2} < 1, \dfrac{\sqrt{2}}{2} < 1,$$

由指数函数性质可得 $x_1 < x_3$,$x_3 < x_2$,排除 A、D,选 C.

2-6 分类讨论

当我们在研究某一个较为复杂的问题时,由于数学问题对象属性的相同点与不同点,若不能用统一的方法去处理,往往就把这个问题(全集)恰当地划分成若干个部分(子集),在解决了这些若干个部分的问题后,整个问题就得到解决. 这就是化整为零,各个击破的分类讨论思想方法.

分类讨论是解决问题的一种逻辑方法,也是一种数学思想,这种思想对于简化研究对象,发展人的思维有着重要的作用.

分类要注意科学性. 如果缺乏科学依据的分类,不但无法显示对象的根本特征,甚至还会把不同性质的事物混淆在一起,歪曲事物的实际情况,得出错误的结论. 对被分对象进行合理分类,一般要注意掌握、遵循如下四条基本原则:

◆ **同一性原则**

分类应按同一标准进行,即每次分类不能同时使用几个不同的分类标准.

譬如,如果把三角形按角划分,可以分成:

$$\text{三角形}\begin{cases}\text{直角三角形}\\ \text{斜三角形}\begin{cases}\text{锐角三角形}\\ \text{钝角三角形}\end{cases}\end{cases}$$

按边划分,可以分成:

$$\text{三角形}\begin{cases}\text{不等边三角形}\\ \text{等腰三角形}\begin{cases}\text{三边不全相等的等腰三角形}\\ \text{等边三角形}\end{cases}\end{cases}$$

有些同学把三角形分为锐角三角形、直角三角形、钝角三角形、不等边三角形、等腰三角形. 这个分类就不正确了,因为这个分类同时使用了按边和按角两个分类标准.

事实上,等腰三角形可以是锐角三角形,也可以是直角三角形,还可以是钝角三角形;而钝角三角形、直角三角形、锐角三角形可以是等腰三角形,也可以是不等腰三角形. 这样的划分是混乱的.

◆ **互斥性原则**

分类后的每个子项应当互不相容,即做到各子项相互排斥,也就是分类后不能有一些事物既属于这个子项,又属于另一个子项.

譬如,某班有 9 名同学参加了球类和田径两项比赛,其中有 6 人参加球类比赛,5 人参加了田径比赛. 如把这 9 人分成参加球类比赛和参加田径比赛两类,这就犯了子项相容的逻辑错误,因为必有 2 人既参加了球类比赛,又参加了田径比赛.

又如,如果把三角形错误地分成不等边三角形、等腰三角形、等边三角形. 由于等边三角形包含在等腰三角形中,那么,这样分类则重复出现了等边三角形.

◆ **完备性原则**

分类应当完备,即划分后子项外延的总和(并集),应当与母项的外延相等.

譬如,某人把有理数分为正有理数和负有理数两类,这个分类是不完备的,因为子项的外延总和小于母项的外延. 事实上有理数中还包括既非正又非负的有理数——零.

类似地,在用分类讨论思想解题时,"个别情形遗漏"的现象时有发生. 常见的"个别"情形略举以下几例:

(1) "方程 $ax^2+bx+c=0$ 有实数解"转化为"$\Delta=b^2-4ac \geqslant 0$"时忽略了个别情形:当 $a=0$ 时,方程有解,不能转化为 $\Delta \geqslant 0$.

(2) 等比数列 $\{a_1 q^{n-1}\}$ 的前 n 项和公式 $S_n = \dfrac{a_1(1-q^n)}{1-q}$ 中有个别情形:$q=1$ 时,公式不再成立,而是 $S_n = na_1$.

(3) 设直线方程时,一般可设直线的斜率为 k,但有个别情形:当直线与 x 轴垂直时,直线无斜率,应另行考虑.

(4) 若直线在两坐标轴上的截距相等,常常设直线方程为 $\dfrac{x}{a}+\dfrac{y}{a}=1$,但有个别情形:$a=0$ 时,再不能如此设,应另行考虑.

◆ **逐级性原则**

分类有一级分类和多级分类之分. 一级分类是对被讨论对象只分类一次;多级分类是把分类后所得的子项作为母项,再进行分类,直至满足需要为止. 有些对象的分类情况比较复杂,这时常采用"二分法"来分类,就是按对象有无某性质来进行分类. 按"二分法"作分类,就是把讨论对象的外延一直分为两个互相矛盾的概念,一直分到不必再分为止.

譬如,对于两圆位置关系,有以下的正确分类:

$$两圆位置关系 \begin{cases} 有公共点 \begin{cases} 有一个公共点 \begin{cases} 内切 \\ 外切 \end{cases} \\ 有两个公共点 —— 相交 \end{cases} \\ 没有公共点 \begin{cases} 相离 \\ 内含 \end{cases} \end{cases}$$

掌握用分类讨论思想解题的关键,在于搞清楚哪些情况下需要分类讨论.在中学数学里,"分类"的需要到处可见,一般来说,解题时,如果对于某个研究对象,若不对其分类就不能说清楚,即不能采用统一的方法.整体地研究对象时就要想到分类讨论.一般来说,分类讨论常见的类型有以下几种:

◆ **数学概念、定理、公式或运算性质、法则是分类给出的.**

如绝对值、直线的斜率、指数对数函数、直线与平面的夹角等概念都包含了分类;不等式的某些性质、等比数列的前 n 项和公式、极限的计算等运算性质也都包含了分类.

例1 解方程 $|x+2|+|3-x|=5$.

分析 对于绝对值的问题,往往要对绝对值的符号内的对象区分为正数、负数、零三种,在每种情形下再分别处理.这一方程里出现了两个数的绝对值,即 $|x+2|$ 和 $|3-x|$,对于 $|x+2|$ 应分为 $x=-2$,$x<-2$,$x>-2$;对 $|3-x|$ 应区分为 $x=3$ 与 $x>3$,$x<3$,把上述范围画在数轴上可见对这一问题应划分为以下三种情形分别处理:$x<-2$,$-2\leqslant x\leqslant 3$,$x>3$.得解如下:

(1) 当 $x<-2$ 时,原方程为 $-(x+2)+3-x=5$,得 $x=-2$,这与 $x<-2$ 矛盾,故在 $x<-2$ 时方程无解.

(2) 当 $-2\leqslant x\leqslant 3$ 时,原方程为 $x+2+3-x=5$ 恒成立,故满足 $-2\leqslant x\leqslant 3$ 的一切实数 x 都是此方程的解.

(3) 当 $x>3$ 时,原方程为 $x+2-(3-x)=5$,得 $x=3$,这与 $x>3$ 矛盾,故在 $x>3$ 时,方程无解.

综上所述,原方程的解为满足 $-2\leqslant x\leqslant 3$ 的任何实数.

◆ **数学问题中含参变量,这些参变量的不同取值会导致不同的结果.**

例2 解关于 x 的不等式:$ax^2-(a+1)x+1<0$.

分析 这是一个含参数 a 的不等式,一定是二次不等式吗?不一定,故首先对二次项系数 a 分类:(1) $a=0$;(2) $a\neq 0$.对于(1),不等式易解;对于(2),又需再次分类:$a>0$ 或 $a<0$,因为这两种情形下,不等式解集形式是不同的:前者不等式的解是在两根之间,后者不等式的解是在两根之外.而确定这一点之后,又会遇到 1 与 $\dfrac{1}{a}$ 谁大谁小的问题,因而又需作一次分类讨论.故而解题时,需要作三级分类.

解 (1) 当 $a=0$ 时,原不等式化为 $-x+1<0$,$\therefore x>1$;

(2) 当 $a\neq 0$ 时,原不等式化为 $a(x-1)\left(x-\dfrac{1}{a}\right)<0$.

① 若 $a<0$,则原不等式化为 $(x-1)\left(x-\dfrac{1}{a}\right)>0$.

$\because \dfrac{1}{a}<0$,$\therefore \dfrac{1}{a}<1$,$\therefore$ 不等式解为 $x<\dfrac{1}{a}$ 或 $x>1$;

② 若 $a>0$,则原不等式化为 $(x-1)\left(x-\dfrac{1}{a}\right)<0$.

(i) 当 $a > 1$ 时, $\frac{1}{a} < 1$, 不等式解为 $\frac{1}{a} < x < 1$;

(ii) 当 $a = 1$ 时, $\frac{1}{a} = 1$, 不等式解为 $x \in \varnothing$;

(iii) 当 $0 < a < 1$ 时, $\frac{1}{a} > 1$, 不等式解为 $1 < x < \frac{1}{a}$.

综上所述, 原不等式的解集为

当 $a < 0$ 时, 解集为 $\left\{x \,\middle|\, x < \frac{1}{a} \text{ 或 } x > 1\right\}$;

当 $a = 0$ 时, 解集为 $\{x \mid x > 1\}$;

当 $0 < a < 1$ 时, 解集为 $\left\{x \,\middle|\, 1 < x < \frac{1}{a}\right\}$;

当 $a = 1$ 时, 解集为 $\varnothing$;

当 $a > 1$ 时, 解集为 $\left\{x \,\middle|\, \frac{1}{a} < x < 1\right\}$.

◆ 几何图形点、线、面的相对位置不确定.

例 3 在平面上有且只有四个点, 这四个点有一个独特的性质: 每两点之间有且只有两种长度.

例如, 如图 2-6-1 所示, 在正方形 $ABCD$ 中, 有 $AB = BC = CD = DA$, $AC = BD$, $AB \neq AC$.

请画出具有这种独特性质的另外若干不同的图形, 并标明相等的线段.

分析 从五条、四条、三条、两条分别相等来考虑.

解 在图 2-6-2(1) 中, $AB = BC = CD = DA = BD$、AC;

在图 2-6-2(2) 中, $AB = AC = AD = BD$, $BC = CD$;

在图 2-6-2(3) 中, $AB = BC = CA$, $OA = OB = OC$;

在图 2-6-2(4) 中, $BA = AD = DC$, $AC = BC = BD$;

在图 2-6-2(5) 中, $AB = AC$, $OA = OB = OC = BC$.

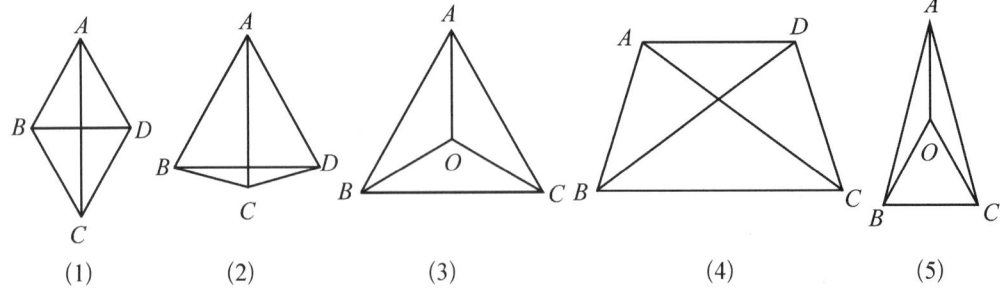

图 2-6-2

◆ **与整数的剩余类有关的问题.**

对有些与整数 n 有关的问题,常把 n 分为 $n=rk+m(r,k\in\mathbf{Z},m=0,1,\cdots,r-1)$ 这 r 个组,然后运用这一划分(剩余类)进行分类.

例 4 证明任意一个完全平方数必能表示为 $9n$ 或 $3n+1$ 的形式(n 为非负整数).

分析 设 $N=a^2$ 可写成 $9n$ 或 $3n+1$ 的形式(n 为非负整数),不妨设 a 为非负整数,那么整数 a 与 3 的关系,无非是 a 被 3 除所得到的余数为 0,1,2. 即 $a=3k$,或 $a=3k+1$ 或 $a=3k+2(k$ 为非负整数),这样再作分类证明:

证明 记 $N=a^2$,不妨设 a 为非负整数,则 a 可表示为 $3k,3k+1$,或 $3k+2(k$ 为非负整数).

(1) 当 $a=3k$ 时,$N=a^2=9k^2$,其中 k^2 为非负整数,令 $k^2=n$,则 N 可表示为 $9n(n$ 为非负整数)的形式;

(2) 当 $a=3k+1$ 时,$N=(3k+1)^2=3(3k^2+2k)+1$,令 $3k^2+2k=n$,即 N 可表示为 $3n+1(n$ 为非负整数)的形式;

(3) 当 $a=3k+2$ 时,$N=(3k+2)^2=3(3k^2+4k+1)+1$,令 $3k^2+4k+1=n$,即 N 可表示为 $3n+2(n$ 为非负整数)的形式;

综上所述,$N=a^2$ 必可表示为 $9n$ 或 $3n+1$ 的形式(其中 n 为非负整数).

例 5 随意选出 5 个正整数,是否总能在这 5 个数中找出 3 个数,使其和为 3 的倍数?

因为任意正整数除以 3 所得的余数只有三类:即余数为 0,或 1,或 2,我们设想把 5 个正整数按除以 3 所得的余数分别放入三个盒子:余数为 0 的,余数为 1 的,余数为 2 的,那么只可能出现以下两种情况:

(1) 没有一只盒子里有 3 个数(和 3 个以上的数),则每只盒子里至少有一个数. 这时可在每只盒子里各取一个正整数,即取 $3k_1,3k_2+1,3k_3+2$,相加 $s=3k_1+3k_2+1+3k_3+2=3(k_1+k_2+k_3+1)$,其中 k_1、k_2、k_3 都是非负整数,所以 $k_1+k_2+k_3+1$ 也是整数,即 s 为 3 的倍数.

(2) 有一只盒子里有 3 个及 3 个以上的正整数,从中取出 3 个,此 3 个数之和为 s,则 s 必为以下三种情况:

① $s=3k_1+3k_2+3k_3=3(k_1+k_2+k_3)$;

② $s=3k_1+1+3k_2+1+3k_3+1=3(k_1+k_2+k_3+1)$;

③ $s=3k_1+2+3k_2+2+3k_3+2=3(k_1+k_2+k_3+2)$,

其中 k_1、k_2、k_3 都是非负整数,显然 s 必为 3 的倍数.

综上所述,从任意 5 个正整数中总可选出 3 个其和为 3 的倍数.

◆ **由实际意义分类**

如排列、组合、概率中有些应用问题也需分类讨论.

例 6 某车间有 10 名工人,其中 4 人仅会车工,3 人仅会钳工,另外 3 人车工、钳工都会,现需选出 6 人完成一件工作,需要车工、钳工各 3 人,问:有多少种选派方案?

分析 如果先考虑钳工,因有 6 人会钳工,故有 C_6^3 种选法,但此时不清楚选出的钳工中有几个是车钳工都会的,因此也不清楚余下的 7 人中有多少人会车工,因此在选车工时,就无法确定是从 7 人中选,还是从 6 人、5 人或 4 人中选. 同样,如果先考虑车工也会遇到同样的问题. 因此需对全能工人进行分类:

(1) 选出的 6 人中不含全能工人;
(2) 选出的 6 人中含有 1 名全能工人;
(3) 选出的 6 人中含 2 名全能工人;
(4) 选出的 6 人中含有 3 名全能工人.

解 $C_4^3 \cdot C_3^3 + C_4^3 \cdot C_3^1 \cdot C_3^2 + C_4^2 \cdot C_3^1 \cdot C_3^3 + C_4^2 \cdot C_3^1 \cdot C_3^3 + C_4^2 \cdot C_3^1 \cdot C_3^3 + C_3^2 \cdot C_4^2 \cdot C_3^3 + C_3^1 + C_4^3 + C_3^2 \cdot C_4^1 \cdot C_3^2 + C_3^2 \cdot C_4^3 + C_3^1 \cdot C_4^2 = 309$,

或 $C_3^3 \cdot C_7^3 + C_3^1 \cdot C_3^2 \cdot C_6^3 + C_3^2 \cdot C_3^1 \cdot C_5^3 + C_3^3 \cdot C_4^3 = 309$.

例 7 甲、乙两人在环形跑道上练习跑步,已知环形跑道一圈长 400 米,乙每秒钟跑 6 米,甲的速度是乙的 4/3 倍. 现在甲、乙两人在跑道上相距 8 米处同时出发,问:经过多少秒后,两人首次相遇?

本题既不明确甲、乙两人在环形跑道上是同向还是反向跑步,也不知同向跑步时谁在前谁在后,或反向跑步时两人之间的距离是面对面的距离还是背对背的距离,所以解题时应分类讨论,逐一求解:

设经过 x 秒甲、乙两人首次相遇.

(1) 若两人同向跑步,且甲在乙的前面 8 米,则

$$4/3 \times 6x - 6x = 400 - 8,$$

解得 $x = 196$;

(2) 若两人同向跑步,且乙在甲的前面 8 米,则

$$4/3 \times 6x - 6x = 8,$$

解得 $x = 4$;

(3) 若两人反向跑步,面对面相距 8 米,则

$$4/3 \times 6x + 6x = 8,$$

解得 $x = 4/7$;

(4) 若两人反向跑步,且背对背相距 8 米,则

$$4/3 \times 6x + 6x = 400 - 8,$$

解得 $x = 28$.

答:略.

在分类讨论解题时常会出现一些错误.

例 8 求函数 $y = \dfrac{1}{\sqrt{a^x - kb^x}}(a>0, b>0, a \neq 1, b \neq 1)$ 的定义域.

错解 当 $a>b>0, a \neq 1, b \neq 1$ 时,
$$x > \log_{\frac{a}{b}} k \, (k>0);$$
当 $b>a>0, a \neq 1, b \neq 1$ 时,
$$x < \log_{\frac{a}{b}} k \, (k>0).$$

错误分析 上述解法没有考虑 $a=b$ 时的情况,同时对于 $a>b, a<b$ 的条件下,没有讨论 $k>0, k=0, k<0$ 三种情况,因此犯了"分类不当"的错误.

从以上例题的介绍,我们可以知道,用分类讨论思想解决问题的一般步骤可小结如下:

(1) 先明确需讨论的对象及讨论对象的取值范围;
(2) 正确选择分类的标准,进行合理分类;
(3) 逐类讨论解决;
(4) 归纳并作出结论.

"涉逻"教学研究与课例篇

3-1　定义语言的分析与正反举例

概念,是很多学科的研究对象. 哲学研究概念怎样从现实原型中抽象出来;心理学,特别是学习论,则研究掌握概念的心理特点. 逻辑学是研究思维形式的科学. 逻辑学研究概念,侧重于研究它的内涵、外延,即明确概念的本质属性及所反映的事物. 本小节将从逻辑的角度,分析定义语言与正反举例.

对定义的文句要进行认真的分析,同时通过正反举例使学生把内涵和外延结合起来,从而对概念有深刻的认识,这是正确理解概念的有效方法.

◆ *弄清楚上位概念和种差*

对种属定义的语句进行分析时,要分析清楚上位概念(属概念)是什么？还要分析清楚种差是哪些？少一点行不行？多一点有没有必要？换掉一点可不可以？

例如

"同一平面内,两条不相交的直线叫平行线".

对句中"同一平面内"不可略去,"两条"不可改为一条,"直线"不可改为"线段",或改为"线",至于"不相交"更不可以抽去或更换.

一般情形下,上位概念(属概念)与种差在定义中被明显地指出:如"方程是含有未知数的等式". 上位概念(属概念)是"等式",种差是"含未知数". 但有时上位概念(属概念)不明显,如复数的模

$$|a+bi|=\sqrt{a^2+b^2},$$

上位概念(属概念)是非负实数. 也有时种差不明显,如

"$z=r(\cos\theta+\mathrm{i}\sin\theta)$ 叫复数的三角式",

上位概念(属概念)是"式子". 怎样的一个式子呢？是 $r(\cos\theta+\mathrm{i}\sin\theta)$ 这样的式子. 种差究竟是什么？没明确告诉,这就要分析这个式子的具体特点.

◆ *正面举例*

但是,重视定义语句的分析,不等于说要死记硬背定义的语句. 应该在认真地分析定义语句的同时,给学生举出大量的正反两方面的例子,使学生对概念的外延

了解得比较具体.

举正面例子的时候,要扣住定义的语句分析,说明它符合所讲的概念.例如讲无理数时,必然会举$\sqrt{2}$这个例子,要着重说明$\sqrt{2}$符合"无限不循环小数叫无理数"的定义,因为它首先可以化为一个小数(上位概念),其次是无限的,又是不循环的(种差).

举正面例子的时候,要尽量考虑足够的代表性,否则会有意无意地使学生把概念的范围理解狭小了.例如在讲无理数时,有些老师只举$\pm\sqrt{2}$、$\pm\sqrt{3}$这样的例子,使学生造成一个错觉:"无理数就是不尽根数",事实上,超越数π、e 和 sin1°等都是无理数.也有些老师只举正无理数的例子,学生常常无意地忘了负的无理数.又例如平面几何教材上开始出现的图形都画得很标准,这样的图形可叫**标准图形**.如直角三角形总画成如图 3-1-1 的模样,而很少画成图 3-1-2.长此以往,学生很难辨认**非标准图形**,而一道几何题的图形里出现的直角三角形的位置常常是非标准的,因此,学生常常难以从图中获得必要的信息.

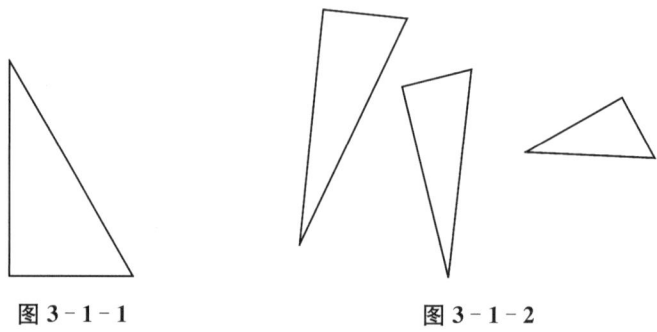

图 3-1-1　　　　　　图 3-1-2

有些学生能背诵定义的语句,但常常对概念理解得不完整,理解窄了.外延的被遗漏部分往往是一些特殊的情形,如遗漏"0"、"1"等.

被遗漏部分还往往是后面引进的知识,因为对它的印象不如前面所学的印象深.例如,有的学生错误地认为任意实数的二倍大于原数,因为在这些学生头脑中,把实数片面理解为正实数.复数的辐角常被误解为 0 到 2π 之间的角,事实上,辐角可以是任意角.

上面谈到,有些特殊情况,该包括在内的,却容易遗漏.反过来,学生往往把一些应该排除的反面特殊情况不排除,因而错误地把概念理解过宽了.例如,有的学生以为 1 是质数;有的学生以为任何直线都有斜率,事实上平行于 y 轴的直线斜率不存在;还有人把偶数当作合数,对合数这个概念来说,理解得既过宽了(因为偶数 2 不是合数),又过窄了(9 不是偶数).教学中应该举出这些特殊的反例,使学生知道它们是不符合定义的.

◆ **反面举例**

为了防止对概念理解过宽,举反例效果更好,但也要扣住定义.

例如讲无理数这个概念举了正面的例子如$\sqrt{2}$、π之后,还要举反面的例子,如

1.333……(循环)、3.141 6(有限),它们都不符合无理数的定义,因而不是无理数.

再例如,对"平行线"这一概念来说,图 3-1-3(1)、(2)画的都不是直线,上位概念(属概念)不符;图 3-1-3(3) 两直线相交,种差不符;图 3-1-3(4) 两直线 a、b 虽不相交,但不在同一平面内,种差不符.

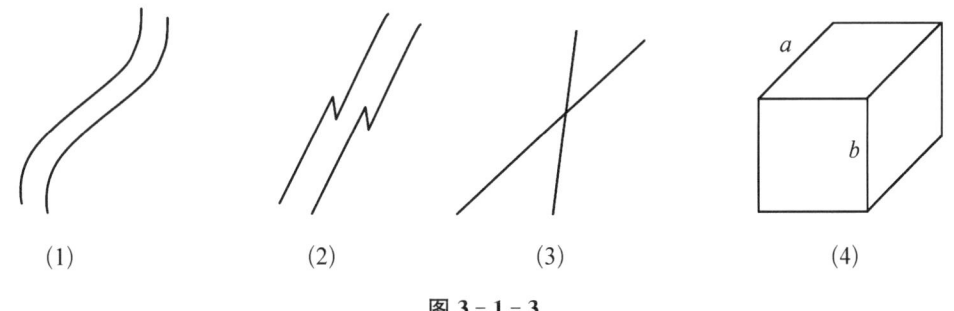

(1)　　　　　(2)　　　　　(3)　　　　　(4)

图 3-1-3

顾泠沅教授等学者对变式教学做了很深入的研究,提出了**概念性变式**和**过程性变式**这两种变式①. 对于概念性变式,他们认为,"传统意义上的概念性变式主要包括以下两类变式:**一类是改变概念的外延**,称为概念变式;另一类是改变一些能**混淆概念外延的属性**,譬如,举反例,称为非概念变式. 这两种变式构成'概念性变式',目的是让学生获得对概念的多角度理解."他们的研究把许多优秀的数学教师关于概念教学的经验上升到理论的高度,并且在国际上产生了较大的影响.

---

① 顾泠沅,黄荣金,费兰伦斯·马顿.变式教学:促进有效的数学学习的中国方式.华人如何学习数学.南京:江苏教育出版社

3-2 分辨容易混淆的概念

数学中有不少概念容易混淆. 有的概念提法不同,但含义一样;有的概念提法相同,含义不同;有的概念提法相近,含义不同. 一定要通过比较把这些情况搞清楚.

◆ **提法不同,含义一样的概念**

提法不同,所指事物相同的两个概念,我们叫同一概念,这两种说法,就叫互相等价的定义. 例如

"一角为直角的菱形"

与

"一组邻边相等的矩形",

这两种不同的提法所指的事物是相同的(都是指正方形). 甚至

"四边相等,四角为直角的四边形叫正方形"

(这是一个有多余种差的定义)也与上述两提法等价.

"同一平面内,互不相交的两条直线叫平行线"

与

"如果一条直线上的任意点到另一条直线的距离都相等,那么这两条直线叫平行线",

这是关于平行线这一概念的两个等价定义.

有时候所用名词不同,内涵一样的情况也常常发生. 例如"等边三角形"又可叫"正三角形";"垂直平分线"又可以叫"中垂线".

这些在阅读参考书的时候尤其应予以注意.

◆ **提法相同,含义不同的概念**

这是一个更值得重视的问题,因为这种情形是常常出现的,又是很容易搞错的. 主要有以下几种情形:

第一种情形,借用了生活中的名称来称呼数学中的概念.

例如,在计算三角形面积时,要用到底乘高,这个"底"字是生活中借用来的.生活中的"底"是指最下层的东西,在数学中,"三角形的底"就是指"三角形的边",并不是指"画在下面的一条边".

再如,"距离"是生活中常用的一个词,数学中也用.通常数学中的"距离"与生活中的"距离"含义基本一致,都是指一个长度,一般是一个正实数,但在数学中距离可为 0. 在函数图像中有一个"截距"的概念与生活中"距离"的概念是不同的."截距"是指曲线与 y 轴(x 轴)的交点的纵(横)坐标,它可以取正号,也可以取负号,还可以取零.有些同学认为如图 3-2-1 的直线在 y 轴上的截距是 2,这显然是受了生活中"距离"这个词的影响.

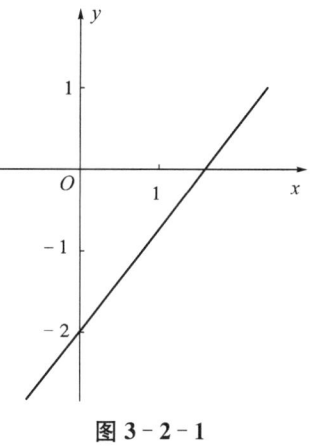

图 3-2-1

第二种情形,借用特殊情形时的名称来称呼一般概念;借用一般情形时的名称来称呼特殊概念.

函数 $y=f(x)$ 在 $x=x_0$ 时的导数以及函数 $y=f(x)$ 的导函数本是两个完全不同的概念,前者是特殊情形,后者是一般情形.但是,我们常把后者也简称为导数.

反之,"圆柱"与"直圆柱"本是两个不同的概念,但是我们常把"直圆柱"简称为"圆柱".

第三种情形,借用旧的名称来称呼新的概念.

概念的扩充在数学中出现得很普遍.数的概念在扩充,角的概念在扩充,甚至"和"的概念、"相等"的概念都在扩充.

经过扩充以后,新概念往往借用旧的名称来称呼,但是千万要注意,同一个词的含义已经不同了.

例如"幂"这个概念,开始我们把它定义为"相同因数的乘积",即

$$\begin{cases} a^1 = a, & n=1, \\ a^n = \underbrace{a \cdot a \cdot \cdots \cdot a}_{n\text{个}}, & n>1. \end{cases}$$

这里,n 是正整数.

后来,我们把 a^0($a \neq 0$)也叫幂.其中指数是 0,当然不能沿用上述老的定义,就是说"a^0"不能理解为"0 个 a 相乘的结果",而把"a^0"的意义重新加以规定:

不为 0 的数的零次幂等于 1.

同样,我们把"a^{-n}($a \neq 0$,n 是正整数)"也叫做幂,当然不能说它是"$-n$ 个 a 相乘的结果",也要重新规定为:

$$a^{-n} = \frac{1}{a^n} \quad (a \neq 0).$$

这样,把幂这个概念扩充了,本来只允许指数为正整数,现在,允许指数为任意的整数.经过扩充的"幂"这一概念的外延包含了原先"幂"这一概念的外延.

数的"和"的概念也扩充过的.譬如说,本来总是指有限个数相加的结果,后来,我们也说无限项的和,这决不能理解为无限项"相加"(按原先理解的那样)的结果,因为无限项"相加"是加不出结果的.我们把无限项的和定义为前 n 项的和当 n 无限增大时的极限(如果这个极限存在的话),即 $S = \lim\limits_{n \to \infty} S_n$. 所以看到

"和式 $a_1 + a_2 + a_3 + \cdots + a_n$",

应该理解为普通加法的结果.看到

"和式 $a_1 + a_2 + a_3 + \cdots + a_n + \cdots$",

就不应该理解为普通加法,而应该理解为一个极限.

幂的概念和"数的和"的概念扩充后,没有统一的定义,不同情况应作不同的定义,但有时概念扩充后,可以采用一个统一的定义."切线"这一概念就是这样,在平面几何中,圆的切线定义为

"与圆有且只有一个交点的直线",

学了极限以后,"切线"不仅只是圆的切线,而且可以扩充为更一般曲线的切线,我们把切线重新定义为割线的极限位置.这一新的定义适用于任意的光滑曲线,当然也包括"圆"在内.但原先用于圆的切线定义不能用于其他曲线

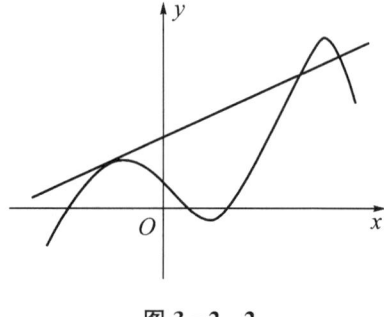

图 3-2-2

的切线,如图 3-2-2 中的那条直线虽与曲线有三个交点,但这条直线仍为该曲线的切线.

◆ **提法相近,含义不同的概念**

研究不同的两个概念,如果这两个概念属于同一个上位概念,或者它们之间成包含关系,有的逻辑书上把它们叫可比较的两个概念,如抛物线与椭圆的关系,椭圆与圆的关系,正数与整数的关系.在研究这些概念的关系时,就要着重揭示它们是属于包含、并列、交叉关系中的哪一种,这还不是很难处理.

对于另外一些情况,有的逻辑书上叫做不可比较的概念,它们之间既不相互包含,又不同属一个上位概念形成并列关系、交叉关系.

含义不同,但提法上,形式上有类似之处的两个概念很容易混淆.搞清楚这些概念的区别和联系,实在是教学中的重大问题.这些概念的区分,应具体情况作具体分析.下面是这方面的一些例子.

函数的最大(小)值与极大(小)值是一对容易混淆的概念.

从本质上说极大值是局部的概念,它只需要比它附近的点的函数值大就行了.最大值是整体的概念,它应该是指定范围里最大的值.

从个数说,函数极大值可以不止一个;函数在指定范围里最大值却只有一个(但达到这一最大值的自变量的数值也可以不止一个).

从联系说,函数最大值不小于各极大值;函数最大值可通过将各个极大值及指定范围的边界值的大小进行比较而得到.

再例如"约去"与"抵消","和的平方"与"平方的和"……这些都是容易混淆的概念.

下面就是一道因混淆了两个不同概念而导致错误结论的题目.

例1 对 $x^n - a^n$($a \neq 0$,n 是自然数)实施下列演算:

令 $y = \dfrac{x}{a}$,则 $x = ay$,于是

$$x^n - a^n = (ay)^n - a^n = a^n(y^n - 1), \qquad ①$$

而

$$x - a = ay - a = a(y - 1), \qquad ②$$

两端乘以 a^{n-1},得

$$a^{n-1}(x - a) = a^n(y - 1). \qquad ③$$

比较①、③式,因为

$$a^n(y^n - 1) \text{ 被 } a^n(y - 1) \text{ 整除,}$$

所以

$$(x^n - a^n) \text{ 被 } a^{n-1}(x - a) \text{ 整除,} \qquad ④$$

取 $a = 3$,$x = 4$,$n = 2$ 有

$$\text{左} = 4^2 - 3^2 = 7,$$
$$\text{右} = 3^{2-1}(4 - 3) = 3,$$
$$\therefore 7 \text{ 被 } 3 \text{ 整除.}$$

你认为上述推理,错在哪里?

④式中是"整除",是"多项式整除",而"7 被 3 整除"里的"整除",是"整数的整除". 演算者有意混淆了"多项式整除"与"整数的整除"这两个概念,同时,由于 $y = \dfrac{x}{a}$,当 $a = 3$,$x = 4$ 时,$y = \dfrac{4}{3}$ 为非整数,所以引出了错误结论.

逻辑错误中有一种叫"偷换概念",上面的例子,就是偷换概念. 本质上说,混淆概念和偷换概念是一回事,只是偷换有故意的成分.

弄错字母的意义,也是一种混淆概念,而且这是一个数学中的重要问题. 先看一个例子:

例 2 已知椭圆 $\dfrac{x^2}{a^2}+\dfrac{y^2}{b^2}=1$ 的切线斜率为 k,求切线方程.

解 设椭圆的切线为 $y=kx+b$,代入椭圆方程,得
$$b^2x^2+a^2(kx+b)^2-a^2b^2=0,$$
即
$$(b^2+a^2k^2)x^2+2a^2bkx=0.$$
因为 $y=kx+b$ 与椭圆相切,所以上述方程的判别式
$$\Delta=(2a^2bk)^2=0.$$
$$\because a\neq 0, b\neq 0,$$
$$\therefore k=0.$$

因此,原椭圆切线方程为 $y=b$.

解答过程中,就是把两个 b 混淆了:一个是椭圆方程 $\dfrac{x^2}{a^2}+\dfrac{y^2}{b^2}=1$ 中的 b,一个是直线方程 $y=kx+b$ 中的截距 b.

引进字母是数学发展的重要里程碑,用字母有好处,但也给一些学生带来了烦恼.

其实,**字母有两重性. 选用字母有随意性的一面,也有需要保持同一性的一面.** 对此我们展开一些讨论.

首先,**初始选用字母可以随意,一旦选定,在同一问题研究过程中,就应该保持同一.**

譬如,平方差公式可以写成
$$a^2-b^2=(a+b)(a-b),$$
也可以写成
$$x^2-y^2=(x+y)(x-y).$$

这是随意性. 但在研究一个问题时,一旦选定了,就不能随意改换,要保持字母的同一性. 同时在同一问题中,不同的量要用不同的字母表示.

初学列方程解应用题时,有学生会:设＊＊＊为 x,＃＃＃为 x. 他不知道,不同的量要用不同的字母表示. 当然,这样的错误,很快就会得到纠正.

在同一问题中,不同的量应该用不同的字母表示. 有时,两个不同的量存在着某种关系,当然应该用不同的字母表示,但是,考虑到它们之间的某种关系,在选用字母时,常常反映出这种关系. 譬如 A 的对称点记为 A';函数 $y=f(x)$ 的反函数记为 $y=f^{-1}(x)$ 等.

其次,违反同一性是不允许的,但是,有时为了突出主要问题的研究,简化过程,在大家不会引起误解的情况下,又允许有些变通.

譬如,在学习反函数时,不少学生对换字母问题感到困惑.

在求函数 $y = f(x) = 2x + 1$ 的反函数时,先解出 x:

$$x = \frac{y-1}{2}, \qquad ①$$

再换字母,并说函数 $y = f(x) = 2x + 1$ 的反函数是

$$y = \frac{x-1}{2}. \qquad ②$$

我们说,一个函数 ($y = f(x) = 2x + 1$) 和它的反函数 $\left(y = \frac{x-1}{2}\right)$,一般说对应规则并不相同,所以是不同的函数.如果用 $f(x)$ 来表示原来的函数,那么它的反函数不能采用同一字母 f 来表示它的对应规则,如前所说,应该表示为 f^{-1}.另一方面,①和②却是相同的函数,因为它们的对应规则相同.①和②可以分别改写为

$$x = f^{-1}(y) = \frac{y-1}{2}, \qquad ③$$

$$y = f^{-1}(x) = \frac{x-1}{2}. \qquad ④$$

所以说函数 $y = f(x) = 2x + 1$ 的反函数是①也对,说②也对.平常只说是②,只是习惯而已.

上面谈了表示对应关系的字母,下面分析表示变量的字母.注意:①和②式中的字母 x,y 的含义是不一致的,没有保持同一性,但因为本问题的中心是研究函数,字母的变通是被大家认可的.

这种处理问题的方式还有不少.譬如,半角公式的推导:

因为

$$\cos^2 2x = 1 - 2\sin^2 x,$$

所以,

$$\sin^2 x = \frac{1 - \cos 2x}{2}. \qquad ⑤$$

于是,

$$\sin^2 \frac{x}{2} = \frac{1 - \cos x}{2}. \qquad ⑥$$

这里的 x 也没有保持同一. 按理说, 应该在⑤式中, 令 $x=\dfrac{u}{2}$, 于是有

$$\sin^2 \dfrac{u}{2} = \dfrac{1-\cos u}{2}, \qquad ⑦$$

而因为⑦和⑥式反映的关系是相同的, 而且⑦将作为一个半角公式独立使用, 所以改为⑥也可以. 这个过程就略去了, 而直接从⑤到⑥了.

还有, 在研究函数奇偶性时, 有些学生对 $f(-x)$ 百思不得其解. 而有些老师往往轻描淡写地说, 在 $f(x)$ 中, x 用 $-x$ 代替, 就得到 $f(-x)$ 了. x 怎么可以用 $-x$ 代替呢? 这种问题似乎是在钻牛角尖, 但是, 你要回答它, 又很不容易. 其实这是一个颇深刻的问题.

譬如, 函数 $f(x)=\sin x$, 我们可以令 $x=-u$, 于是,

$$f(-u) = \sin(-u), \qquad ⑧$$

然而, ⑧式与

$$f(-x)=\sin(-x), \qquad ⑨$$

反映的关系是相同的, 因而简单地说, $f(x)$ 中, x 用 $-x$ 代替, 就得到 $f(-x)$ 了.

3-3 重视概念间的联系

◆ **概念间的关系**

概念间有以下种种关系：

同一关系

若两个概念的外延完全相同，则称这两个概念是同一概念．

譬如，"一角为直角的菱形"、"一组邻边相等的矩形"指的都是正方形，是同一个概念．

包含关系

若甲概念的外延包含于乙概念的外延，即

$$\{甲概念\} \subseteq \{乙概念\},$$

则这两个概念是包含关系，且把甲概念叫下位概念，乙概念叫上位概念．

譬如，概念"圆"与概念"平面封闭曲线"是包含关系，即

$$\{圆\} \subseteq \{平面封闭曲线\},$$

"圆"是下位概念，"平面封闭曲线"是上位概念．

交叉关系

若甲概念的外延有一部分包含于乙概念的外延中，另一部分不包含于乙概念的外延中；反之，乙概念的外延有一部分包含于甲概念的外延中，另一部分不包含于甲概念的外延中，则称这两个概念成交叉关系．

如"直角三角形"与"等腰三角形"是交叉关系．

不相容关系

两个概念的外延没有公共部分，即

$$\{甲概念\} \cap \{乙概念\} = \varnothing,$$

则这两个概念是不相容关系，也称对立关系．

譬如，"锐角三角形"与"钝角三角形"是不相容的关系．

矛盾关系

矛盾关系是不相容关系的一种特殊情形. 如果概念甲的两个下位概念乙与丙是不相容的, 且它们的外延和恰巧等于概念甲的外延, 即

$$\{乙概念\} \cap \{丙概念\} = \varnothing, 且 \{乙概念\} \cup \{丙概念\} = \{甲概念\},$$

那么就说概念乙与丙对甲概念来说是矛盾关系.

对实数来说,"正数"与"非正数"是矛盾关系. 但"正数"与"负数"不是矛盾关系, 因为两者虽是不相容的, 但它们的外延和不等于"实数"这一概念的外延(缺了一个数"零"). "非正数"与"非负数"也不是矛盾关系, 因为它们根本不是不相容关系(它们的外延有公共部分"零").

概念间的各种关系可列成下表:

$$相容 \begin{cases} 包含 —— 同一(特例) \\ 交叉 \end{cases}$$
$$不相容 —— 矛盾(特例)$$

显然, 这些关系与集合的关系完全类同, 所以也可以用文氏图表示出来(图 3-3-1).

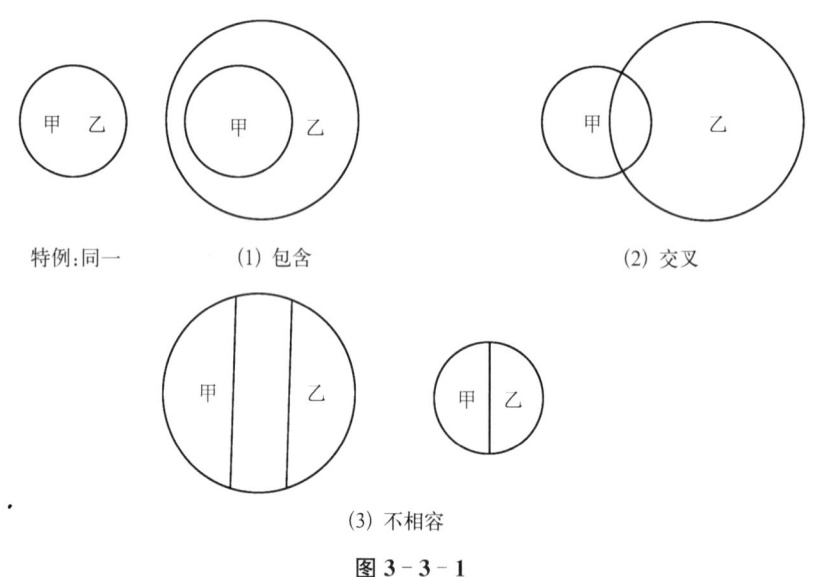

图 3-3-1

◆ **概念的运算**

几个概念也可以进行各种运算:

交

如果概念丙的外延是甲、乙两概念外延的公共部分, 即

$$\{丙概念\} = \{甲概念\} \cap \{乙概念\},$$

那么概念丙就叫做甲、乙两个概念的交.

如"等腰直角三角形"这个概念是"等腰三角形"、"直角三角形"的交.

并

如果概念丙的外延是甲、乙两概念外延的并,即

$$\{丙概念\}=\{甲概念\}\cup\{乙概念\},$$

那么概念丙叫做甲、乙两概念的并.

例如,"非负数"可以看作"正数"、"零"这两个概念的并.

余

如果概念丙与概念乙对于概念甲而言是矛盾概念,则称概念丙(乙)为概念乙(丙)关于概念甲的余概念.

"非负数"即"负数"关于"实数"的余概念.

这些运算与集合的运算完全类似.

我们在讲授新概念时,使新概念与学生头脑中原有的概念联系起来;同时在复习时要注意把概念归类整理.

新概念与已有的概念的关系主要有:

新概念是下位概念,已有概念是上位概念.

如平面几何中先教"三角形"的一般概念,再由"三边中有两边相等"、"三边都相等"、"三个角有一个是直角"等种差,引导学生得到特殊的三角形:等腰三角形、等边三角形、直角三角形等.这时要把种差正确地强调出来,新概念的含义就可以得到明确了.

新概念和已有概念是并列关系,即共处于一个上位概念中的两个不相容的下位概念.

如幂的概念,教学时从正整数指数幂开始,然后依次讲零指数幂、负整数指数幂、正分数指数幂及负分数指数幂,这些概念都是并列的.讲授时,宜突出一、两个难点,带过其余的.

新概念是上位概念,已有概念是下位概念.

有时也把各种情况一一学完,然后将它们归纳起来,提出将它们全都包含在内的上位概念.例如在教了椭圆、双曲线、抛物线之后,提出二次曲线的概念.这时宜概括原有各下位概念的共性.

也有一种情况,已有知识对新概念来说只是一个特例.如先讲圆,然后讲椭圆.前者是下位概念,后者是上位概念.

在复习阶段,把学到的各下位概念加以归纳整理,可以达到华罗庚所说的"由厚到薄"的效果.这时,有关概念划分的逻辑知识往往可以帮我们不少忙.

3-4　突出量词,并早期渗透

数学命题中不少是带有量词的.如平面几何入门时出现的锐角三角形是

"任一内角都是锐角的三角形";

而钝角三角形则是

"有一个内角是钝角的三角形".

已经遇到了全称量词和特称量词.

再如,算术中的质数是

"有且只有两个不同因数的自然数";

而合数则是

"至少有三个不同因数的自然数".

已经用到了至少、至多量词.

可见,在低年级的数学中也会遇到量词.可惜的是没有用一两句话点一下,引起大家的重视,也没有足够的巩固的机会,以至于中学生对量词知识几乎不了解.其后果是,当学习极限定义,遇到量词重叠使用时,就感到困难很大.我们认为即使在中学低年级,通过数学实例、通过生活中的例子适当渗透一些量词知识还是能办到的.例如,结合锐角三角形、钝角三角形的定义讲一下全称、特称的区别还是可以的.在配以生活中的例子,如,用鸡、肉丝、青菜、豆腐干、西红柿五种食品作为原料,配合成一盆菜肴,问怎样配制,所得的菜肴是素的,怎样配制,所得的菜肴是荤的.这里涉及"素菜"和"荤菜"的意义.所谓"素菜",要求"每一样食品原料都是素的",而所谓"荤菜",并不要求"每一样食品原料都是荤的",只要求"有一样食品原料是荤的"就行了.这里就有全称和特称的内容了.

量词知识要早期渗透.到了高中,可以明确提出量词的概念.对此笔者曾做过一个试验,说明是可行的和有效的.下面是这项试验的报告:

在高三学生中进行逻辑量词教学的实验[①]

1. 问题的提出

在大学里,学生学习极限概念时,困难很大,困难的原因之一,是逻辑量词("每一个"和"有一个")的出现并重叠使用,事实上,掌握逻辑量词的知识,不但对于进一步学习数学有益,在处理日常生活和工作中的有关问题时,也会有很大的帮助,那么,在中学阶段,该不该,能不能让学生学习一些逻辑量词的基本知识呢?

2. 实验目的

2.1 研究在不增加负担的条件下,高三学生能不能接受逻辑量词的知识,即研究讲授逻辑量词知识的可行性.

2.2 研究学习过逻辑量词知识,和没有学习过逻辑量词知识,在理解有关高考题时,有没有差别,即研究在中学生中讲授逻辑量词知识的必要性.

3. 实验方法和实验因子的控制

3.1 利用1992年5月上海市高三会考成绩作为基础测定分,把某区重点中学高三(4)班的54名学生分成两组,使两组的平均分和标准差无显著差异,然后随意抽取一组为实验组,另一组为对照组,进行等组实验,下面是两组学生的情况:

人数 N	平均分 X	标准差 s
实验组 27	83.4	7.35
对照组 27	83.74	6.68

显著性检验 t: $t=0.36<t(0.05)=1.91$,无显著差异.

3.2 对实验组的学生进行一次讲座.计2课时,内容是通过例子介绍全称量词"每一个"和特称量词"有一个"的意义和两者的区别,证明全称命题和特称命题的思路,反驳全称命题的思路,但不出现逻辑量词的符号($\forall$和$\exists$).讲座之后,没有安排复习和练习,之所以这样做,是为了实验目的1中谈及的,研究"在不增加负担的条件下,高三学生能不能接受逻辑量词的知识".

3.3 讲座举行之后一个月,在两组学生都无准备的情况下,对全班学生进行一次测试,为了保证测试的客观性,又减少学生的投机成分,使测试具有可靠性,试题的形式全是多项选择题,试题的内容,大多根据含有"每一个"和"有一个"这样的词的历届高考题改编而成.

3.4 分组和选定实验组的老师,做讲座的老师,命题的老师,以往和该班学生没有接触,该班的数学老师没有进修过逻辑,没有听过该讲座,也没有参加实验的任何工作,做讲座的老师不参加命题.

[①] 参加本实验的有:陈永明,李福英,马晓柏,费明洁,刘仪等。本文曾发表于《徐汇教育》1993,2和《数学教育学报》1998,7

4. 实验结果

4.1 测试结果如下：

人数 N	平均分 X	标准差 s
实验组 27	78.28	6.24
对照组 27	75.18	7.15

显著性检验 t：$t(0.01)=1.671 < t=1.69 < t(0.05)=1.91$，样本差异接近显著，所以总体接近有差异.

4.2 实验组有两名学生会考成绩并不高，分别是 65 分和 69 分，但在测试中的成绩却很好，分别是 84 分和 85 分. 对照组里没有这种情况.

4.3 对照组里有 3 名学生会考成绩较好，在 80 分以上，而测试成绩却较差，仅为 60 多分，实验组没有这种情况.

5. 实验结果的分析

5.1 这次测试的结果，实验组学生的平均成绩比对照组学生的平均成绩仅高出 3 分，统计表示，只是"总体接近有差异"，但由于实验组的学生其比对照组多听了两课时的逻辑讲座，事后又没有复习和练习，所以，这个结果与我们的期望是一致的.

5.2 实验说明，发达地区的区重点中学的高三后期学生是可以掌握逻辑量词的基本知识的，而且这并不会加重学生的负担，所以，在中学的适当的年段，讲授逻辑量词的基本知识是有必要的，看来也是可行的.

5.3 实验说明，学习了逻辑量词知识之后，对理解和解答高考中的有关"每一个"和"有一个"的题是有一定的帮助的，例如，对于测试题中涉及的一个命题："存在这样的 x,y，使 $\cos(x+y) = \cos x \cos y + \sin x \sin y$ 成立，"这是一个很容易上当的题，因为两角和的余弦公式的右边是减号，而这里右边是加号，所以很多同学认为这个命题不正确，其实，这个命题是真的，实验组的同学回答的正确率比较高，实验后，教师询问过他们，他们回答说，"只要取 $x=0, y=0$，左边 $= \cos 0 = 1$，右边 $= 1 + 0 = 1$，也就是说，该命题成立，只要有一对 x,y 的值，使两边相等，就够了"，这说明他们已经掌握了证明特称命题的思路了.

6. 讨论

实验中有例子显示，原来数学成绩好的，测试成绩并不很好，而原来数学成绩不怎么好的，测试成绩却比较好. 这些是否说明，逻辑量词与个人的思维品质有关，而不完全依赖于数学知识的多寡，这需要研究.

3-5 突出"否定"

涉及命题结构,求否定更为复杂.有一元命题的否定,又有多元命题的否定,在一元命题中,除了全称、特称命题之外,又有"至多"、"恰有"命题的否定,不少学生,包括一些教师对此都会感到困难,不是束手无策,便是错误百出.

否定,可以通过"并非"、"不"来表述."命题的否定"对数学教学有特殊的意义.

第一个意义,在表述一个概念的矛盾概念时,要用到否定,例如,"锐角三角形"是"每个内角都是锐角的三角形",那么"非锐角三角形"就是"并非'每个内角都是锐角的三角形'".

第二个意义,在解数学题时,我们常常采取反面扣除的方法.例如,求"A、B、C、D 四人排成一列,而 A 不在首位的排列方法数",可以从 A、B、C、D 四人排成一列的排列数中减去不符合要求的排列数求得.这个"不符合要求的排列"是什么意思呢?就是"A 不在首位的排列"的否定,就是"A 在首位的排列".

第三个意义,在用反证法证题时,首先要将结论否定.例如,我们欲证"$l_1 // l_2$"时,在用反证法证明时,首先要假定结论不成立,即设"l_1 不平行于 l_2",它就是命题"$l_1 // l_2$"的否定.

第四个意义,对于学生出现的错误,数学教师要指出并分析其错误所在,在逻辑学里,就是"反驳".在"反驳"时经常要用到"命题的否定".

第五个意义,数学中常要作出否命题和逆否命题,这时也都利用否定的知识.

这里把本书涉及的否定公式整理如下:

数理逻辑里的命题演算部分,有以下涉及否定的公式:

命题否定的否定:$\neg(\neg P) = P$.

合取式命题($P \wedge Q$)的否定:$\neg(P \wedge Q) = \neg P \vee \neg Q$.

析取式命题($P \vee Q$)的否定:$\neg(P \vee Q) = \neg P \wedge \neg Q$.

蕴涵式命题($P \rightarrow Q$)的否定:$\neg(P \rightarrow Q) = (P \wedge \neg Q)$.

互蕴式命题($P \leftrightarrow Q$)的否定:本书没有做深入研究,只是说将"当且仅当"改为"不当且仅当"即可.

数理逻辑里的谓词演算部分,有以下涉及否定的公式:

全称命题的否定:"所有的 x 有性质 P"的否定是"有一个 x 不具有性质 P".即

$$\neg(\forall x P(x)) = \exists x \neg P(x).$$

特称命题的否定:"有的 x 有性质 P"的否定是"所有的 x,都没有性质 P".即

$$\neg(\exists x P(x)) = \forall x \neg P(x).$$

否定号越过量词时,量词要改号($\forall$ 改为 $\exists$,$\exists$ 改为 $\forall$).这个方法也适用于二元,甚至更多元的命题.

至少命题的否定:"至少 n 个 x 有性质 P"的否定是"至多 $n-1$ 个 x 满足 P".即

$$\neg(\exists_n x P(x)) = \forall_{(n-1)+1} x P(x).$$

至多命题的否定:"至多 n 个 x 有性质 P"的否定是"至少 $n+1$ 个 x 满足 P".即

$$\neg(\forall_{n+1} x P(x)) = \exists_{n+1} x P(x).$$

例 1 有人认为"不是偶函数"就是"奇函数",这个说法对不对?

解 "偶函数"的含义是 $\forall x \in D[f(-x) = f(x)]$,$D$ 是函数 f 的定义域.其否定应是

$$\exists x \in D[f(-x) \neq f(x)],$$

即"并非对任意的 x 都有 $f(-x) = f(x)$",或"至少有一个 x 使 $f(-x) \neq f(x)$".而"奇函数"的含义是

$$\forall x \in D[f(-x) = -f(x)].$$

显然两者意义不同.所以这个说法是不正确的.

下面是一道高考题的错误证法,曾发表于某杂志.

(1986 年全国高考题) 已知 $x_1 > 0$,$x_1 \neq 1$,且 $x_{n+1} = \dfrac{x_n(x_n^2 + 3)}{3x_n^2 + 1}(n = 1, 2, 3, \cdots)$. 求证:数列 $\{x_n\}$ 或者对任意正整数 n 都满足 $x_n < x_{n+1}$,或者对任意正整数 n 都满足 $x_n > x_{n+1}$.

错证 若设 $\{x_n\}$ 对任意正整数 n 既不满足 $x_n < x_{n+1}$,也不满足 $x_n > x_{n+1}$,则应满足 $x_n = x_{n+1}$.再由题设得

$$x_n = \frac{x_n(x_n^2 + 3)}{3x_n^2 + 1},$$

$$3x_n^3 + x_n = x_n^3 + 3x_n,$$

$$\therefore x_n = 0, 1, -1.$$

但由题设 $x_n>0$ 且 $x_n\neq 1$,故对任意正整数 n,所设不成立,原命题得证.

这个"证明"的错误是在对结论的否定(反证法的第一步)上出了毛病.原题结论是:数列 $\{x_n\}$ 或者对任意正整数 n 都满足 $x_n<x_{n+1}$,或者对任意正整数 n 都满足 $x_n>x_{n+1}$.

意思是:$\{x_n\}$ 严格单调递增(对任意正整数 n 都满足 $x_n<x_{n+1}$)或严格单调递减(对任意正整数 n 都满足 $x_n>x_{n+1}$).

其否定是:存在某个正整数 n 使得 $x_n\geq x_{n+1}$ 且存在某个正整数 n 使得 $x_n\leq x_{n+1}$.排除"严格单调递增"与"严格单调递减"两种可能性,数列 $\{x_n\}$ 可以是"非严格单调递增"的,如

$$1,1,2,2,3,3,\cdots;$$

可以是"非严格单调递减"的,如

$$8,8,7,7,6,6,\cdots;$$

可以是"摆动"的,如

$$1,2,3,2,1,\cdots;$$

还可以是"常数列",如

$$1,1,1,\cdots;$$

"存在一个正整数 n 使得 $x_n\geq x_{n+1}$"的意思是存在某个号码,相应的项不小于其相邻的后项;"存在一个正整数 n 使得 $x_n\leq x_{n+1}$"的意思是存在某个号码,相应的项不大于其相邻的后项.两者合起来,就是数列 $\{x_n\}$ 有些项 $x_n\geq x_{n+1}$,而还有些项 $x_n\leq x_{n+1}$.反证法应从此开始,当然下面是很难进行下去的.

例 2 有人用反证法证明"20 个苹果放在 9 个抽屉中,则至少有一个抽屉里有 3 个苹果"时,第一句话是这样的:"倘若至少有一个抽屉至多只有 2 个苹果",请指出他的错误.

解 设 x 为苹果,y 为抽屉,$P(x,y)$ 为"x 在 y 里",则原结论是

$$\exists y \exists_3 x P(x,y).$$

其否定为

$$\neg[\exists y \exists_3 x P(x,y)]$$
$$=\forall y \neg[\exists_3 x P(x,y)]$$
$$=\forall y \forall_{2+1} x P(x,y),$$

意即,任意的抽屉里至多有两只苹果.

否定运算越过量词进入谓词时,$\forall$ 改为 $\exists$,$\exists$ 改为 $\forall$,不少人不把量词改号而使否定号直接进入谓词,这是不会否定的主要表现之一.

3-6　重视必要的同义反复

对于老师的讲课,学生常常会评价说,某老师太啰嗦,某老师跳跃太厉害. 所谓啰嗦,无非是不放心学生,一而再、再而三地重复叙述同一个内容,甚至同一句话,使学生感到厌烦. 所谓跳跃,就是以自己的理解能力和知识水平来要求学生,在总体安排上,缺少必要的模仿,使学生没有一个熟悉和熟练的过程,一下子要学生解决较难的问题,或跃入下一个概念与法则;在某一细节的讲解上,则不注意根据需要举例,或者不注意根据需要从多角度去解剖一个断语,总之不让学生对前一个断语有个"品味"的过程而直接跃入下一个断语,这样学生就难以跟上.

这里所说的要重视必要的同义反复,就是指要从多角度去解剖一个断语,让学生有个"品味"的过程,它同举例子同样重要,但常常被人们所忽视. 需要强调的是"必要"两字,同义反复到什么程度,要看教材内容的难度,要看对象的接受能力,不能一概而论.

同义反复不等于把一个句子重复地叙述多遍(尽管有时这也是必要的),要注意从多角度去解剖.

怎样才算从"多角度"解剖一个断语呢?笔者认为,是否要注意从位、质两个方面来考察问题.

◆ **换位**

利用逆关系

有时改变一下观察问题的位置是很有好处的. 譬如,我们在解或讲解习题:"求过直线 l_1、l_2 的交点,且过点 $P(0,1)$ 的直线方程,其中

$$l_1: a_1x+b_1y+c_1=0, l_2: a_2x+b_2y+c_2=0, b_2+c_2\neq 0''$$

时,常常可以这样说:

因为所求直线过 l_1、l_2 的交点,所以它具有下列形式:

$$(a_1x+b_1y+c_1)+m(a_2x+b_2y+c_2)=0.$$

又因为"该直线过点 $P(0,1)$",也就是说"点 $P(0,1)$ 在该直线上"即"点 $P(0,1)$ 适

合上述直线方程",所以

$$(a_1 \times 0 + b_1 \times 1 + c_1) + m(a_2 \times 0 + b_2 \times 1 + c_2) = 0.$$

$$m = -\frac{b_1 + c_1}{b_2 + c_2},$$

于是,所求直线方程为

$$(a_1 x + b_1 y + c_1) - \frac{b_1 + c_1}{b_2 + c_2}(a_2 x + b_2 y + c_2) = 0.$$

讲解中,我们考察问题从该直线的特点(过点$P(0,1)$),换到点$P(0,1)$(在该直线上).考察问题的立足点或位置有了变化,如果略去这一段,学生就较难理解了.

改变一下观察问题的位置,常常用到传统逻辑中的换位法,关系命题中的逆关系、对称关系、逆否命题、充要条件等逻辑知识.例如,上面的例子中就用到了所谓逆关系.

在二元的关系判断中,总会涉及某一种关系,譬如,"猫吃老鼠","吃"就是关系.反过来,"鼠被猫吃","被吃"也是一种关系.在自然语言中,被动词与相应的动词,常构成逆关系.利用逆关系当然可以改变考察问题的"位".这例中,本来说"猫"怎么样,后来,改变为"鼠"怎么样了,考察问题的"位"变了.

在数学中,"$3>2$"可以说成"$2<3$"."$>$"、"$<$"是一对逆关系;"点在直线上"可说成"直线经过点"."……在……上"与"……经过……"是一对逆关系.

有些关系是对称的,就是说x和y有某关系,则y和x也有某关系.例如,"$=$"就是一种对称关系.对称关系可用于改换观察问题的位置,这当然是十分容易理解的,但是又常常不受人重视的.例如,三角中有公式:

$$\sin^2 \alpha + \cos^2 \alpha = 1,$$

当然就有

$$1 = \sin^2 \alpha + \cos^2 \alpha.$$

但是,三角运算中,常需将"1"代换成"$\sin^2 \alpha + \cos^2 \alpha$",很多人就是不习惯.可见,改变观察问题的位置,心理障碍是相当大的.

传统逻辑中的换位法

我们来看看传统逻辑中的换位法.传统逻辑(以前称为形式逻辑)主要研究下列四种命题:

全称肯定判断:所有的S是P;全称否定判断:所有的S不是P;

特称肯定判断:有的S是P;特称否定判断:有的S不是P.

分别简称为A判断、E判断、I判断和O判断.

如果把主宾词对换,就是所谓换位.位换了以后,原来为真的判断就不一定为真了.传统逻辑中对此作了讨论,为了保持从真判断得到真判断,要遵循下列换位规则.

前　　提	结　　论
A：所有的 S 是 P	I：有的 P 是 S（即限制换位）
E：所有的 S 不是 P	E：所有的 P 不是 S
I：有的 S 是 P	I：有的 P 是 S
O：有的 S 不是 P	（不能得出结论）

换位法显然可以帮助我们改变观察问题的位置.如"有的奇数是合数"可以改为"有的合数是奇数"；"所有的有理数是实数"可改为"有的实数是有理数"；"$x-2=0$ 的根是 $x^2-4=0$ 的根"可改为"$x^2-4=0$ 的有些根是 $x-2=0$ 的根"；"所有圆内点都不在圆外"，改为"所有圆外点都不在圆内"（标准说法应是"所有圆内点都不是圆外点"和"所有圆外点都不是圆内点"）.

利用逆否命题、逆命题

逆否命题也可以用以改换观察问题的立足点，但是因为原命题本身就是一个蕴涵式复合命题，逆否命题是将其前件与后件换个位置，由于前件与后件本身是个命题，所以是命题的换位，而不像前面所说的是"词"（概念）的换位.还有，利用逆否命题将前件与后件换位时，还要否定之后再换位.例如，"如果 $a=0$，则 $ab=0$"可改换观察问题的立足点，成"若 $ab \neq 0$，则 $a \neq 0$".

如果想不变质，而直接改换前件与后件的位置，那就要用逆命题，但是逆命题与原命题不一定同真假，所以仅当一些特殊情况才可以利用逆命题改换观察问题的"位".

情况之一是符合同一原理的，即主词与宾词都是唯一存在的."北京是中国的首都"可改为"中国的首都是北京"；"三角形三内角平分线的交点是内切圆圆心"可改为"三角形内切圆圆心是三内角平分线的交点".

情况之二是分断式命题."点在圆内，则点与圆心的距离 $d < r$；点在圆上，则 $d = r$；点在圆外，则 $d > r$"，这是一条定理.改换一下立足点，可以用它的逆定理来判定点与圆位置的关系.其逆定理是"如 $d < r$，则点在圆内；$d = r$，则点在圆上；$d > r$，则点在圆外".

情况之三是已知两命题互为充要条件时.例如，已知"同位角相等"得出"两直线平行"，从"两直线平行"得出"同位角相等".

◆ **换质**

改变事物的"质"也是多角度观察问题的一个重要方面.例如，"平面内有几条直线，其中任两条不平行，任三条不过同一点，求证交点数 $f(n) = \dfrac{1}{2}n(n-1)$"，必须解释"任两条不平行"、"任三条不同点"的意义.

"任两条不平行"，是从"不平行"的角度来研究这 n 条直线间的关系的，是从反面来考察问题的，如改变一下"质"，改从正面考察，有没有"平行"的呢？怎样情况下才是"平行"的呢？我们说，"任两条不平行"就是"不存在这样两条直线，它们是平行的".同样，"任三线不共点"，是从"不共点"角度来考察问题的，有没有"共点"的呢？怎样情况下才"共点"呢？

我们说，"任三线不共点"就是"没有三条线是共点的".

这里,都从换质方面改变了观察问题的角度.改变"质",从而达到改变观察问题的角度,这常涉及了传统逻辑中的"换质法",数理逻辑中的双重否定律、反演律,以及全称命题、特称命题的否定公式等.

传统逻辑中的"换质法"是针对 A、E、I、O 四种命题的.换质规则如下:

    前 提   结 论
  A:所有的 S 是 P E:所有的 S 不是非 P
  E:所有的 S 不是 P A:所有的 S 是非 P
  I:有的 S 是 P O:有的 S 不是非 P
  O:有的 S 不是 P I:有的 S 是非 P

从这些换质规则中可以看出,实际上与每个命题中的量词"所有的"、"有"没有关系,与主词 S 也没有关系,只是将判断词"是"与"不是"互换,"宾词 P 与非 P"互换.这个精神可用于其他场合.例如,"l_1、l_2 不是平行的"可改为"l_1、l_2 是不平行的",就用到了"换质法".

利用反演律

$$\neg(P \wedge Q) = \neg P \vee \neg Q,$$

$$\neg(P \vee Q) = \neg P \wedge \neg Q,$$

全称命题、特称命题的否定公式

$$\neg(\forall x P(x)) = \exists x \neg P(x),$$

$$\neg(\exists x P(x)) = \forall x \neg P(x);$$

关系命题的否定公式

$$\neg[\forall x \forall y P(x, y)] = \exists x \exists y \neg P(x, y),$$

$$\neg[\forall x \exists y P(x, y)] = \exists x \forall y \neg P(x, y),$$

$$\neg[\exists x \forall y P(x, y)] = \forall x \exists y \neg P(x, y),$$

$$\neg[\exists x \exists y P(x, y)] = \forall x \forall y \neg P(x, y)$$

都可以改换质.例如,"A、B 不都入选",是从"选入"角度考虑问题的,有几个"不选入"(改换质)呢?是不是都不入选呢?由反演律,

$$\neg[(A\text{ 选入}) \wedge (B\text{ 选入})] = \neg(A\text{ 选入}) \vee \neg(B\text{ 选入}).$$

"A、B 不都选入"即"A、B 中至少有一个不选入",或说"A 不选入或 B 不选入".

前面提及的"任两条直线不平行",可表示为

$$\forall l_1 \forall l_2 \neg(l_1 \mathbin{/\mkern-6mu/} l_2).$$

逆向使用关系命题的否定公式,有

$$\forall l_1 \forall l_2 \neg(l_1 \mathbin{/\mkern-6mu/} l_2) = \neg[\exists l_1 \exists l_2 (l_1 \mathbin{/\mkern-6mu/} l_2)],$$

即"任两条不平行"同义于"不存在两条直线,它们是互相平行的".

"任三线不共点"可粗略地表示为

$$\forall l_1 \forall l_2 \forall l_3 \neg (共点).$$

由公式

$$\forall l_1 \forall l_2 \forall l_3 \neg (共点) = \neg \exists l_1 \exists l_2 \exists l_3 (共点),$$

即"不存在三线,它们过同一点".

在同义地把一个句子改为另一个句子时,如果从自然语言进行改换,是很吃力的,一不小心,就要搞错,如"不都"、"都不",字面上看差不多,如前面分析的那样,其意义完全不同. 这是因为用自然语言作为工具进行思维,常常受词句所反映的内容干扰,而利用一些逻辑公式或规律,就排除了内容的干扰,纯形式地考虑问题,所以就不容易搞错.

3-7 数学证明和解答中的常见错误

我们说过,证明过程是从题设条件出发,不断添入公理和已证定理作依据,经过推理,证得结论;解答过程是从问题的定项,也就是题设条件出发,不断的添入公理和已证定理做依据,经过推理和寻找,得出答项,分析数学证明和解答中的错误,离不开证明过程和解答过程中的各个环节.下面择要予以分析.

◆ **偷换论题**

将题意理解错了,尽管作出了证明,但论题被偷换了.这种情况是很常见的.

偷换论题常表现于"以偏概全",以偏概全是指思考不全面,遗漏特殊情况,致使解答不完全,不能给出问题的全部答案,从而表现出思维的不严密性.

例1 某一平行四边形的各定点分别在另一平行四边形的各边上,则四条对角线相交于一点.

已知:▱EFGH 的各顶点在另一▱ABCD 的各边上.

求证:AC、BD、EG、FH 交于一点.

错误证明 设 AC、BD 交于点 O.

∵ ∠1 = ∠2,

∠3 = ∠4,

OD = OB,

∴ △DOH ≅ △BOF,

∴ HO = FO,

所以 FH 过点 O.

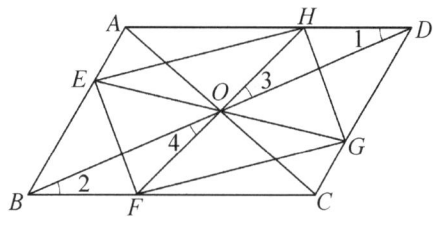

图 3-7-1

同理可证,GO = EO,EG 过点 O.

所以,AC、BD、EG、FH 交于一点.

从上述的证明过程中可以看出,说∠3 = ∠4,已经错了,因为此时尚不知 HF 过点 O,即论证思维导向发生了错误,把证明三点共线等价于证明线段相等.由△DOH ≅ △BOF 只能推出 HO = FO,而不能推出 H、O、F 三点共线,即 HO = FO.犯了"偷换论题"错误.

偷换论题还常表现为偷换或混淆概念.如

例 2 已知 $|x| \leqslant 1$，$|y| \leqslant 1$，求证：$xy + \sqrt{(1-x^2)(1-y^2)} \leqslant 1$.

错误证明 由 $|x| \leqslant 1$，$|y| \leqslant 1$，可设

$$x = \sin\alpha, y = \cos\alpha,$$

所以

$$xy + \sqrt{(1-x^2)(1-y^2)} = \sin\alpha \cdot \cos\alpha + \sqrt{(1-\cos^2\alpha)(1-\sin^2\alpha)}$$

$$= \frac{1}{2}\sin 2\alpha + \frac{1}{2}|\sin 2\alpha|$$

$$\leqslant |\sin 2\alpha| \leqslant 1.$$

分析错误原因 原题中 x、y 是两个独立的量，但所作的变换增加了一个条件 $x^2 + y^2 = 1$，作为逻辑性错误是犯了"偷换概念".

偷换论题还常表现与搞错已知求证的逻辑结构，譬如，搞错原命题和它的逆命题；错把结论中含析取的命题 ($P \rightarrow R \vee Q$) 拆成两个命题 (($P \rightarrow R$) $\wedge$ ($P \rightarrow Q$))；搞错全称命题与特称命题的证题要求等.

◆ **答非所问**

对求解题，如果把题意理解错了，就会答非所问. 理解题意是正确解题的前提，正确理解题意就是将题目所提供的信息全部接受并进行分析和编码. 如分清题目的"已知"与"未知"，"条件"与"结论". 透彻地理解其中每个概念的含义，揭示它们之间的联系. 有时仅仅由于题意理解中的一字之差，在解题过程中就会面目全非.

例 3 （1）m 为何值时，方程 $x^2 + mx - 3 = 0$ 与 $x^2 + 4x - m + 1 = 0$ 有且仅有一个公共根，并求出公共根；

（2）m 为何值时，方程 $x^2 + mx - 3 = 0$ 与 $x^2 + 4x - m + 1 = 0$ 有一个公共根，并求出公共根.

这两个题目的区别仅在于前者两个方程"有且仅由一个公共根"，后者"有一个公共根""即至少有一个公共根"，因此它们的解答是：

（1）当 $m = -2$ 时公共根为 -1；

（2）当 $m = -2$ 时公共根为 -1；当 $m = 4$ 时，公共根为 $-2 \pm \sqrt{7}$.

如果不清楚两者的不同，就会导致错误.

◆ **虚假理由**

所谓虚假理由，就是引用了假的前提. 在数学学习中，有时是完全记错或臆造定理公式，或是忽视定义定理的适用条件. 常见的表现为：邻近概念辨别不清；基本数学概念理解不透彻；定义、判定定理和性质定理区别不开.

例 4 已知 $\sqrt{2}$、$\sqrt{3}$ 是无理数，求证：$\sqrt{2} + \sqrt{3}$ 也是无理数.

错误证明 因为无理数之和为无理数，所以由 $\sqrt{2}$、$\sqrt{3}$ 是无理数得出 $\sqrt{2} + \sqrt{3}$ 也是无理数.

分析错误原因 "无理数之和为无理数"是一个假命题(两个互为相反数的无理数之和为 0,就不是无理数了),从这个虚假前提出发,虽然三段推论是完整的,结论也是正确的,但违反了"据应当真实"的逻辑规则,犯有"虚假论据"的逻辑错误.由此可得,从假命题出发,经过正确的推理必然得出假命题.

例 5 求极限 $\lim\limits_{n\to\infty}\dfrac{1^2+2^2+3^2+\cdots+n^2}{n^3}$.

错解
$$\lim_{n\to\infty}\frac{1^2+2^2+3^2+\cdots+n^2}{n^3}$$
$$=\lim_{n\to\infty}\frac{1^2}{n^3}+\lim_{n\to\infty}\frac{2^2}{n^3}+\cdots+\lim_{n\to\infty}\frac{n^2}{n^3}$$
$$=0+0+\cdots+0=0.$$

分析错误原因 上述解法中存在两个问题:(1)将有限个极限的数列极限的运算法则错误地推到无限个的情形;(2)误以为无限个以 0 为极限的量(无穷小量)之和仍为 0.这两点都是虚假理由.一般地说,求含有有限和形式的表达式当 $n\to\infty$ 时的极限,应当用求和公式加以变形.

◆ **预期理由**

所谓预期理由的错误,是指在推理过程中引用了尚未证明而是想象出来的性质.这种情况在几何中特别多,有些学生常常利用直观图形,并以此作为根据往下推理.它和虚假理由的不同之处在于虚假理由是引用了假的前提,而预期理由则是引用了还没有证明过的前提(这个前提最终有可能是真的).

例 6 已知函数 $f(x)=\tan x, x\in\left(0,\dfrac{\pi}{2}\right)$,若 $x_1, x_2\in\left(0,\dfrac{\pi}{2}\right)$,且 $x_1\neq x_2$.

求证:$\dfrac{f(x_1)+f(x_2)}{2}>f\left(\dfrac{x_1+x_2}{2}\right)$.

错误证明 作出 $f(x)=\tan x, x\in\left(0,\dfrac{\pi}{2}\right)$ 的图像如图 3-7-2.

取 $A(x_1, f(x_1)), B(x_2, f(x_2)),$
$C\left(\dfrac{x_1+x_2}{2}, f\left(\dfrac{x_1+x_2}{2}\right)\right).$

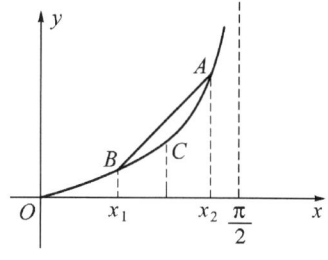

图 3-7-2

从图中得知弦 AB 在弧 AB 的上面,故弦 AB 的中点的高度大于 C 点的纵坐标,所以问题得证.

分析错误原因 在这里,所要证明的不等式,正是凹函数的定义,用凹函数的直观图形来证明不等式成立是一个逻辑错误.因此,正切函数"图像"只能提供一个思维模式,而不能作为论证的依据.

预期理由与虚假理由不同.虚假理由是指某个不成立的依据,预期理由则是指真实性尚未证明的依据.预期理由错误在前面已有分析,这里不再举例.

◆ **忽视隐含的题设条件**

所谓隐含条件是数学题中没有特地列出的题设条件.如数学中有一些概念,是通过形状来加以定义的,如一元二次方程、二次函数等,但不少学生往往只记住式子,而对式子中字母的限制常予以忽视.

例7 k 取什么实数时,一元二次方程 $2(k+1)x^2-4kx+3k-2=0$ 有两个不相等的实数根?

错解 ∵ $2(k+1)x^2-4kx+3k-2=0$ 有两个不同的实根,当且仅当 $\Delta=(-4k)^2-4\cdot 2(k+1)(3k-2)>0$,
即
$$k^2+k-2<0,$$
$$-2<k<1.$$

因此,当 $-2<k<1$ 时,原方程有两个不相等的实数根.

这个解法错在忽视了以下事实:题目中既称 $2(k+1)x^2-4kx+3k-2=0$ 为一元二次方程,其二次项系数 $2(k+1)$ 不该为0,这个条件没有特意写出,是隐含的条件.

例8 设 A、B 是锐角三角形的两个内角,且 $\tan A$、$\tan B$ 是方程 $x^2+mx+m+4=0$ 的两个实根,求实数 m 的取值范围.

错解 由题意得
$$\begin{cases} \Delta=m^2-4(m+4)\geqslant 0, \\ \tan A+\tan B=-m>0, \\ \tan A\cdot\tan B=m+4>0, \end{cases}$$
$$\therefore -4<m\leqslant 2-2\sqrt{5}.$$

分析错误原因 很多学生没有考虑到由于是锐角三角形,隐含 $\angle A+\angle B>\dfrac{\pi}{2}$ 这个条件,
$$\tan(A+B)<0,$$
$$\therefore \dfrac{\tan A+\tan B}{1-\tan A\tan B}=\dfrac{-m}{1-(m+4)}<0,$$
$$-3<m<0,$$

由此可得 $-3<m\leqslant 2-2\sqrt{5}.$

◆ **循环论证**

循环论证总是相对于一定的理论系统而言的.在一定的理论系统中,在证明命

题 A 时,用了命题 B 的真实性作根据,而在证明命题 B 时又用命题 A 的真实性作根据,那么命题 A 的证明就犯了循环论证的错误.论题的推论要依靠论据,如果论据又得依靠论题来支持,这就形成循环论证,这是不允许的.

例 9 已知 $\triangle ABC$ 中,AD 为 $\angle A$ 的平分线,$BD > CD$,求证:$AB > AC$.

错误证明 如图 3-7-3,在 AB 上取点 E 使得 $AE = AC$,联结 DE. 由 AD 平分 $\angle A$,得

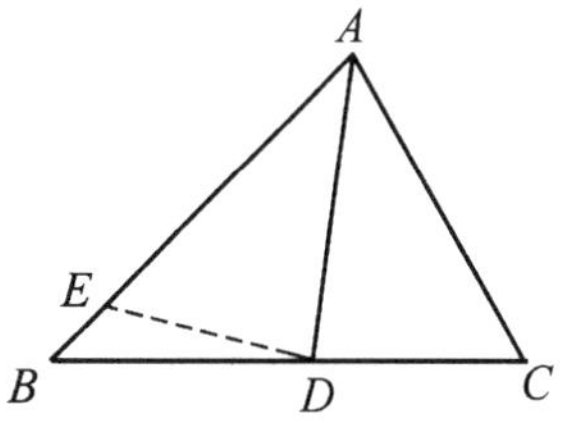

$$\triangle AED \cong \triangle ACD,$$

从而

$$\angle AED = \angle C.$$

但由外角定理知

$$\angle AED > \angle B,$$

所以

$$\angle C > \angle B,$$

从而

$$AB > AC.$$

分析错误原因 证明中取 $AE = AC$,已经承认了 $AB > AE = AC$,这相当于从 $AB > AC$ 出发,证明 $AB > AC$,等于什么也没有证,犯了"循环论证"的逻辑错误.

在证明中,论题要由论据推出,如果论据又要论题推出,这实际上就是由论题本身推出,这是不允许的,所以一个循环论证并没有真正证明要证明的命题.

运用分析法来证明过程时,常会犯循环论证的错误,这在前面已举过例,这里不予叙述.

以上所列是证明和解答中的一般错误,各种特殊证法,如反证法,数学归纳法等中的特殊错误,另行研究.

3-8　零指数幂(教学实录)[①]

师：过去我们学过 a 的 n 次幂（n 是正整数），请大家回忆一下，a 的 n 次幂是什么意义？

生：a 的 n 次幂就是 n 个 a 的乘积.

师（板书）：

$$a^n = \begin{cases} a, & n = 1, \\ \underbrace{a \cdot a \cdot \cdots \cdot a}_{n\text{个}}, & n > 1, \text{正整数}. \end{cases}$$

师：现在我再问个问题：a 的 0 次幂是什么意思？请同学们想一想（板书）：

$$a^0 = ?$$

（全场活跃）

生甲：$a^0 = a$.

师：为什么呢？

生甲：因为 $a^1 = a$，所以 a^0 中的 0 也可以省略……（自己觉得错了）

生乙：$a^0 = 0$. 因为 a^0 是 0 个 a 相乘.

师：0 个 a 怎么乘呢？

生乙：……（自己觉得错了）

生丙：（支支吾吾地）我觉得老师你不应该提出这个问题来，a 没有 0 次方，因为我们没有学过，所以就无法回答 a^0 是多少？

师：学生丙说得对不对？

生：（无反应）

师：学生丙说得对，在数学学习上，我们应该坚持科学态度，说话要有根据，我们没有学过 a^0，目前当然就没有办法判断 $a^0 = ?$

我们说，

[①]　执教：上海市汾阳中学　郭迓春

$$a^n = \begin{cases} a, & n=1, \\ \underbrace{a \cdot a \cdot \cdots \cdot a}_{n\text{个}}, & n>1,\text{正整数}. \end{cases}$$

实质上是对符号"a^n"的意义作了一个规定."a^0"是个新符号,我们也要对它的意义加以规定,否则它就是没有意义的.

今天,我们规定(板书):
$$a^0 = 1 \ (a \neq 0).$$

(全场安静)

同学们一定觉得很奇怪,为什么规定 $a^0 = 1$,而不规定为别的值呢?

生丁:$a^0 = 1$ 因为
$$a \div a = 1,$$
且
$$a \div a = a^{1-1} = a^0.$$

师:学生丁说得正确,如果规定 $a^0 = 1$,那么与 $a \div a$ 的计算结果就一致了,这说明这种规定是合理的.

一般说,过去学过的性质
$$a^m \div a^n = a^{m-n} \ (a \neq 0, m > n)$$

是在 $m > n$ 条件下成立的. 如果 $m = n$,这个性质就不能套用,因为当时不知道 a^{m-n},即 a^0 的意义. 现在规定了 $a^0 = 1$. 那么,在这个规定下,$m = n$ 时这个性质就有效了. 例如:
$$2^3 \div 2^3 = 1,$$

而另一方面,如果套用公式
$$2^3 \div 2^3 = 2^{3-3} = 2^0,$$

根据 a^0 的规定,它等于1,可见,两种算法结果一致. 这说明这种规定是合理的.

但如果规定 $a^0 = a$,我们来看看合理不合理:
$$a^5 \div a^5 = 1,$$

另一方面,
$$a^5 \div a^5 = a^{5-5} = a^0 = a.$$

两种算法结果不同,说明这种规定是不合理的.

所以,这里有两个问题. 第一,在数学中对新出现的记号(概念)必须规定它的意义,不能想当然;第二,规定又必须合理. 譬如说,张家的第二个孩子起名为"张三",当然是不合理的.

(下略)

后记:

这是一节有争议的实践课. 不少高中学生,甚至数学教师误以为 $a^0=1(a\neq 0)$ 是推出来的,而之所以有这种误解,与历来教科书上总是先讲"为了使公式

$$a^m \div a^n = a^{m-n}(a\neq 0)$$

在 $m=n$ 时也能适用,所以规定 $a^0=1(a\neq 0)$"这一段文字有关,这一段文字是说明规定的合理性,但不少人误解为是推导过程. 考虑到这一情况,郭老师在这一节课中先提出规定,造成一种使学生吃惊的场面,然后再讲规定的合理性,或许有利于学生记住"$a^0=1(a\neq 0)$"是一种规定,而不是导出来的. 不少同志认为,这对培养学生的逻辑思维能力和数学修养是很有益的. 然而,也有一部分老师认为,这样的安排没有多大价值,花费不少时间,双基却不够落实;对"是不是要让每一个学生都弄懂 $a^0=1(a\neq 0)$ 是一种规定,而不是推出来的"表示怀疑,认为至少对一般学生是不必要的.

3-9　有理数的复习(一)(教学实录)[①]

一、有理数的分类

小学里学习了正整数、正分数、零,中学里引进了负数(负整数、负分数),把数扩大到有理数的范围.

讨论题:判断正误.

(1) 一个有理数非正即负.

(2) 一个有理数不是整数就是分数.

(3) 有理数是指整数、分数、正有理数、负有理数和零这五类.

(4) 有理数是自然数和负数这两类数的统称.

由以上讨论,得到有理数的分类法,并指出对数学概念分类时,一般要依据某个标准,并且分类时要不重不漏.

二、数轴(略)

三、相反数(略)

四、绝对值

讨论题:

(1) $|2|=?$,$|-2|=?$,$|0|=?$

(2) 用自然语言说出绝对值的意义.

(3) 用字母表示绝对值的意义.

(4) 如$|x|=2$,$x=?$;$|x|=-2$,$x=?$

(5) 绝对值的几何意义是什么?

(6) 一个数的相反数是正数,这个数一定是_____数.

(7) 数轴上有一点到原点的距离为5,这点表示数_____.

(8) 绝对值等于4的数是_____,绝对值小于3的整数是_____.

(9) 任何有理数的绝对值都是正数,对吗?

　　任何有理数的绝对值不都是正数,对吗?

[①] 执教:上海市南洋中学　李福英

任何有理数的绝对值都不是正数,对吗?

五、有理数的大小比较(略)

六、有理数的运算

讨论题:

(1) 如果两个有理数的和是正数,那么这两个数( ).

(A) 都是正数　　　　　　　　(B) 至少有一个是正数

(C) 至多有一个是正数　　　　(D) 不都是正数

(引导学生列出 a、b 两数可能出现的四种情况:

	a	b
情况一	为正	为正
情况二	非正	为正
情况三	为正	非正
情况四	非正	非正

然后得出,A 即情况一,B 即情况一、二、三,C 即情况二、三、四,D 即情况二、三、四,最后得到结论).

(2) 若 a 是有理数,则 $-a$ 是( ).

(A) 是负数　(B) 不是负数　(C) 是 a 的相反数　(D) 不等于 0

(3) 如果两个有理数的差是正数,那么这两个数( ).

(A) 都是正数　(B) 都不是正数　(C) 不都是正数　(D) 以上都可能

(4) 若 $ab=0$,则( ).

(A) a 一定是 0　　　　　　　(B) b 一定是 0

(C) a 是 0 或 b 是 0　　　　(D) a、b 中至少有一个是 0

(5) 若 $|a|+|b|=0$,那么( ).

(A) $a=0$　　　　　　　　　　(B) $b=0$

(C) $a=0$ 或 $b=0$　　　　　　(D) $a=0$ 且 $b=0$

后记:

在低年级数学课中要不要、能不能渗透逻辑知识?李老师的这节课作出了肯定的回答.事实证明,初一学生对一些逻辑词,如都、都不、不都、至少有一个、或、且等是很感兴趣的,通过讨论,对它们的含意也是能够初步理解的.听课的老师们都认为,通过逻辑词,将逻辑知识早期渗透,对进一步学习数学,特别是集合、排列组合、立体几何等有关章节是大有裨益的,对培养能力、发展智力也是大有裨益的.

3-10 四种命题的关系(一)(教学实录)[①]

教学过程:

一、课前布置复习思考题:

(1) 什么叫命题?举例分析命题的构造成分.

(2) 怎样的两个命题叫互逆命题?

(3) 将下列简单命题改写成条件句命题形式,然后写出它们的逆命题:① 对顶角相等;② 等腰三角形的底角相等.

二、组织教学,复习命题、逆命题,引进逻辑符号.

1. 学生回答复习(1). 出示:"如果 $a=0$,那么 $ab=0$". 将命题写成"$A \rightarrow B$"的形式.

2. 学生回答复习题(2). "如果 $ab=0$,那么 $a=0$",用符号表示成"$B \rightarrow A$".

3. 学生回答复习题(3). 注意分析在写逆命题时可能会出现一些错误,如写成:"如果这两个角相等,那么两个角是对顶角.""如果三角形两个底角相等,那么这个三角形是等腰三角形或等边三角形."("这"字不能换到题设中去;"底角"应该换成"内角",逆命题与原命题应保持"同素材",不能增加"或等边三角形"这几个字.)

4. 教师归纳:① 由"原命题""$A \rightarrow B$"作出"逆命题""$B \rightarrow A$"时,必须注意保持同素材,只是将题设与结论的位置交换,内容并未改变;② 原命题与逆命题的关系是"互逆"的.

三、否命题、逆否命题的教学.

1. 教师出示:"如果 $a \neq 0$,那么 $ab \neq 0$". 并问:这个命题与原命题相比较,结构上有什么特点?相互有什么关系?

问:如果用符号"$\overline{A}$"表示 A 的否定,"$\overline{B}$"表示 B 的否定,那么后一个命题可以用怎样的形式来表示呢?($\overline{A} \rightarrow \overline{B}$)

2. 得出否命题的定义,并强调三方面:① 与原命题同素材;② 题设和结论的

[①] 执教:上海市普陀二中 吴德瑜

位置不变;③ 题设和结论的内容同时否定,绝对不能只否定结论,即否命题不是" $A \to \overline{B}$ ".

3. 让学生得出:原命题" $A \to B$ "与否命题" $\overline{A} \to \overline{B}$ "的关系是"互否"的.

4. 如果将一个原命题" $A \to B$ "中的题设和结论既作位置交换,又同时加以否定,那么可得到命题" $\overline{B} \to \overline{A}$ ",并引出"逆否命题"、"互逆否". 写出"如果 $a=0$,那么 $ab=0$ "的逆否命题.

在对逆否命题的概念和构造强调三点:① 与原命题同素材;② 题设和结论位置交换;③ 题设和结论内容同时否定.

5. 最后完成:四种命题的关系图表

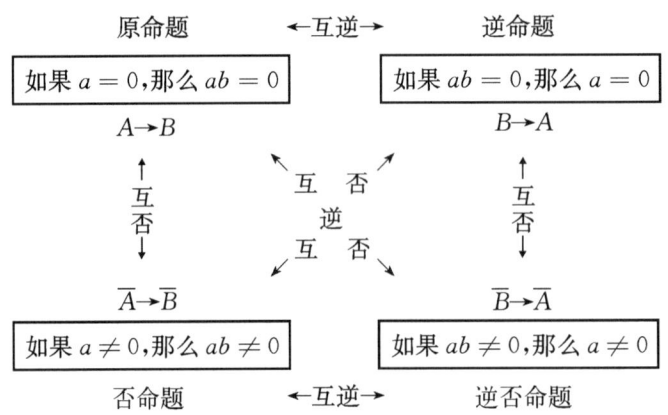

四、课堂练习.

1. 用符号表示下列两个命题,然后判断它们的相互关系:

(1) 命题甲:不相等的角不是对顶角;命题乙:对顶角相等.

(2) 命题甲:在 $\triangle ABC$ 中,若 $\angle C \neq 90°$,那么 $a^2 + b^2 \neq c^2$;命题乙:在 $\triangle ABC$ 中,若 $\angle C = 90°$,那么 $a^2 + b^2 = c^2$.

(3) 命题甲:到线段两端距离相等的点都在这条线段的垂直平分线上;命题乙:线段垂直平分线上的点到线段两端的距离相等.

2. 已知原命题:到圆心的距离小于半径的点都在这个圆的内部. 对于下列几种命题的表述请给予改正:

(1) 逆命题:在这个圆的内部的点,到圆心的距离小于半径.

(2) 否命题:到圆心的距离小于半径的点,都不在这个圆的内部.

(3) 逆否命题:不在圆的内部的点,到这个圆的圆心的距离大于半径.

3. 填空:(在给定的一组同素材条件句命题中,认定其中一个为原命题时,先用符号表示该命题,然后指出另三个命题是什么命题)

命 题	符 号	命题关系
矩形的四个内角都是直角		
四个内角都是直角的四边形是矩形		
非矩形的四边形它的四个内角不都是直角		原命题
四个内角不都是直角的四边形不是矩形		

五、教学小结.

这一课我们学习了有关四种命题的概念和构造方法.理解这些概念要抓住以下几点,看清它们的本质属性:

(1) 是否同素材条件句命题;

(2) 题设和结论位置是不是交换;

(3) 题设和结论内容有没有否定.

运用符号可以帮助我们理解这些概念的本质属性,还可以帮助我们判别两个同素材条件句命题之间的关系.

六、布置作业.

每人准备四张小纸片,在一张纸片上写:"如果下雨,那么不出操",在另三张纸片上分别写上它的逆命题、否命题和逆否命题.然后同学间可以做这样的"游戏":由一位同学任抽出一张作为原命题,要求另一位同学出示其他三个命题.

后记:

本课时内容概念性强,吴老师在教学过程的设计中,注意引导学生观察"逆命题"概念的外延(实例)探求其本质属性,然后运用知识迁移规律由学生自行得出否命题的构造特点,着力讲清概念发生和形成的过程.由于抓住了本质属性,学生对概念的理解比较深刻.

吴老师还突出了用逻辑符号帮助学生理解四种命题概念中的作用,并有针对性地注意在制作逆命题等中的语言问题,收到了很好的效果.

3-11 "由特殊到一般的数学思想方法"(教学实录)[①]

一、提出课题:《_____的数学思想方法》,要求学生通过这节课的例题讨论,总结出一类问题的解法.

(学生感到新奇,课题里怎么出现填空题啦!)

二、例题:

第一组:

例1 设 $a>b>1$,则 $\log_a b$,$\log_b a$,$\log_{ab} b$ 的大小关系是_____.

学生回答.部分学生利用对数的运算性质或者运用换底公式后作差比较大小,是不是一定要这么处理?根据题目的要求和这类问题的特点,我们知道这三个数的大小关系应该是确定的,那么能够怎样更加快捷地得到答案?

令 $a=4$,$b=2$,则 $\log_a b=\dfrac{1}{2}$,$\log_b a=2$,$\log_{ab} b=\dfrac{1}{3}$,所以 $\log_b a>\log_a b>\log_{ab} b$.

例2 过抛物线 $y=ax^2$ 焦点 F 的弦与抛物线交于两点 A、B,若 $|AF|=p$,$|BF|=q$,则 $\dfrac{1}{p}+\dfrac{1}{q}=$ ( ).

(A) $2a$ (B) $\dfrac{1}{2}a$

(C) $4a$ (D) $\dfrac{1}{4}a$

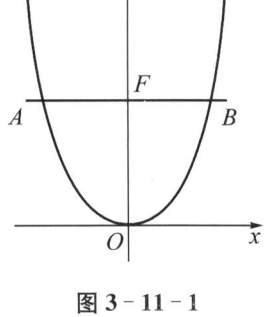

图 3-11-1

学生回答.在第一小题的铺垫下,这道题目很快得解.

根据选择题的选择项可以确定,$\dfrac{1}{p}+\dfrac{1}{q}$ 的值与 A、B 两点的位置无关,因此选

[①] 执教:上海市位育中学 陶烨昕

择一条与对称轴即 y 轴垂直的特殊位置的直线,则 $|AF|=|BF|=\frac{1}{2a}$,所以 $\frac{1}{p}+\frac{1}{q}=4a$.

小结1:请学生小结,例1、例2这两个问题在题目类型上有什么共同特征?根据这个特征我们能够运用怎样的解题方法?

这两个问题的共同特点是,题目中都有变化的量,但是答案却是不变的(大小关系不变、值不变),对于这类问题,我们可以把变化的量取特殊的值(或者位置)来探求结论.

第二组:

例3 设集合 $S_n=\{1,2,\cdots,n\}$,若 X 是 S_n 的子集,把 X 的所有元素的乘积称为 X 的容量(规定空集的容量为0),若 X 的容量为奇(偶)数,则称 X 为 S_n 的奇(偶)子集.那么 S_n 的所有奇子集的个数为_____.

提问学生.学生有的表示题目看不懂,有的表示虽然看得懂,但还是不会做.老师提出,怎么理解这个抽象问题,是不是真的看懂了?让我们取 $n=3$,看看这个问题的答案是多少?$n=4$ 呢?$n=5$?然后能够从其中找出什么规律吗?

当 $n=3$ 时,$S_3=\{1,2,3\}$,所有的子集为 $\{1\},\{2\},\{3\},\{1,2\},\{1,3\},\{2,3\},\{1,2,3\},\varnothing$,其中奇子集为 $\{1\},\{3\},\{1,3\}$,一共有3个.

当 $n=4$ 时,$S_4=\{1,2,3,4\}$,所有的子集为 $\{1\},\{2\},\{3\},\{4\},\{1,2\},\{1,3\},\{1,4\},\{2,3\},\{2,4\},\{3,4\},\{1,2,3\},\{1,3,4\},\{1,2,4\},\{2,3,4\},\{1,2,3,4\},\varnothing$,其中奇子集仍然为 $\{1\},\{3\},\{1,3\}$,一共有3个.

可以发现,如果要求子集容量为奇数,那么子集中的元素只能为奇数,相当于找出有奇数构成的集合的所有非空子集.所以当 $n=3$ 与 $n=4$ 时,情况相同,因为 S_n 中都只有1、3两个奇数,由1和3构成的集合 $\{1,3\}$ 的非空子集有 2^2-1 个.

因此当 $n=5$ 时,相当于由1、3和5构成的集合 $\{1,3,5\}$ 的非空子集个数,有 2^3-1 个.容易理解,当 $n=6$ 时,也有 2^3-1 个.

由此,可以推广到一般,当 n 为偶数时,S_n 中共有 $\frac{n}{2}$ 个奇数,所以奇子集共有 $2^{\frac{n}{2}}-1$ 个;当 n 为奇数时,S_n 中共有 $\frac{n+1}{2}$ 个奇数,所以奇子集共有 $2^{\frac{n+1}{2}}-1$ 个.

例4 在直角坐标平面中,已知点 $P_1(1,2)$,$P_2(2,2^2)$,$\cdots$,$P_n(n,2^n)$,其中 n 是正整数.对平面上任一点 A_0,记 A_1 为 A_0 关于点 P_1 的对称点,A_2 为 A_1 关于点 P_2 的对称点,$\cdots$,A_N 为 A_{N-1} 关于点 P_N 的对称点.(1) 求向量 $\overrightarrow{A_0A_2}$ 的坐标;(2) 对任意偶数 n,用 n 表示向量 $\overrightarrow{A_0A_n}$ 的坐标.

提问学生.第一小题,根据中点公式、向量坐标很快得解.第二小题,相当于把第一小题中的 $n=2$ 推广到任意偶数 n,找到 $\overrightarrow{A_0A_n}$ 坐标的一个通式.怎样能够清楚、直观地探究当 n 变化时 $\overrightarrow{A_0A_n}$ 坐标的变化规律呢?在例3的启发和老师的提示下,学生开始探究.有的通过作图找规律,有的从代数表达式上找规律,问题得以解决.

从作图的过程中,根据有向线段加法,很容易看出 $\overrightarrow{A_0A_n} = \overrightarrow{A_0A_2} + \overrightarrow{A_2A_4} + \cdots + \overrightarrow{A_{n-2}A_n}$,由三角形中位线的性质又可得,$\overrightarrow{A_0A_n} = 2\overrightarrow{P_1P_2} + 2\overrightarrow{P_3P_4} + \cdots + 2\overrightarrow{P_{n-1}P_n} = 2(\overrightarrow{P_1P_2} + \overrightarrow{P_3P_4} + \cdots + \overrightarrow{P_{n-1}P_n})$,因为 $\overrightarrow{P_1P_2} = (1, 2)$,$\overrightarrow{P_3P_4} = (1, 8)$,$\cdots$,$\overrightarrow{P_{n-1}P_n} = (1, 2^{n-1})$,可以求得 $\overrightarrow{P_1P_2} + \overrightarrow{P_3P_4} + \cdots + \overrightarrow{P_{n-1}P_n} = \left(\dfrac{n}{2}, \dfrac{2^{n+1}-2}{3}\right)$,所以 $\overrightarrow{A_0A_n} = \left(n, \dfrac{2^{n+2}-4}{3}\right)$.

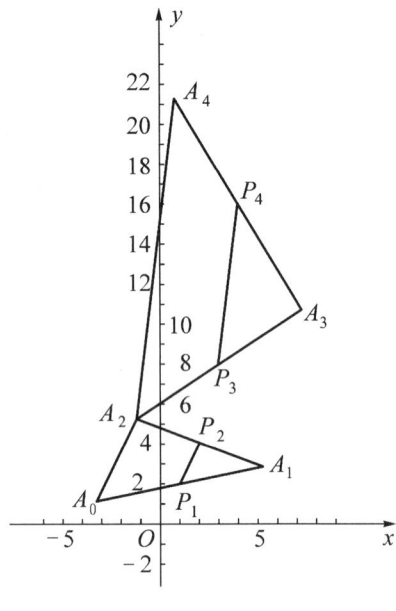

图 3-11-2

小结2：请学生归纳例3、例4的题目特征及相应的解法.

这两个问题的特点都是比较抽象,难以理解.处理这类问题时我们可以取特殊值把问题细化、具体化,来看清问题的本质,找到规律,然后再加以严格的推理论证.

三、教师总结：

我们今天研究的问题具有一个共性：一是已知条件中含有某些不确定的量,二是结论唯一或题设条件中提供的信息暗示答案是一个定值或定式,我们可以把这类问题归纳为"一致性问题".

这类问题的解题思路是,从特殊情况入手,可以将题中变化的不定量选取一些符合条件的恰当特殊值(我们今天选取了图形特殊位置、特殊值或是从特殊曲线入手)进行探究.探究的目的不同：① 具体问题直接探究结果,然后再证明它的一般性；② 抽象问题探究本质,通过演绎法将其具体化,找到规律,然后将其归纳为一般性质.我们所选取的特殊情况往往都能够起到"窥一斑而知全豹"的效果,迅速锁定目标和途径,从而将整个问题突破.

现在同学们应该能够把我们今天的课题补充完整了——

生齐答：由特殊到一般的数学思想方法.

后记：

在高中数学教学中,尤其是综合题的复习中,应该培养学生有意识观察问题、分析问题、解决问题、总结问题、归纳方法的能力.由特殊到一般探索定值、定式、定位问题的重要思想方法,而演绎归纳又是解决抽象问题的重要途径.本节课通过两组不同类型的例题,使学生走进特殊到一般的探究过程,并且将这种思想方法在代数、数列、解析几何等各个方面加以展示,更加体现出对数学思想方法的提炼.

3-12　分类讨论思想的运用(教学实录)[①]

【教学目标】
1. 了解分类讨论处理数学问题的原因.
2. 理解和掌握分类的步骤、原则和方法.
3. 树立分类讨论的意识,培养思维的严密性、灵活性和深刻性.

【教学重点和难点】
重点:分类讨论思想的原则.
难点:分类讨论思想的原则在具体问题中的运用.

【教学技术应用】 Power Point 演示

【授课年级】 高一年级

【课时数】 一课时

【教学过程】

一、实践思考

师:首先请同学们按要求完成例1,并思考这三小题在解答过程中用到了哪些数学思想与方法?

例1　(1) 化简:$|x-2|+|x-3|$;

(2) 解关于 x 的不等式:$\log_a(x+1-a) > 1$;

(3) 同一平面内,A、B两点相距 4 cm,且 A、B 到直线 l 的距离分别为 3 cm 和 1 cm,则 AB 与直线 l 所成的角是多少?

(1至3组分别完成1、2、3题,第四组任选一题,然后每组各选一人解答,教师板书)

解　(1) 1° $x \geqslant 3$ 时,原式 $=(x-2)+(x-3)=2x-5$;

2° $2 < x < 3$ 时,原式 $=(x-2)+(3-x)=1$;

3° $x \leqslant 2$ 时,原式 $=(2-x)+(3-x)=5-2x$.

---

① 执教:上海市南洋模范中学　张珺

综合 $1°、2°、3°$，原式 $= \begin{cases} 2x-5, & x \geq 3, \\ 1, & 2 < x < 3, \\ 5-2x, & x \leq 2. \end{cases}$

(2) $1°$ $a > 1$ 时，$x+1-a > a \Rightarrow x > 2a-1$；

　　$2°$ $0 < a < 1$ 时，$0 < x+1-a < a \Rightarrow a-1 < x < 2a-1$；

综合 $1°、2°$，$a > 1$ 时，$x > 2a-1$；$0 < a < 1$ 时，$a-1 < x < 2a-1$.

(3) $1°$ 点 $A、B$ 在直线 l 同侧时，AB 与直线 l 成 $30°$；

　　$2°$ 点 $A、B$ 在直线 l 异侧时，AB 与直线 l 成 $90°$；

综合 $1°、2°$，AB 与直线 l 成 $30°$ 或 $90°$ 角.

师：从求解过程看，上述三题在数学思想与方法的运用上有哪些共同之处？

生：都用到了分类讨论的方法.

师：这也是今天这节课要学习的内容.（出示课题）

那么，哪位同学又能解释一下,在解题时,进行分类讨论的原因呢？

（等待学生回答，若有困难，可继续追问）

师：例 1 中的三小题为何要用分类讨论求解呢？

生 1：(1)题由于 $x \geq 2$ 与 $x < 2$ 时，$|x-2|$ 结果不一致，$x \geq 3$ 与 $x < 3$ 时，$|x-3|$ 结果不一致，所以要分类讨论求解.

师：原来绝对值的概念是分类定义的，按 $a > 0$、$a = 0$、$a < 0$ 三种情形定义，因此当碰到式中含有绝对值，而要去绝对值进行化简时，不能用统一的式子来表达，所以需要分类讨论.

生 2：(2)题由于底数 $0 < a < 1$ 与 $a > 1$ 时，对数函数单调性不一致，所以分类讨论求解.

师：由于两种情况下，函数单调性的不同，导致不等式变形过程中，一个要变号，一个不要变号，所以需要分类讨论.

生 3：(3)题由于 $A、B$ 两点相对于直线 l 的位置不确定，所以要分类讨论求解.

师：正如同学所说，由于图形位置的不同，不能用同一张图来求角的大小，所以需要分类求解.

师：综合上述的分析，我们可以看到**许多数学问题由于受某些因素的限制，例如数学概念、数学性质、图形位置等的不确定性，不能按统一的方法、统一的式子或统一的图形来进行处理，这就需要我们对研究的对象进行分类，然后进行讨论求解**.（分类的原因）

师：再次观察三小题的解题过程，归纳解题步骤，怎样对数学问题进行分类讨论呢？（或运用分类讨论思想解题大致要经过哪些环节呢？）

生：先对数学问题进行分类，然后每一类逐一解答，再综合起来得到最后的解答.

师：一般地，当被研究的数学问题出现多种不同情形时，可以把不同的情形进行分类,对各个类分别进行讨论和解答,得出各种情形下相应的结论,综合起来得到原问题的解答,这就是分类讨论的方法.**这是一种化整为零、各个击破、整合结论的解题策略.**(分类的步骤)

二、实践"化整为零(如何分类)"

师:请看例2是否需要用分类讨论的方法来解决.如何解决?你为何这样分类解决?

例2 解不等式:$(x-2)\sqrt{x^2-2x-3} \geqslant 0$.

(引导学生按三种不同的分类标准对数学问题进行分类讨论,教师板书)

解法一 $1°\begin{cases} x^2-2x-3>0, \\ x-2 \geqslant 0, \end{cases} \Rightarrow \begin{cases} x>3 \text{ 或 } x<-1, \\ x \geqslant 2, \end{cases} \Rightarrow x>3;$

$2°\ x^2-2x-3=0 \Rightarrow x=3 \text{ 或 } x=-1.$

综合$1°$、$2°$,$x \in [3,+\infty) \cup \{-1\}$.

师:此种解法分类对象是x^2-2x-3,为什么以x^2-2x-3与0的关系作为分类标准呢?

生:$x^2-2x-3>0$或$=0$时,对$x-2$取值范围要求不一.

师:$x^2-2x-3>0$的情况有没有必要分得再细一点?

生:没有必要.$x^2-2x-3>0$时,对$x-2$取值范围要求一致.

师:$x^2-2x-3<0$的情况有没有必要讨论?

生:没有必要.不等式中分类对象x^2-2x-3的取值范围是$[0,+\infty)$.

师:除了这种分类方法以外,还可以如何分类?

解法二 $1°\begin{cases} x-2 \geqslant 0, \\ x^2-2x-3 \geqslant 0, \end{cases} \Rightarrow \begin{cases} x \geqslant 2, \\ x \geqslant 3 \text{ 或 } x \leqslant -1, \end{cases} \Rightarrow x \geqslant 3;$

$2°\begin{cases} x-2<0, \\ x^2-2x-3=0, \end{cases} \Rightarrow \begin{cases} x<2, \\ x=3 \text{ 或 } x=-1, \end{cases} \Rightarrow x=-1.$

综合$1°$、$2°$,$x \in [3,+\infty) \cup \{-1\}$.

师:不等式中$x-2$的取值范围可以是一切实数,当$x-2 \geqslant 0$或<0时,对x^2-2x-3的取值范围要求不一,所以此法是以$x-2$作为分类对象,$x-2$与0的关系 作为分类标准,讨论求解.

师:此题还有其他解法吗?

解法三 $1°\ (x-2)\sqrt{x^2-2x-3}>0 \Rightarrow \begin{cases} x-2>0, \\ x^2-2x-3>0, \end{cases}$

$\Rightarrow \begin{cases} x>2, \\ x>3 \text{ 或 } x<-1, \end{cases} \Rightarrow x>3;$

$2°\ (x-2)\sqrt{x^2-2x-3}=0,$

① $\begin{cases} x-2=0, \\ x^2-2x-3 \geqslant 0, \end{cases}$ ⇒ 无解； ② $x^2-2x-3=0 \Rightarrow x=3$ 或 $x=-1$.

综合 1°、2°，$x \in [3,+\infty) \cup \{-1\}$.

师："$\geqslant$"含有">"或"="两层意思,当不等式中取">"号时,表示 $x-2$ 和 x^2-2x-3 同号,而不等式中取"="时,表示 $x-2$ 和 x^2-2x-3 其中至少有一个为 0,所以此法是以"$(x-2)\sqrt{x^2-2x-3}$"作为分类对象,$(x-2)\sqrt{x^2-2x-3}$ 与 0 的关系作为分类标准,讨论求解.

师：反思此题的三种不同解法,不难发现,正确讨论的前提是正确分类,究竟如何进行分类,有哪些关键步骤呢？（学生自由回答）

师：解答分类讨论问题时,"如何分类"的关键步骤是：

(1) 明确分类对象；

(2) 确定对象的全体；

(3) 制定分类标准.

分类原则：

(1) 同一性原则.分类应按同一标准进行,即每次分类不能同时使用几个不同的分类标准.

(2) 互斥性原则.分类后的每个子项应当互不相容,即做到各子项相互排斥.

(3) 完备性原则.分类应当完备,即划分后子项外延的总和（并集）,应当与母项的外延相等.

(4) 逐级性原则.分类有一级分类和多级分类之分.一级分类是对被讨论对象只分类一次；多级分类是把分类后所得的子项作为母项,再进行分类,直至满足需要为止.

下面请思考例 3

例 3 二次函数 $f(x)=ax^2+(2a-1)x+1$ 在区间 $\left[-\dfrac{3}{2}, 2\right]$ 上有最大值 3,求 a.

师：你准备如何解决这道二次函数"含参型"的问题呢？

（引导学生选择"简化"的分类标准）

生：先以"$a>0$ 或 <0"作为分类标准进行分类,再对对称轴在给定区间的左、中、右侧分别讨论,其中"$a>0$,对称轴在给定区间中间"时,又要分为对称轴在给定区间中轴线的左侧和右侧.

师：按你所说的,此问题可被分成七类讨论,其他同学有何想法？

生："$a>0$"时,只要分对称轴在给定区间中轴线的左侧和右侧即可,因为对称轴在给定区间中轴线的左侧时,$f_{\max}(x)=f(2)$,对称轴在给定区间中轴线的右侧时,$f_{\max}(x)=f\left(-\dfrac{3}{2}\right)$.

师：按你说的,此问题只要分五类讨论就可以了,已经比前一位同学的解法简洁了,还有更简洁的想法吗?

生:原函数 $\Rightarrow f(x) = a\left(x - \dfrac{1-2a}{2a}\right)^2 - \dfrac{4a^2 - 8a + 1}{4a}$,

由于 $f(x)$ 的最大值只可能在 $x = -\dfrac{3}{2}$, $x = 2$, $x = \dfrac{1-2a}{2a}$ 三个地方上取得三个(区间的两端点和一个顶点),故只需分三类讨论.

解 (1) 若 $f\left(-\dfrac{3}{2}\right) = 3 \Rightarrow \dfrac{9}{4}a - 3a + \dfrac{3}{2} + 1 = 3 \Rightarrow a = -\dfrac{2}{3}$,

此时,对称轴 $x = -\dfrac{7}{4} \notin \left[-\dfrac{3}{2}, 2\right]$,符合题意;

(2) 若 $f(2) = 3 \Rightarrow 4a + (2a - 1) \cdot 2 + 1 = 3 \Rightarrow a = \dfrac{1}{2}$,

此时,对称轴 $x = 0 \in \left[-\dfrac{2}{3}, 2\right]$,符合题意;

(3) 若 $f\left(\dfrac{1-2a}{2a}\right) = 3 \Rightarrow -\dfrac{4a^2 - 8a + 1}{4a} = 3 \Rightarrow 4a^2 + 4a + 1 = 0 \Rightarrow a = -\dfrac{1}{2}$,

此时,对称轴 $x = -2 \notin \left[-\dfrac{3}{2}, 2\right]$,不合题意.

综上所述,$a = -\dfrac{2}{3}$ 或 $a = \dfrac{1}{2}$ 时,原命题成立.

师:我们说,某些因素的不确定性,不能用统一的方法去处理时就要分类,但若换一个因素,能用统一的方法去处理,就可以将已分的类合并,达到减少分类的目的. 这位同学善于观察和思考,抓住了产生最大值的三个位置特征,对问题进行分类求解,使解题过程简洁了很多,可见,在解分类讨论型的数学问题时,我们除了要知道为什么需要分类,如何分类以外,还要在实践中,不断探索,不断总结"尽可能简洁取向"的分类策略.

例4 若四面体六条棱长分别为2、3、3、4、5、5,则这样的四面体有多少个?

师:构成四面体的四个面都是三角形,满足怎样条件的三条边,可以构成三角形呢?

生:任意两边之和大于第三边,任意两边之差小于第三边.

(先请学生找出符合条件的四面体)

师:符合条件的四面体是否只有这几个,会不会有遗漏?你是怎样找到符合条件的所有四面体的?(教师演示寻找四面体的过程)

解 以2为一边的三角形其余各边可能为(1) 3、3,(2) 3、4,(3) 4、5,(4) 5、5,不妨设 $AB = 2$ 时,可按以下顺序考虑四面体各条棱的长度:

$1°$ 不妨设 $AC = 3$,$BC = 3$ 时,

(1) $AD = 3$,$BD = 4$,显然不符合条件;

(2) $AD = 5$,$BD = 4$,$CD = 5$,符合条件;

(3) $AD=5, BD=5, CD=4$,符合条件.

2° 不妨设 $AC=3, BC=4$ 时,

① $AD=5, BD=4$,显然不符合条件;

② $AD=5, BD=5, CD=3$,符合条件.

3° 不妨设 $AC=5, BC=4$ 时,

$AD=5, BD=5$,显然不符合条件.

综上所述,符合条件的四面体有 3 个.

师:分类讨论必须包含原问题中可能出现的各种情况,同时,任何两类情况之间又必须互相排斥,即

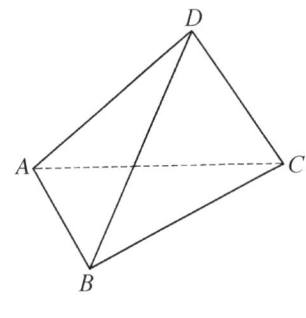

图 3-12-1

不重复不遗漏,为了防止重复或遗漏等现象的出现,可采用"有序思考"的分类讨论策略.

进一步思考

师:通过今天这节课的学习,你对分类讨论思想的运用有了哪些新的认识呢?

(学生自由发言)

三、课堂总结

(1) 分类讨论的原因:

某种因素的不确定性,不能按统一的方法(式子、图形)进行处理.

(2) 分类的三个"关键"步骤:

化整为零 { 明确分类对象 / 确定对象全体 / 制定分类标准 }

⇩

各个击破

⇩

综合结论

(3) 正确分类的四个原则:"同一性、互斥性、完备性、逐级性"

(采用"有序思考"和"简洁取向"的策略)

分类讨论思想是研究和解决数学问题的重要思想方法之一,也是科学研究中最常用最基本的方法之一. 我们常以"物以类聚"来认识自然界中成千上万的事物,又以"分门别类"来研究纷繁复杂的事务对象,这其实就是分类讨论思想方法在认识事物时的具体运用. 所以今天我们学习分类讨论思想,不仅仅为了解决数学问题,而是在学习一种本领,一种进行科学研究的本领.

例 5 (备用)设 $0<x<1, a>0$ 且 $a \neq 1$,比较 $|\log_a(1-x)|$ 与 $|\log_a(1+x)|$ 的大小.

解法一 ∵ $0<x<1$, ∴ $0<1-x<1, 1+x>1$.

① 当 $0<a<1$ 时,$\log_a(1-x)>0, \log_a(1+x)<0$,所以

$|\log_a(1-x)|-|\log_a(1+x)|=\log_a(1-x)-[-\log_a(1+x)]=\log_a(1-x^2)$

> 0;

② 当 $a > 1$ 时,$\log_a(1-x) < 0, \log_a(1+x) > 0$,所以
$|\log_a(1-x)| - |\log_a(1+x)| = -\log_a(1-x) - \log_a(1+x) = -\log_a(1-x^2)$
> 0;

由①、②可知,$|\log_a(1-x)| > |\log_a(1+x)|$.

师:比较对数大小,需运用对数函数的单调性,而单调性与底数 a 有关,所以此解法以底数 a 为分类对象,分两类情况进行讨论.能否不分类吗?

解法二

$\because \dfrac{|\log_a(1-x)|}{|\log_a(1+x)|} = |\log_{(1+x)}(1-x)| = -\log_{(1+x)}(1-x)$

$= \log_{(1+x)}\dfrac{1}{1-x} = \log_{(1+x)}\dfrac{1+x}{1-x^2} = 1 - \log_{(1+x)}(1-x^2)$.

$\because 0 < x < 1, \therefore 1+x > 1, 0 < 1-x^2 < 1$.

$\therefore \log_{(1+x)}(1-x^2) < 0$,

$\therefore 1 - \log_{(1+x)}(1-x^2) > 1$.

$\therefore |\log_a(1-x)| > |\log_a(1+x)|$.

师:考虑到底数 a 是引起分类的因素,若消去底数 a,则可避免讨论.

后记:

本节课教学的难点是学生对"如何分类,分几类"产生困惑,这是因为对引起分类的原因不够清晰,本节课以解决例1中的三道学生比较熟悉的运用分类讨论思想的题目开场,在这里基本是起到了"先行组织者的作用",用意是把知识的生长点这个种子先播种到学生的头脑中,这样新知识也就有了生长点,然后通过让学生对这三小题解题过程的观察,引起分类原因的思考.

本节课例2、例3、例4、例5的安排是对新知识认识的一种提升,"如何分类,分几类"是分类讨论思想运用的精髓,在培养学生思维的严密性、灵活性和深刻性方面具有得天独厚的教育价值.例2设计的目的是让学生认识正确讨论的前提是正确分类,数学问题被分成几类来解决是由分类对象和分类标准决定的,通过三种解法的探求,明确分类的步骤和原则.例3根据开口方向,对称轴位置,可分七类、五类解决,而根据产生最大值位置特征,只需分三类解决,设计目的是让学生在实践中感悟到采用"尽可能简洁"的分类讨论策略.例4是一道竞赛题,此题分类情形比较复杂,设计目的是让学生在实践中意识到采用"有序思考"的分类讨论策略,可以防止出现重复或遗漏等现象.例5是备选题,设计目的是让学生进一步探索"减少分类或避免分类"的方法.

3-13 "数学归纳法"(教学实录)[①]

【教学目标】

1. 通过观察、思考、分析、抽象、概括出数学归纳法的两个步骤,初步形成归纳、猜想和探索的能力.

2. 了解数学归纳法的原理,掌握数学归纳法的一般步骤.

3. 会用数学归纳法解决和证明与正整数有关的等式.

4. 通过数学归纳法的学习初步形成严谨的数学思维品质与数学理性精神,感悟数学的内在美.

【教学重点与难点】

1. 重点:(1) 用数学归纳法证明命题的步骤;
　　　　(2) 培养学生的逻辑推理能力.

2. 难点:数学归纳法的应用以及通过归纳猜想命题的一般结论.

【教学过程设计】

一、引入

问题一 观察等差数列的前几项:

$a_1 = a_1 + 0d$,

$a_2 = a_1 + 1d$,

$a_3 = a_1 + 2d$,

$a_4 = a_1 + 3d$.

你发现了什么规律?试用 a_1、n 和 d 表示 a_n.

问题二 平面内3条直线,任何两条都不平行,任何三条不过同一点,问:交点的个数为多少?若平面内的直线改为4条,5条,6条,…,n 条呢?结论会怎样?

像这种从个别或特殊的事例出发推出一般性原理、法则的推理形式、思维进程和思维方法叫做归纳法,用归纳法可以帮助我们从特殊事例中发现一般规律,但是,由归纳法得出的一般结论是否一定可靠呢?

[①] 执教:上海市第四中学　徐卫文

问题三 （1）一个数列的通项公式是 $a_n=(n^2-5n+5)^2$，请算出 a_1, a_2, a_3，你能得到什么结论？

（2）数学家费马（Fermat）的故事（阅读）（略）．

问题四 多媒体演示多米诺骨牌游戏．探讨多米诺骨牌全部依次倒下的条件：

（1）第一块要倒下；

（2）任意相邻的两块骨牌，前一块倒下一定导致后一块倒下．

思考 条件（2）的作用是什么？（注：（2）事实上给出了一个递推关系：当第 k 块倒下时，相邻的第 $k+1$ 块也倒下．）

当满足（1）、（2）这两个条件后，多米诺骨牌全部都倒下．

思考、类比多米诺骨牌依顺序倒下的原理，探究出证明有关正整数命题的方法（建立数学有效步骤）．

问题五 如何证明：对一切 $n \in \mathbf{N}^*$，n^3+5n 能被 6 整除．

分析 n^3+5n 中的 n 可以取所有正整数，从 $n=1$ 开始逐个验证等式，根本不可能．我们需要寻求一种方法：通过有限个步骤的推理，证明 n 取所有正整数，n^3+5n 能被 6 整除．这种方法是我们今天要学习一种特殊的证明方法——"数学归纳法"，它主要用于研究一些与正整数有关的数学问题．

二、数学归纳法的原理

数学归纳法的原理如下：

对于某些与自然数有关的数学命题，常用两个步骤来证明它们的正确性：

（1）证明当 n 取第一个值 $n_0=1$ 时，命题成立；

（2）假设当 $n=k(k \geqslant 1, k \in \mathbf{N}^*)$ 时，命题成立，证明当 $n=k+1$ 时命题也成立．

在完成（1）、（2）两个步骤后，就可以判断命题对于从 1 开始的所有自然数 n 都成立，这种证明方法叫做数学归纳法．

从原理中可知：它的证明分两步，第一步是命题成立的基础，称为"归纳基础"，第二步解决的是延续性问题．起点处命题成立，又有延续性，因此，这个命题对一切自然数都成立了．

问题六 设 n 是任意的正整数，求证：n^3+5n 能被 6 整除．

证明 （1）当 $n=1$ 时，$1^3+5 \times 1=6$，命题显然成立．

（2）假设当 $n=k$ 时，k^3+5k 能被 6 整除．

那么当 $n=k+1$ 时，

$$(k+1)^3+5(k+1) = k^3+3k^2+3k+1+5k+5$$
$$= (k^3+5k)+3k(k+1)+6.$$

∵ 连续两个正整数的积的 3 倍能被 6 整除，

∴ k^3+5k、$3k(k+1)$、6 分别能被 6 整除，

所以当 $n=k+1$ 时命题成立．

由(1)、(2)可知,对于任意$n \in \mathbf{N}^*$,命题都成立.

三、练习(略)

四、本节课小结

用数学归纳法证明命题的步骤及注意地方:

(1) 证明当n取第一个值1时命题成立,即明确首取值1并验证真假.(必不可少)

(2) "假设$n=k$时命题正确"并写出命题形式.

证明当$n=k+1$时命题也成立(怎样"证明$n=k+1$时命题成立"是数学归纳法的难点).

要注意的地方① "$n=k+1$时"命题是什么,并找出与"$n=k$"时命题形式的差别;② 再证明$n=k+1$时命题成立的过程中,一定要用到$n=k$时命题成立的假设结论.

从原理中可知:步骤(1)是递推的基础,步骤(2)是递推的依据,这两个步骤缺一不可,只要完成这两个步骤,就可以断定命题对从n_0开始的所有正整数n都成立.

可用三句话概括:递推基础不可少,归纳假设要用到,结论写明莫忘掉.

后记:

由于本节课是学生上数学归纳法的第一节课. 本节课的特点是讲清道理,分散难点. 整节课设计了五个问题,让学生逐渐了解什么是归纳法,不完全归纳法的优缺点,数学归纳法的原理. 从教案来看,课堂的容量是非常大的. 问题一、二主要反馈的是让学生掌握特殊到一般的思想方法,归纳法;问题三主要是让学生理解几个特殊情况下成立的问题,在一般情况下不一定成立的思维方法,不能利用特殊得到的方法来代替解决一般性的问题,并且通过阅读数学家的故事,了解数学家也会犯相类似的问题. 问题四主要是通过多媒体显示的"多米诺骨牌"实验操作来为引入数学归纳法原理作个铺垫,让学生从感性的认识上来理解数学归纳法原理的两个步骤缺一不可. 并为下面数学归纳法原理的讲解做好铺垫. 因为数学归纳法很难,在讲原理时,本节课先只讲从$n=1$开始,而避免从$n=n_0$开始. 设计问题五主要让学生初步掌握数学归纳法原理及其应用,用的例子是整除性问题,这样的设计和当前流行的设计不同. 当前流行的设计总是用数列的题目作为例子,而数列的题目有个项数的问题. 数学归纳法已经够难了,再加上项数这个难点,难点集中了. 所以第一节课上用数列作为例子并不恰当,毕竟这是数学归纳法的第一节课,就像《陈永明评议数学课》书中所说的:"数学归纳法的难点太多,原理本身是难点,除此之外,还有操作层面的困难,因此,要分散难点,特别是第一节课,教学要求不能过高. 基本上弄懂意思,进行一些模仿性练习,就是成功的了."